KiWi Paperback

W0230855

KiWi 386

Zu diesem Buch

Männliche Opfer sexueller Gewalt bleiben auch heute noch in ihrer Not allein. Ihre Hinweise auf das von ihnen erlittene Leid werden nicht wahrgenommen, oder nach dem Motto »Indianer kennen keinen Schmerz« einfach abgetan.

»Auch Indianer kennen Schmerz« ist das erste Handbuch gegen sexuelle Gewalt an Jungen. Dirk Bange und Ursula Enders beschreiben auf der Basis ihrer breiten Erfahrung in der Beratungsarbeit mit Jungen und Männern nicht nur die Gefühle der Opfer, sie vermitteln vor allem konkrete Anleitungen für die praktische Arbeit mit Betroffenen.

Ein Handbuch für alle, die mit Jungen und Männern leben und etwas näher zusammen arbeiten.

Die AutorInnen

Dirk Bange, geboren 1963 in Warstein-Belecke. Nach dem Studium der Erziehungswissenschaften promovierte er an der Universität Dortmund und führte die erste deutsche Dunkelfelduntersuchung über Ausmaß und Folgen sexueller Gewalt gegen Mädchen und Jungen durch. Die Studie erschien unter dem Titel »Die dunkle Seite der Kindheit«.

Seit 1992 arbeitet er als hauptamtlicher Mitarbeiter bei Zartbitter Köln. Seine Arbeitsschwerpunkte sind die Beratung und Therapie sexuell mißbrauchter Jungen und Männer, sexuelle Gewalt in Institutionen, Kinder vor Gericht und die Präventionsarbeit mit männlichen Jugendlichen.

Ursula Enders, geboren 1953 in Olpe. Nach dem Studium zunächst mehrjährige Tätigkeit als Lehrerin an einer Ganztagsgesamtschule, anschließend als Diplom-Pädagogin in einem Projekt sozialpädagogischer Familienhilfe. Therapeutische Zusatzausbildung zur Psychodramaleiterin am Moreno-Institut Schweden.

Seit Ende der siebziger Jahre arbeitet sie schwerpunktmäßig zur Problematik der sexuellen Gewalt gegen Mädchen und Jungen. Sie ist sowohl Mitbegründerin von Zartbitter Münster als auch von Zartbitter Köln. Arbeitsschwerpunkte: sexuelle Gewalt an Mädchen und Jungen im Vorschulalter, sexuelle Gewalt in Institutionen und geschlechtsspezifische Konzepte der Präventionsarbeit. Neben ihrer praktischen Tätigkeit machte sie sich als Fach- und Kinderbuchautorin einen Namen.

Auch Indianer kennen Schmerz

Handbuch gegen sexuelle Gewalt an Jungen

von
Dirk Bange und Ursula Enders

Kiepenheuer & Witsch

Herausgegeben von Rainer Osnowski

3. Auflage 2000

© 1995 by Verlag Kiepenheuer & Witsch, Köln
Umschlaggestaltung: Manfred Schulz, Köln
Umschlagmotiv: Uwe S.
Satzerfassung: Hanni Neidhardt, Ingrid Schoth
Layout und Satz: Prima Print, Köln
Druck und Bindearbeiten: Clausen & Bosse, Leck
ISBN 3-462-02467-1

INHALT

VORWORT

»Sexuelle Gewalt gegen Jungen« – ein Thema, das auch heute noch in breiten Kreisen der (Fach-)Öffentlichkeit stark tabuisiert wird. Dies zeigt sich nicht zuletzt an der Tatsache, daß es bis heute erst vereinzelt Hilfsangebote für betroffene Jungen und Männer gibt.

Dieses Handbuch entstand in Auswertung unserer Beratungsarbeit bei Zartbitter Köln und vor dem Hintergrund wissenschaftlicher Forschungsergebnisse. Möge es all denen Mut machen und eine Hilfestellung sein, die sich aktiv für das Recht von Jungen auf körperliche und seelische Unversehrtheit und Entfaltung einsetzen und für betroffene Jungen Partei ergreifen, denn »auch Indianer kennen Schmerz«.

Köln, im Oktober 1995

Dirk Bange
Ursula Enders

I

Dirk Bange

SEXUELLE GEWALT GEGEN JUNGEN HAT ES IMMER GEGEBEN
Ein Streifzug durch die Geschichte

»Ich war als Jugendlicher zweimal in der Psychiatrie. Dort versuchte ich, über den sexuellen Mißbrauch zu sprechen. Die Psychiater runzelten aber nur die Stirn und gingen nicht weiter darauf ein. Danach hielt ich erst mal ein paar Jahre die Klappe. Als meine Probleme wieder stärker wurden, startete ich noch einmal einen Versuch, darüber zu reden. Leider glaubte mir dieser Therapeut auch mehr schlecht als recht. Er gab mir dann aber den Tip, mal zu euch zu gehen.« (Peter, 26 Jahre)[1]

Solche und ähnliche Erfahrungen sexuell mißbrauchter Jungen und Männer sind keine Ausnahme. Die Bemühungen, den sexuellen Mißbrauch an Jungen ins Bewußtsein der Öffentlichkeit zu bringen, haben bislang nur teilweise gefruchtet. Jungen werden als Opfer von sexueller

Gewalt immer noch kaum wahrgenommen und akzeptiert. Es paßt einfach nicht zu dem seit Jahrtausenden vermittelten Bild von Jungen und Männern, Opfer sexueller Gewalt zu werden.

Ein Blick zurück in die Geschichte entlarvt das Bild des unverletztlichen Helden als Mythos. Er verdeutlicht, daß Jungen zu allen Zeiten sexuelle Gewalt erlitten haben, aber nicht darüber sprechen durften. Diese Erkenntnis ist nicht nur historisch, sondern auch aktuell von zentraler Bedeutung. Denn nur wenn es endlich allgemein anerkannt wird, daß viele Jungen in ihrem Leben Opfer von (sexueller) Gewalt werden und »auch Indianer Schmerzen kennen«, können sich betroffene Jungen leichter anderen Menschen anvertrauen als bisher.

DIE ANTIKE

Schon in der Antike wurden Jungen häufig von erwachsenen Männern sexuell ausgebeutet. In Griechenland konnte man sich beispielsweise Jungen mieten oder sich Sklavenjungen halten, um sie sexuell zu benutzen.[2] Außerdem erlaubte die griechische Gesellschaft in streng reglementierten Zusammenhängen sexuelle Beziehungen zwischen Jungen und Männern. Gegen die häufig von Pädophilen vertretene Meinung, daß die Griechen unterschiedslos alle sexuellen Kontakte zwischen Männern und Jungen zuließen, stehen die Aussagen eines Forschers zur »Sittengeschichte Griechenlands«:

»Eines vor allem darf man nie vergessen, wenn hier von der griechischen Knabenliebe gesprochen wird, nämlich daß es sich dabei niemals um Knaben, wie wir das Wort meist gebrauchen, das heißt um unmündige Kinder handelt, sondern stets um geschlechtsreife Knaben, das heißt um solche, die die Pubertät hinter sich haben.«[3]

Die Pädophilen verzerren die »griechische Knabenliebe« hinsichtlich des Alters der Jungen und beschreiben sie meist auch als gleichberechtigt und für Jungen und Erwachsene gleichermaßen lustvoll. Tatsächlich waren die Voraussetzungen für eine solche Beziehung die altersbedingte körperliche und geistige Unterlegenheit der Jungen sowie die Einseitigkeit des Liebesbegehrens. Zudem durfte der Junge keine sexuelle Erregung zeigen. Bekam ein Junge eine Erektion, war dies unehrenhaft, und er wurde als

Strichjunge angesehen. Außerdem mußte die sexuelle Gefügigkeit der Jungen mit teuren Geschenken erkauft werden. Dies offenbart, welch zwanghaften Charakter die »griechische Knabenliebe« hatte. Im übrigen bezeichneten die alten Griechen mit dem Begriff »Pais« nicht nur Knaben, sondern alle Menschen, die sich wie Kinder in sozialer Abhängigkeit befanden. So wurde beispielsweise der Sklave gleich welchen Alters Pais genannt.[4]

Im Griechenland jener Zeit gab es auch Gesetze gegen Kindesmißbrauch, teilweise wurden sexuelle Kontakte mit Kindern sogar recht streng bestraft. Dies war nötig, da auch viele kleine Jungen der »griechischen Knabenliebe« zum Opfer fielen.[5]

Auch im alten Rom benutzten Männer Jungen als Sexualobjekte. Jungen wurden beispielsweise schon »›in der Wiege‹ kastriert, um in Bordellen von Männern gebraucht zu werden, die die Päderastie mit jungen kastrierten Knaben liebten«.[6] Offenbar kam dies so häufig vor, daß sich der römische Kaiser Domitian entschloß, die Kastration von Kindern, die für Bordelle vorgesehen waren, unter Strafe zu stellen.[7]

VOM MITTELALTER BIS ZUR NEUZEIT

Im Mittelalter besserte sich die Situation nicht. Ähnlich wie in der Antike, richteten sich die sexuellen Attacken der Männer oftmals gegen junge, schmächtige Männer und Jungen. Sie waren häufiger Ziel der sexuellen Gewalt als erwachsene Männer, weil sie leichter zu überwältigen waren, und auch, weil sie mädchenhafter wirkten. »So trat beispielsweise im spätmittelalterlichen Regensburg homosexuelle Vergewaltigung überwiegend als ›notzwang und frevel an Knaben‹ auf.«[8]

Eine Analyse der Turmbücher der Reichsstadt Köln aus dem 16. Jahrhundert zeigt ebenfalls, daß sexueller Mißbrauch an Kindern häufig vor Gericht verhandelt und teilweise hart bestraft wurde.[9]

Im England jener Zeit schien die sexuelle Gewalt gegen Jungen ebenfalls als Problem erkannt worden zu sein. Denn 1548 sah man sich gezwungen, ein Gesetz zum Schutz der Jungen vor »forced sodomy« zu verabschieden.[10]

Aus dem Venedig der Renaissance ist überliefert, daß die Prostituierten angewiesen wurden, sich mit nackten Brüsten anzubieten, um die Männer vom »Modetrend« der Sexualität mit Jungen abzubringen.[11]

Im 18. und 19. Jahrhundert mußten viele Familien in Europa aus Geldnot Schlafplätze an familienfremde Personen vermieten. Diese Untermieter schliefen nicht selten mit den Kindern in einem Bett.[12] Dabei kam es oft zu sexuellen Übergriffen. So berichtet beispielsweise JOHANN CHRISTIAN BRANDES, geboren 1735, folgendes:

»Daß es nicht gut ist, einen jungen Knaben mit einem erwachsenen Mädchen zusammen zu betten, beweist mein eigenes Beispiel. Wegen Mangel an Betten hatte mich mein Vetter seiner Köchin zum Schlafgesellen gegeben; diese machte des Nachts öfters Versuche, Begierden in mir zu wecken; ich noch ganz unschuldig, konnte gar nicht begreifen, warum sich das Mädchen immer so lebhaft an mich drängte; weil nur das Herzen und Küssen mit jeder Nacht wiederholt wurde, und meine Verweise nichts fruchteten, so klagte ich es endlich dem Vetter, der die Absicht dieser besonderen Zuneigung sogleich erriet, und mir eine eigene Schlafstelle besorgte.«[13]

Nicht selten scheinen sich damals auch Bedienstete an Kindern sexuell vergangen zu haben. So warnte beispielsweise der Arzt Dr. ALBERT MOLL im Jahre 1909 vor Kindermädchen und Hausangestellten, »die zu ihrem Vergnügen an Kindern alle möglichen Arten von sexuellen Handlungen« durchführen.[14]

Auch SIGMUND FREUD, der Begründer der Psychoanalyse, schreibt 1896 in seinem berühmten und heftig umstrittenen Aufsatz »Zur Ätiologie der Hysterie« über sexuellen Mißbrauch an Kindern. Er berichtet, daß alle seiner zwölf Klientinnen und sechs Klienten als Kinder sexuell mißbraucht wurden. Er hält deshalb sexuellen Mißbrauch für die Ursache der Hysterie – allerdings nur, wenn dieser verdrängt wurde.

Knapp ein Jahr später beginnt FREUD an den Berichten seiner KlientInnen zu zweifeln: Die meisten dieser Berichte würden nicht auf realen Erfahrungen beruhen, sondern Ausdruck des Ödipuskomplexes sein. So schreibt er beispielsweise 1932 rückblickend:

»In der Zeit, da das Hauptinteresse auf die Aufdeckung sexueller Kindheitstraumen gerichtet war, erzählten mir fast alle meine weiblichen Patienten, daß sie vom Vater verführt worden waren. Ich mußte endlich zu

der Einsicht kommen, daß diese Berichte unwahr seien, und lernte so zu verstehen, daß die hysterischen Symptome sich von Phantasien, nicht von realen Begebenheiten ableiten.

Später erst konnte ich in dieser Phantasie von der Verführung durch den Vater den Ausdruck des typischen Ödipuskomplexes beim Weibe erkennen.«[15]

Verschiedene WissenschaftlerInnen vermuten aufgrund einer Reihe von Indizien, daß FREUD selbst das Opfer sexueller Gewalt und sein Vater der Täter war. Die Verführungstheorie habe er aufgegeben, weil er sich dieser Realität aus innerpsychischen Gründen nicht stellen konnte.[16] Andere AutorInnen – vor allem AnalytikerInnen – lehnen hingegen diesen Erklärungsversuch für Freuds Sinneswandel ab.[17]

Bis heute ist letztlich nicht geklärt, warum FREUD die Verführungstheorie widerrief. Sicher ist aber, daß es ihm besonders schwerfiel, den sexuellen Mißbrauch an Jungen als real anzusehen.

Sexueller Mißbrauch an Kindern wurde damals aber nicht nur in psychoanalytischen Kreisen thematisiert. Mit Beginn des 20. Jahrhunderts entwickelte sich gleichzeitig eine lebhafte Diskussion über die kindliche Glaubwürdigkeit in den sogenannten Sittlichkeitsprozessen. Meist wurde den kindlichen Aussagen wenig Wahrheitsgehalt zugesprochen. So schreibt beispielsweise der renommierte Psychiater OTTO MÖNKEMÖLLER:

»Und immer soll man die Mahnung Schneikerts beherzigen, daß den Kindern, wenn sie die Hauptbelastungszeugen sind – und das sind sie in Sittlichkeitsprozessen fast immer –, nicht allzuviel Glauben geschenkt werden darf, und daß man sich davor hüten soll, lediglich auf eine bloße Kinderaussage hin eine Verurteilung auszusprechen, falls nicht der objektive Tatbestand unabweisbar dazu drängt.«[18]

Über die Jahre des Nationalsozialismus gibt es nur wenige Informationen bezüglich der sexuellen Gewalt gegen Jungen. Bekannt ist, daß Sexualstraftäter von Wissenschaftlern als »menschliche Minusvarianten« und »minderwertige Menschen« klassifiziert wurden.[19] Entsprechend dieser Kategorisierung kastrierte man sie zu Tausenden als »sexuell Unangepaßte, Perverse«. Den offiziell bekanntgewordenen Opfern sexueller

Gewalt erging es nicht besser. Sie wurden als geistig und seelisch gestört, als schwachsinnig und hemmungslos angesehen.[20]

In den fünfziger und sechziger Jahren nahmen sich WissenschaftlerInnen erneut des sexuellen Mißbrauchs an Kindern an. Sie diskutierten – wie schon zu Beginn unseres Jahrhunderts – über die Glaubwürdigkeit der Kinder, die Motive der Täter usw.[21] Schon während dieser Jahre zeigten Untersuchungen und die polizeilichen Kriminalstatistiken, daß ein nicht zu unterschätzender Teil der Opfer sexueller Gewalt Jungen sind. Im Jahre 1965 ergab eine Untersuchung über die Persönlichkeit jugendlicher Zeugen folgendes Ergebnis: Von den 1646 Kindern und Jugendlichen, die in dieser Studie berücksichtigt wurden, waren 205 Jungen. Das entspricht einem Anteil von 12,5%.[22]

In den siebziger Jahren flaute diese wissenschaftliche Diskussion wieder ab. Statt dessen wurden Stimmen laut, die eine Entkriminalisierung der Pädophilie forderten, und die darüber hinaus pädophile Beziehungen von Männern mit Jungen als gewaltfrei hinstellen wollten.[23]

Anfang der achtziger Jahre wurde der sexuelle Mißbrauch an Kindern dann erstmals über die wissenschaftlichen Kreise hinaus zum weithin beachteten sozialen Problem. Jedoch drehte sich die Diskussion damals fast ausschließlich um die sexuelle Gewalt gegen Mädchen. Erst Ende der achtziger Jahre fanden einige betroffene Männer den Mut, ihr Schicksal öffentlich zu machen. Diese Initiativen führten jedoch nicht zu der erwartet intensiven Diskussion und Forschungstätigkeit. Es gibt bis heute nur zwei Bücher über den sexuellen Mißbrauch an Jungen, die von deutschen AutorInnen stammen.[24] Hinsichtlich der wissenschaftlichen Erforschung des Themas sieht es genauso mager aus. HENRI JULIUS und ULFERT BOEHME vergleichen in ihrer kritischen Analyse des Forschungsstandes 39 Studien über die Auswirkungen des sexuellen Mißbrauchs auf das Leben betroffener Jungen und Männer. Nur eine einzige davon stammt aus Deutschland.[25]

Die Situation für sexuell mißbrauchte Jungen und Männer, die Hilfe suchen, ist ebenfalls noch immer sehr schlecht. Selbst in den Großstädten gibt es bis heute kaum spezielle Beratungsangebote für männliche Betroffene.

SEXUELLE GEWALT GEGEN JUNGEN UND MÄNNER IM KRIEG UND IN GEFANGENSCHAFT

Politische Gefangene und Kriegsgefangene – und zwar nicht nur Mädchen und Frauen, sondern oft auch Jungen und Männer – sind zu allen Zeiten sexuell gefoltert, vergewaltigt oder kastriert worden.

Schon griechische Krieger vergewaltigten gelegentlich ihre unterlegenen Feinde anal, um sie zu entehren. So zeigen beispielsweise verschiedene Vasenmalereien, die sich auf den Sieg Kimons über die Perser im Jahre 460 v. Chr. beziehen, Szenen, die keine andere Deutung zulassen.[26]

Diese Art der Entwürdigung war und ist keine Eigenart der »alten« Griechen. Auch die Israeliten penetrierten ihre Feinde mit Gegenständen oder mit dem Penis. Entsprechend heißt es im Psalm 78,66 über Gott: »Er stieß seine Feinde in den Hintern und gab sie ewiger Schande preis.«[27] In neueren Versionen des Alten Testaments findet sich oft nur noch eine sprachlich entschärfte Version. So heißt es beispielsweise in einer 1965 herausgegebenen Ausgabe: »Er schlug seine Feinde auf den Rücken und bedeckte sie mit ewiger Schmach.«[28]

Die Gegner der Israeliten verhielten sich im übrigen nicht anders. Die Truppen Titus vergewaltigten beispielsweise nach der Eroberung Jerusalems die Priester im Tempel des Herodes.[29]

Neben Vergewaltigungen kam es im Laufe der Geschichte auch immer wieder zu Verstümmelungen der Geschlechtsteile und zu Kastrationen. Wer glaubt, daß durch den »Prozeß der Zivilisation« solche Grausamkeiten der Geschichte angehören, sieht sich getäuscht, wie die folgenden Schlaglichter zeigen:

- ◆ T.E. Lawrence, der als König von Arabien berühmt wurde, wurde durch Soldaten der Nuri Ben anal vergewaltigt.[30]
- ◆ Nach der Schlacht in Sand Creek im Jahre 1864 schnitten die siegreichen US-Kavaleristen den getöteten Cheyenne-Kriegern die Hoden ab, um sich Tabaksbeutel daraus machen zu lassen.[31]

◆ Während des Zweiten Weltkrieges war es verbreitete Politik der deutschen Wehrmachtsangehörigen, getöteten Russen die Genitalien abzuschneiden. Später verhielten sich die Rotarmisten genauso.[32]

◆ Von 454 männlichen politischen Gefangenen eines Zuchthauses in San Salvador gaben zwei an, sie seien von ihren Folterern anal vergewaltigt worden; weitere 65 berichteten, daß ihnen mit Vergewaltigung gedroht wurde und 76% klagten über sexuelle Folter.[33]

◆ Nach dem Golfkrieg wurden in Kuwait viele palästinensische Jungen vergewaltigt.[34]

◆ Aus dem ehemaligen Jugoslawien wird ebenfalls über Vergewaltigungen und Kastrationen berichtet. Wie in einigen anderen Berichten über Verstümmelungen der Genitalien und Kastrationen von Gefangenen tauchen auch hier Hinweise auf Täterinnen auf. »Nach den Aussagen von Opfern und Augenzeugen sollen 32 serbische Frauen mit der Kastrierung durch das Abschneiden der Organe mit Rasierklingen beauftragt gewesen sein.«[35]

Darüber hinaus werden Jungen und Männer in Gefangenschaft zuweilen dazu gezwungen, sich gegenseitig zu masturbieren oder zu vergewaltigen. Zudem kommt es vor, daß sie vor den Augen ihrer Frauen (ihre) Kinder vergewaltigen müssen oder daß Kinder und Frauen vor ihren Augen vergewaltigt werden. All diese Formen der Gewalt haben das Ziel, die unterlegenen Jungen und Männer zu entehren und zu demütigen. Die Dominanz und Überlegenheit des Siegers und die totale Unterwerfung des Besiegten soll so untermauert werden. Kaum etwas eignet sich dazu besser, als durch orale oder anale Vergewaltigungen, als durch Kastrationen und Verstümmelungen der Genitalien den Feind symbolisch zum »Weib zu machen«, wie es die Sieger häufig ausdrücken. Wie sehr dies von den unterlegenen Männern als Entwürdigung erlebt wird, zeigt sich auch daran, daß, bis auf wenige Ausnahmen, die Opfer über diese Grausamkeiten des Krieges ebenso schweigen, wie die, die beispielsweise als Journalisten über die Kriege berichten. Als beispielsweise 1962 algerische Nationalisten einen hohen französischen Diplomaten in Algier auf offener Straße anal vergewaltigten, empfand man diesen Vorfall in Frankreich offensichtlich als solche Schmach, daß er von sämtlichen offiziellen Stellen der Regierung verschwiegen wurde.[36]

Neben der Erniedrigung dient die Kastration der Feinde auch der ethnischen Säuberung. So soll das gegnerische Volk daran gehindert werden, sich fortzupflanzen.

Die Opfer dieser Grausamkeiten leiden unter massiven psychischen und physischen Folgen. Aus Scham und aus Angst, daß ihnen nicht geglaubt wird, verschweigen sie jedoch meist ihr Leid und versuchen allein, mit ihren Verletzungen fertig zu werden. Um den Opfern die Möglichkeit geben zu können, ihre Isolation zu verlassen, müssen diese Grausamkeiten des Krieges durch eine breite Öffentlichkeit geächtet werden. Zugleich muß den Opfern gezeigt werden, daß der in seiner Männlichkeit entwürdigte Mann sich nicht für die Untaten der Vergewaltiger und Folterer zu schämen braucht. Die Skandalisierung solcher Vorkommnisse und die daraus hoffentlich resultierende Verfolgung und Bestrafung der Täter kann ein Weg sein, diese Formen der Gewalt einzudämmen.

Literaturempfehlung:
Duerr, Hans Peter (1993): Obszönität und Gewalt. Der Mythos vom Zivilisationsprozeß. Band 3. Frankfurt am Main 1993

II

Dirk Bange

DER STEINIGE WEG
Vom Jungen zum Mann

»Ein Indianer kennt keinen Schmerz.« Diese Botschaft ist trotz der in den letzten Jahren zu beobachtenden Veränderungen der Jungensozialisation auch heute noch eines der zentralen Leitbilder für Jungen und Männer. Forderungen dieser Art erschweren es Jungen, Gefühle wie Trauer, Hilflosigkeit und Ohnmacht für sich zu akzeptieren und für andere wahrnehmbar auszudrücken. Sie halten viele Jungen davon ab, sich an andere zu wenden, wenn sie in Not sind, und tragen dazu bei, daß sexuell mißbrauchte Jungen und Männer mit ihrem Leiden häufig allein bleiben. Die Opfer trauen sich einfach nicht, über ihre Verletzungen zu sprechen, sie befürchten, abgelehnt oder als »Schwächlinge« gehänselt zu werden. Um die Ängste und Probleme sexuell mißbrauchter Jungen verstehen zu können, muß man sich intensiv mit der Jungensozialisation auseinandersetzen.

Es steht wohl außer Zweifel, daß fast alle sexuell mißbrauchten Jungen Probleme mit ihrer männlichen Identität entwickeln. Doch damit stehen sexuell mißbrauchte Jungen nicht alleine da. Denn auch viele andere Jungen sind derzeit verunsichert. Daher muß geklärt werden, welche speziellen Schwierigkeiten die männlichen Opfer sexueller Gewalt entwickeln und warum. Anderenfalls besteht die Gefahr, im Rahmen der erlernten Jungenrolle völlig »normales« Verhalten als spezifische Folge des sexuellen Mißbrauchs zu interpretieren.

DIE KRISE DER MÄNNLICHKEIT

In den letzten Jahrzehnten fand eine regelrechte Demontage des traditionellen Bildes von Männlichkeit statt. So gilt beispielsweise das »männliche« Prinzip des Eroberns und das der Rationalität als mitverantwortlich für den ausbeuterischen Umgang mit der Natur, für die Bedrohung durch Atomkraft und für Kriege. Ein Umdenken bzw. eine Abkehr von der »männlichen« Sichtweise der Welt wird immer lauter gefordert.

Konservative Männer machen jedoch immer wieder allein die Feministinnen für die Krise der Männlichkeit verantwortlich. So versuchte jüngst u.a. der ehemalige Generalbundesanwalt ALEXANDER VON STAHL (FDP) den Feminismus als Übel für die Menschheit anzuprangern:

»Ideologische Konzepte für Feminismus und Multikulturalismus führen in die Sackgasse. Feministische Quotierungen und Gleichstellungsgesetze führen zu neuer ›Apartheid‹.«[1]

Sicher war die Kraft der Feministinnen zentral für die Emanzipationsbewegung und hat das Nachdenken über »die Männer« forciert. Doch in erster Linie haben die Männer selbst den Boden für ihre derzeitigen Probleme bereitet, wie zum Beispiel die Veränderungen der Arbeitswelt in den letzten 200 Jahren eindrücklich beweisen.

Seit Jahrtausenden hat sich der Mann über seine Rolle als Ernährer der Familie definiert. Je mehr er für seine Frau und Kinder materiell erwirtschaftete, desto sicherer fühlte er sich seiner Männlichkeit.[2] Mit seiner

Arbeit wurden bis in die Neuzeit hinein »männliche« Tugenden wie Kraft, Stärke, Autonomie und Schöpfertum verbunden. Doch durch die von Männern selbst vorangetriebene Entwicklung von Maschine und Computer wurden und werden diese Eigenschaften immer mehr an die Technik abgegeben. Die technischen Neuerungen waren es, die beispielweise die größere körperliche Kraft der Männer gegenüber Frauen entwertete. Heute zählt diese Kraft nicht mehr, heute zählen zunehmend Anpassungsfähigkeit, Gehorsam und Konformismus. Viele Männer – vielleicht abgesehen von einem Teil der Manager, Selbständigen und Forscher – verloren dadurch ihre berufliche Selbstbestimmung, ihre Unabhängigkeit und Kreativität.

Individualität und Gefühle sind in der Welt der Technik und Bürokratie meist fehl am Platz. Am Arbeitsplatz hat man zu funktionieren, ist Vernunft und Leistung gefragt. Der Mann mußte deshalb darin unterrichtet werden, Gefühle abzuspalten. Damit dieses Ziel erreicht werden kann, wurden und werden Jungen »von klein an für die Verwertung ihrer zukünftigen Arbeitskraft zugerichtet und nach dem Maß ihrer zukünftigen Nützlichkeit selektiert«.[3]

Ein Blick zurück in die Frühzeit des Kapitalismus unterstreicht diesen Prozeß: Kinder, Männer und Frauen mußten vielfach mit Gewalt in die Fabriken getrieben werden, manchmal wurden sie an die Maschinen gekettet, damit sie nicht davonliefen. Zuwiderhandlungen wurden häufig mit körperlichen Züchtigungen bestraft. Es dauerte Jahrzehnte, bis die Menschen sich dem Rhythmus der Maschinen einigermaßen angepaßt hatten.[4]

Da es auch in der »sozialen« Marktwirtschaft in erster Linie um Profitmaximierung geht und es den Maschinen egal ist, ob sie von einem Mann oder einer Frau bedient werden, wurden seit Beginn der Industrialisierung zunehmend auch weibliche Arbeitskräfte in diesen Verwertungsprozeß einbezogen. Daß mittlerweile einige Frauen Zugang zu den Chefetagen gefunden haben, liegt da eigentlich »nur« im Trend und stellt nicht von vornherein das »männliche« Prinzip in Frage. Vielmehr verkörpern beispielsweise Frauen wie MARGRET THATCHER oder BIRGIT BREUEL ein ausgeprägtes »männliches« Herrschaftsdenken. Sie brechen das »männliche« Prinzip nicht, sondern bestätigen es.

Unter der derzeitigen Entwicklung der Arbeitswelt leiden viele Männer. So gaben 70 Prozent von den 712 durch WALTER HOLLSTEIN befragten

Männern an, daß sie lieber einen anderen Beruf ausüben würden als ihren jetzigen. Daraus kann geschlossen werden, daß fast dreiviertel der deutschen Männer ihren Beruf als nicht erfüllend ansehen.[5] Hinzu kommt, daß die Technisierung der Arbeitswelt dazu geführt hat, daß viele Männer einfach keine Arbeit mehr finden. Sie sehen sich somit eines zentralen Faktors ihrer männlichen Identität beraubt. Schließlich werden durch die männliche Sozialisation gar die Chancen auf dem Arbeitsmarkt vermindert. Denn für viele Tätigkeiten sind Frauen aufgrund ihrer Sozialisation besser qualifiziert. Im Arbeitsprozeß sind zunehmend »weibliche« Kompetenzen wie Einfühlungsvermögen und Kooperationsfähigkeit gefragt.[6]

Gleichzeitig sind durch die Emanzipationsbewegung viele Frauen selbstbewußter geworden. Sie lassen sich nicht mehr so einfach wie früher in die Rolle der Hausfrau drängen. Bis vor wenigen Jahren noch selbstverständliche »Vergütungen« dafür, daß die Männer arbeiten gingen, werden zumindest hinterfragt. Die Pantoffeln und das Abendessen werden nicht mehr so ohne weiteres gereicht. Konnten die Männer sich früher nach der Arbeit entspannen, müssen sie nun so manche häusliche Aufgabe selbst erledigen. Dadurch wächst zum einen die Unzufriedenheit mit der Partnerin, zum anderen mit der Arbeit. Denn ein Teil des Lohnes war es immer, daß der Mann für seine Arbeit zu Hause »verwöhnt« wurde.

Die für viele Männer zunehmende Sinnentleerung der Arbeit führte in Verbindung mit anderen Faktoren, wie beispielsweise der Verkürzung der Jahresarbeitszeit oder der sich seit den sechziger Jahren vollziehenden Liberalisierung unserer Gesellschaft, zu einem Freizeitboom. Dort stehen entgegen der puritanischen Arbeitsmoral weder Pflichtgefühl und Leistung noch Verzicht und Gehorsam im Mittelpunkt. Vielmehr dominieren hier eher diesem Ideal entgegenstehende Tugenden wie Lust, Genuß und Individualität.[7]

Dies führte zu einer Erweiterung des möglichen Verhaltensrepertoires von Jungen und Männern und sorgte für komplexere und flexiblere Männerbiographien. Dementsprechend veränderte sich auch zumindest bei einem Teil der Jungen und Männer ihre Einstellung zu sich selbst und ihre Sichtweise der Männerrolle. In neueren Befragungen geben folglich zunehmend mehr Männer an, sich die Hausarbeit mit der Partnerin teilen, sich vermehrt um ihre Kinder kümmern zu wollen usw.[8] Leider werden diese neuen Einstellungen bisher aber nur selten in die Tat umgesetzt. Dies dürfte damit zusammenhängen, daß die Jungen und Männer nicht den neuen Anforderungen entsprechend entlastet wurden. Sie sollen heute auch zu ihren Schwächen stehen, einfühlsam werden, Hausarbeit erledigen, Kinder erziehen usw., gleichzeitig aber auch »hart« sein, die Familie ernähren, sich gegen Konkurrenten durchsetzen. Dies ist aber ein kaum auszuhaltender Widerspruch, aus dem neue Ängste und Unsicherheiten resultieren.

Im übrigen gilt ähnliches für Mädchen und Frauen. Sie sollen sich bilden und im Arbeitsleben durchsetzen, ohne daß sie im Haushalt entsprechend entlastet werden. Frauen haben es zudem – auch in höheren Positionen – immer noch schwerer als Männer. Sie werden für gleiche Tätigkeiten schlechter bezahlt, sie beginnen ihre Karriere in niedrigeren Positionen, steigen langsamer auf und werden in Krisenzeiten schneller entlassen. Selbst in scheinbar fortschrittlichen Institutionen wie den Universitäten waren noch Ende der achtziger Jahre 95% aller ProfessorInnen Männer.[9]

Viele der Schwierigkeiten von Jungen und Mädchen mit sich selbst sowie auch untereinander entstehen folglich, weil sie heute sowohl traditionelle als auch moderne Geschlechtervorstellungen leben sollen. Sie wachsen mit der in sich widersprüchlichen Botschaft auf: Bleib den alten Traditionen treu und verabschiede dich von ihnen.[10]

Was einen Mann ausmacht, verändert sich im Laufe der Geschichte und wird je nach Kultur anders definiert. In den siebziger Jahren rückte der »Hippie« als Alternative zum »traditionellen« Mann in den Mittelpunkt des Interesses, in den achtziger Jahren übernahm der »Softie« diese Rolle. Von beiden Männertypen wollte recht schnell kaum einer mehr etwas wissen. Als nächstes war plötzlich der »wilde Mann« in. Aber dieses alternative Männerbild war so schnell wieder verschwunden, wie es aus den USA importiert wurde. Heute sind trotz aller Anstrengungen der selbstkritischen Männer immer noch keine für Jungen attraktive neue Männerbilder in Sicht. Vielmehr herrscht allerorten Unsicherheit darüber, wie alternative Männerbilder aussehen können.

Die Jungen reagieren auf diese fehlenden neuen Leitbilder offensichtlich mit einer Rückkehr zur »traditionellen« Männerrolle. So zeigte sich in der bereits zitierten Studie von WALTER HOLLSTEIN, daß von den unter 25jährigen in vielen Bereichen wieder deutlich konservativere Meinungen vertreten werden als von den 26- bis 55jährigen. So gestanden die befragten Jugendlichen und jungen Männer ihren Partnerinnen weniger Freiheiten zu als die älteren.[11]

Viele Veröffentlichungen über die Jungensozialisation suggerieren, daß es den Jungen gibt. Vor einer solchen Pauschalisierung muß gewarnt werden. Die Untersuchungen zeigen, daß beispielsweise die Einstellungsveränderungen von Männern erhebliche schichtenspezifische Unterschiede aufweisen. So gaben in der Befragung von WALTER HOLLSTEIN über 80% der »Mittelschichtsmänner« an, Schwächen zeigen zu wollen und zu können. Dagegen fand sich diese Einschätzung nur bei 35% der Befragten aus der Oberschicht und bei 30% der Männer aus der unteren Unterschicht.[12] Zudem beweisen die Forschungsergebnisse, daß es kaum eine Verhaltensweise gibt, die nur bei einem Geschlecht vorkommt und daß die Verhaltensunterschiede innerhalb eines Geschlechts größer sind als zwischen den Geschlechtern. Die starke Ausprägung sogenannter »männlicher« Tugenden bei Männern und »weiblicher« bei Frauen muß deshalb als kulturell bedingt angesehen werden.[13] Außerdem sollte nicht vergessen werden, daß die Individualität eines Kindes bedeutenden Einfluß auf das Verhalten seiner Umwelt ausübt. So können beispielsweise körperliche Merkmale wie Haarfarbe, Größe, Figur, Augenfarbe bedeutenden Einfluß auf das elterliche Verhalten gegenüber dem Kind haben. Wie wichtig individuelle Eigenschaften sind, zeigt sich daran, daß unruhige, »hyperaktive« Kinder – egal ob Mädchen oder Jungen – gefährdeter sind, Opfer von körperlicher Gewalt oder Vernachlässigung zu werden als ruhige Kinder.[14] Folglich sollte nicht so ohne weiteres von den Jungen gesprochen und andere Variablen als das Geschlecht in der Diskussion berücksichtigt werden.

WAS JUNGEN ALLES MÜSSEN

Wenn man sich vergegenwärtigt, was die Mischung aus alten und neuen Anforderungen Jungen abverlangt, wird einem schnell deutlich, wie steinig der Weg vom Jungen zum Mann heute ist. Die folgende Auflistung der Anforderungen an Jungen und Männer liest sich wie eine utopische Zielvorgabe. Kein Mensch kann diese Rollenvorgabe erfüllen (Abbildung 1 und 2).

Ein Junge sollte seinen Körper disziplinieren,
sportlich und durchtrainiert sein,
Schmerzen ertragen können,
mutig sein,
sich gegen körperliche Angriffe wehren,
alles unter Kontrolle haben,
etwas leisten,
eine Arbeit haben,
viel Geld verdienen,
anderen überlegen sein (vor allem Frauen),
sich gegen Konkurrenten durchsetzen können,
unabhängig und autonom sein,
mächtig sein,
aktiv sein,
risikobereit sein,
seine Gefühle unter Kontrolle haben,
sexuell potent und aktiv sein,
Sexualität mit Frauen haben,
viel Alkohol vertragen können,
seiner Familie Ehre machen,
rational und logisch handeln.

Ein Junge darf keine Schmerzen zeigen,
keine Angst haben,
keine Probleme haben,
nicht krank sein,
nicht weinen,
nicht zärtlich zu anderen Männern sein,
sich nicht von Gefühlen leiten lassen,
sich nicht sexuell mißbrauchen lassen,
andere nicht um Hilfe bitten.

Wenn ein Junge versucht, diesen »traditionellen« Rollenanforderungen gerecht zu werden, lebt er in einer ständigen Überforderungssituation.

Die Fähigkeit, sich in sich selbst und andere einzufühlen, wird Jungen kaum vermittelt, auch andere für den zwischenmenschlichen Kontakt wichtige Lernerfahrungen fehlen ihnen weitgehend. Sie lernen kaum, anderen zuzuhören, Kompromisse einzugehen oder auch einmal über eigene Schwächen zu sprechen. Durch diese meist fehlenden Kompetenzen kommt es zu innerer Leere, die aber unter allen Umständen verborgen werden muß. Deshalb wird Jungen gelehrt, nach außen zu protzen, um ihre Schwächen zu verbergen. Doch dieses Verhalten läßt sich immer wieder leicht durchschauen, wie die alte Redensart vom »Mann mit rauher Schale und weichem Kern« zeigt. Obwohl offensichtlich jeder von den »männlichen« Schwächen weiß, darf sie jedoch keiner mitbekommen. Die Jungen befinden sich deshalb in dem Dilemma: Entweder erfüllen sie ihre männliche Rolle, dann geben sie große Teile ihres Selbst auf, oder sie folgen ihren Bedürfnissen, doch dann sind sie keine Männer.[15]

MARIUS MÜLLER-WESTERNHAGEN, dessen Erfolg nicht zuletzt darauf beruht, daß viele seiner Lieder das Lebensgefühl von Männern exakt treffen, hat diese Situation schon 1984 in seinem Song »Ich bin ein Mann« auf den Punkt gebracht:

> Kam ich nach Haus mit blutigen Knien
> Und ich hab' vor Schmerz geschrien
> Nahm mein Vater mich in seinen Arm
> Sei ein Mann
>
> Als ich vierzehn war, er starb
> Ich stand heulend an 'nem Sarg
> In der Tasche die Faust geballt
> Ich war ein Mann
>
> Komm, nimm mich fest in deine Arme
> Ich möchte nicht, daß jemand sieht
> Daß ich zitter' ganz erbärmlich
> Daß ich in deine Arme flieh
>
> Ich bin ein Mann
> Ein ganzer Mann

Wie bereits mehrfach beschrieben, sollen Jungen heute aber auch ihre »weiblichen« Seiten entwickeln (Abbildung 2). Wie sie dies machen sollen, wer ihnen dabei hilft und woher sie die nötige Energie dafür bekommen, bleibt aber für die Jungen meist im dunkeln.

ABBILDUNG 2: ZUSÄTZLICHE ANFORDERUNGEN AN JUNGEN

Ein Junge soll liebevoll und einfühlsam sein,
       rücksichtsvoll sein,
       sanft sein,
       zuhören können,
       sich schick kleiden,
       gut riechen,
       sich in Küche und Haushalt auskennen,
       sich an der Kindererziehung beteiligen,
       sich selbstlos für andere engagieren,
       Rücksicht auf die Karrierewünsche seiner PartnerIn
       nehmen.

Insgesamt zeigen diese Ausführungen, daß sich die Jungensozialisation in den letzten zwanzig Jahren deutlich verändert hat. Jungen und Männer dürfen sich heute farbiger, offener, weicher und realitätsgerechter verhalten als jemals zuvor. Die steigende Zahl von Kriegsdienstverweigerern, von Vätern, die sich als Hausmänner um ihre Kinder kümmern usw. beweisen dies. Doch gleichzeitig weist die eher wieder reserviertere Haltung von Jugendlichen und jungen Männern gegenüber der Veränderung der Männerrolle auf gegenläufige Tendenzen hin. Daraus ergibt sich zweierlei:

◆ Damit sich die Jungen grundlegend verändern können, müssen erst einmal die Männer ihre neuen Einstellungen in die Tat umsetzen. Sie müssen ihren Söhnen und den Jungen vorleben, wie Beruf und Familie zu integrieren sind. Sie müssen dafür streiten, daß es mehr Teilzeitarbeitsstellen gibt und daß es keinen Karriereknick bedeutet, wenn ein Mann Vaterschaftsurlaub nimmt. Sie müssen sich an der Kindererziehung gleichberechtigt beteiligen und so ihren Söhnen zeigen, daß auch

Männer »bemuttern« und pflegen können. Von den Jungen Veränderungen zu verlangen und sie selber nicht zu leben, ist unfair. Die Jungen bleiben so allein im Regen stehen.

◆ Für die Jungenarbeit ergibt sich daraus, daß sie ihre Konzepte überprüfen muß. Die bisherigen Alternativen scheinen für die Jungen entweder nicht attraktiv genug oder falsch vermittelt worden zu sein.[16]

ZWISCHEN ANSPRUCH UND WIRKLICHKEIT

Durch unsere Gesellschaft geistert immer noch der Mythos, daß Männer Frauen überlegen sind. Sie werden als stärker, mutiger, intelligenter und durchsetzungsfähiger beschrieben. Dieses Dogma verinnerlichen die meisten Jungen sehr früh. Noch bevor sie sich ihres eigenen Geschlechts sicher sind, assoziieren sie bereits das Stereotyp männlicher Überlegenheit: Jungesein ist toll, Mädchensein blöd.[17] Die Wirklichkeit von Jungen sieht anders aus. Sie sind damit konfrontiert, daß Mädchen in mancherlei Hinsicht weniger Probleme haben. So sind Jungen bis zum Jugendalter anfälliger für körperliche Erkrankungen als Mädchen. Von allen in der bundesweiten Todesartenstatistik erhobenen Todesarten sind Jungen beispielsweise stärker betroffen. Dies gilt nicht nur für die aus körperlichen Erkrankungen resultierenden Todesarten, sondern auch für Verletzungen und Vergiftungen mit Todesfolge, für Unfälle, Unfälle im Straßenverkehr, für Ertrinken und Suizide.[18]

EXKURS: JUNGEN UND SUIZID

Am 8. April 1994 bestimmte der Suizid des Sängers KURT COBAIN der Rockgruppe »NIRVANA« die Schlagzeilen der Medien auf der ganzen Welt. NIRVANA trafen mit ihrer Anti-Hymne »Smells like teen spirit« 1991 den Nerv einer unzufriedenen Jugend. Kurt Cobain wurde zum »Kronprinz der Generation X« (Newsweek) erkoren. Das letzte Studioalbum der Band »In utero« endet mit dem Lied »All apologies« und der Zeile »What else should I say«. Wenige Monate nach dieser Veröffentlichung steckte sich Cobain eine Schrotflinte in den Mund und beendete sein

Leben. Zurück ließ er seine Frau und Tochter und eine erschütterte Fangemeinde.[19]

Die Art und Weise, wie Kurt Cobain sich tötete, ist typisch männlich, nämlich »todsicher«. Mädchen und Frauen unternehmen zwar wesentlich häufiger Suizidversuche als Jungen und Männer, doch ermöglicht ihre Vorgehensweise viel öfter eine Rettung. Jungen und Männer, die sich entschlossen haben, einen Suizid zu versuchen, verfolgen ihren Plan meist konsequent. Sie wählen in der Regel wirksame und »harte« Mittel für ihre Selbsttötung. Das heißt: Sie erhängen oder erschießen sich, springen aus großer Höhe oder werfen sich vor einen Zug. Ihr Wunsch nach dem Tod scheint endgültiger als der von Mädchen und Frauen. Diese wählen eher Methoden, die es ermöglichen, daß sie noch frühzeitig gefunden werden.[20] Letztlich sterben deshalb trotz der niedrigeren Zahl der Suizidversuche dreimal so viele Jungen durch eigene Hand wie Mädchen. Ab dem 15. Lebensjahr sind bei den Jungen Suizide die zweithäufigste Todesursache – die häufigste sind Unfälle.[21]

Dieser Unterschied zwischen Frauen und Männern ist auch durch die geschlechtsspezifische Sozialisation bedingt: Zum einen sollen Jungen sich nicht hilflos zeigen. Ein Suizidversuch stellt aber einen verzweifelten Schrei nach Hilfe dar. Man gibt damit zu, sein Leben allein nicht mehr in den Griff zu bekommen. Für einen Jungen kaum denkbar, weil er befürchten muß, als Schwächling verspottet zu werden. Dementsprechend sind Jungen »gezwungen«, wirksamere Methoden der Selbsttötung zu wählen, damit sie nicht gerettet werden können und dann als hilflos gelten. Zum anderen wird von Männern konsequentes und zielgerichtetes Verhalten erwartet. Sie müssen Erfolg und ihr Leben unter Kontrolle haben. Lassen sich Probleme nicht lösen oder läßt ihre Leistungsfähigkeit nach, wird viel schneller eine negative Bilanz gezogen. So schrieb KURT COBAIN in seinem Abschiedsbrief einen für dieses männliche Denken typischen Satz aus einem NEIL-YOUNG-Song: »It's better to burn out than to fade away.«

HABEN JUNGEN MEHR PSYCHISCHE PROBLEME ALS MÄDCHEN?

Die Männerforschung suggeriert zuweilen unterschwellig, daß Jungen mehr psychische Probleme haben als Mädchen. Meist verweisen die Autoren darauf, daß Jungen zwei- bis dreimal so häufig in Erziehungsberatungsstellen und psychiatrischen Einrichtungen vorgestellt werden, und daß Jungen von vielen psychischen Störungen deutlich häufiger betroffen sind.[22] Vor einer solch einfachen und polarisierenden Interpretation der Daten muß gewarnt werden. Denn die höhere Auffälligkeit von Jungen könnte durch die geschlechtsspezifischen Verarbeitungsformen von Problemen mitbedingt sein. Jungen agieren ihre Schwierigkeiten meist offener aus als Mädchen. Sie schlagen über die Stränge, zeigen sich aggressiv oder hyperaktiv, sie stören ganz einfach. Mädchen dagegen fressen ihre Probleme eher in sich hinein. Ihre Auffälligkeiten übersehen die Eltern, ErzieherInnen und LehrerInnen deshalb möglicherweise vielfach.

Nach dem Einsetzen der Pubertät gleicht sich im übrigen das Verhältnis von Jungen und Mädchen, die in Erziehungsberatungsstellen kommen, an. Dies könnte damit zusammenhängen, daß viele Eltern in dieser Zeit mehr auf ihre Töchter achten, weil sie Angst haben, daß diese schwanger werden, nicht den richtigen Umgang mit Jungen haben usw. Möglicherweise weigern sich Jungen diesen Alters aber auch einfach, in eine Erziehungsberatungsstelle zu gehen. Sie haben vielleicht die Botschaft, »Ein Junge kennt keinen Schmerz«, tief verinnerlicht. Krankheit und Hilfsbedürftigkeit werden von ihnen geleugnet. Mädchen stehen solchen Gefühlen aufgeschlossener gegenüber und nehmen deshalb Hilfe eher an.

Folglich macht eine Diskussion darüber, ob nun die Jungen oder die Mädchen mehr zu leiden haben, überhaupt keinen Sinn. Sie geht vielmehr an den Bedürfnissen der Jungen und Mädchen völlig vorbei. Entscheidend ist die Frage: Hat ein Junge/Mädchen vielleicht deshalb ein Problem oder eine Krankheit, weil er/sie ein Junge/Mädchen ist?[23] Allerdings sollte diese Frage nicht die einzige bleiben, wenn Verhaltensweisen von Jungen oder Mädchen verglichen werden. Die Schichtzugehörigkeit, defizitäre Familienstrukturen und Peergroup-Einflüsse müssen ebenfalls in die Betrachtung einbezogen werden.

Im realen Leben finden die Jungen die meisten der Attribute von Männlichkeit, die ihnen durch die Eltern, die Schule, ihr Spielzeug und die Medien präsentiert werden, nicht vor. Entgegen allen Behauptungen sind sie meist nicht stark und den Mädchen nicht überlegen. Sie sind nicht unabhängig und frei wie der Cowboy aus der Zigarettenwerbung oder der gutgewachsene, braungebrannte Mann aus der Werbung für verschiedene Duftwässerchen oder Duschgels. Durch diese Diskrepanz zwischen

Anspruch und Wirklichkeit entsteht eine Kluft zwischen »Innen« und »Außen«. Die Jungen fühlen sich innerlich alles andere als die tollen Helden, müssen aber nach außen so erscheinen. Bei einer Untersuchung über geschlechtsspezifisches Verhalten äußerten die befragten Jungen dementsprechend zwar die erwarteten Stereotypen über die Geschlechter, doch ihr eigenes Selbstbild entsprach dem kaum.[24] Um diesen Widerspruch zu kaschieren, greifen viele Jungen auf »männliche« Verhaltensweisen zurück. Sie verhalten sich cool, unnahbar, aggressiv, rechtsextrem. Sie versuchen durch Imitation von Klischees, Männer zu sein. Da ihnen reale männliche Vorbilder meist fehlen, greifen sie auf ihre durch die »Medien-Männer« beeinflußten Phantasien zurück. Sie sind die kleinen »Rambos«, »Terminators«, »Hulk Hogans« ... Verhaltensauffälligkeiten, Unfälle, risikoreiches Verhalten ergeben sich daraus fast zwangsläufig.

VOM BABY ZUM JUNGEN

Menschen werden nicht als Mädchen oder Jungen geboren – sie werden dazu gemacht.[25] Um die bisher beschriebenen Probleme der Jungen mit sich und der Welt zu verstehen, muß deshalb der Weg vom Baby zum Jungen nachgezeichnet werden. Die erste und vielleicht wichtigste Instanz sind die Eltern, später kommen ErzieherInnen, LehrerInnen und FreundInnen hinzu. Eine nicht unbedeutende Rolle spielen auch das Spielzeug und die Medien.

DIE ELTERN

Jedes Kind wächst im Bauch einer Frau heran. Durch die Schwangerschaft, durch die Geburt und durch die Möglichkeit, das Baby zu stillen, entsteht eine leiblich begründete Beziehung zwischen Mutter und Kind.[26] Diese »biologische« Mutterschaft wird vor allem von konservativer Seite als Begründung dafür herangezogen, daß zwischen Mutter und Kind eine emotionale Verbundenheit bestehe, die sich zwischen Kind und Vater oder anderen Erziehungspersonen niemals entwickeln könne. Daraus wird abgeleitet, daß die »biologische« Mutter auch die bessere »soziale« Mutter sei und sich deshalb um das Kind zu kümmern hätte. Nicht beachtet wird dabei, daß außer der Geburt die Versorgung des Kindes – auch die Ernährung – ebenso durch eine andere Person verrichtet werden kann (z.B. Amme, Tagesmutter). Außerdem zeigen Studien, daß die körperliche Versorgung »nur« die notwendige Voraussetzung für die psychische Entwicklung darstellt. Wichtiger sind soziale Zuwendungen und die Anregung der Sinnesorgane.[27]

Ein grausames Experiment am Hofe Friedrich II belegte diesen Zusammenhang schon vor etlichen hundert Jahren. Um die Ursprache zu erforschen, wurden dort laut der »Chronica« von SALIMBENE DA PARMA Babys zwar körperlich versorgt, es durfte aber nicht mit ihnen gesprochen werden. Innerhalb weniger Monate waren alle Babys gestorben.[28]

Gegen eine »Mütterideologie« sprechen auch Untersuchungen über andere Gesellschaften. So gibt es beispielsweise Stämme in Neu-Guinea, bei denen die Männer für die Kindererziehung verantwortlich sind, ohne daß die Kinder daran Schaden nehmen.[29] Weiterhin belegen zahlreiche Untersuchungen über die Beziehung zwischen Vätern und Säuglingen, daß Väter auch in unserem Kulturraum genausogut wie Mütter und auf sehr ähnliche Art und Weise ihre Kinder »bemuttern«.[30] Die Fähigkeit zu »bemuttern«, ist folglich nicht auf Frauen beschränkt. Männer sind dazu ebenso in der Lage, wenn sie angeregt werden.

DIE ERSTEN LEBENSJAHRE

Für die meisten Jungen ist die erste Bezugsperson eine Frau, denn die Babys werden immer noch zu fast 100% von Frauen versorgt.[31] Die Beziehung zu dieser Person ist sehr intensiv, da das Baby auf die Zuwendung und Pflege dieses Menschen angewiesen ist. Es hat keine Möglichkeit, diese Beziehung zu relativieren. Wenn die primäre Bezugsperson es verläßt, weiß es zumindest in den ersten Lebensmonaten einfach nicht, daß sie in ein paar Minuten wiederkommt.

Aus dieser auch für Außenstehende sichtbar engen Beziehung zwischen Mutter und Kind leiteten ForscherInnen die Theorie ab, daß Mutter und Kind in den ersten Lebensmonaten symbiotisch verschmolzen sind. Diese Meinung fand breite Zustimmung und beeinflußte die Diskussion über die Jungen- und Mädchensozialisation erheblich. Doch die heutige Säuglingsforschung zeigt ein anderes Bild: Der Säugling erlebt sich von Geburt an als aktiv und von der Mutter getrennt. Er kann fühlen und wahrnehmen sowie durch Strampeln, Schreien, Lachen, Weinen usw. Einfluß auf seine Umwelt nehmen.[32]

Diese Untersuchungsergebnisse entlarven es als Ideologie, daß Mütter vielfach als Anhängsel ihrer Säuglinge betrachtet werden. Vielmehr erscheint es für eine gesunde Entwicklung der Kinder wichtig, daß die Mütter sich als eigenständige Personen fühlen, die mehr vom Leben wollen, als nur für ihre Kinder dazusein. Diese Eigenständigkeit der Mütter ist notwendig, damit die Säuglinge sie als ein Gegenüber erleben können, von dem sie die für sie lebensnotwendige Anerkennung für ihre Anstrengungen bekommen. Dies setzt voraus, daß auch die Säuglinge und Kleinkinder ihre Mütter als eigenständige Personen wahrnehmen. Denn nur so ist ein kontinuierlich sich entfaltendes Gleichgewicht zwischen Identifikation und Ablösung möglich.[33]

Die sich aus diesem Wechselspiel ergebende starke Bindung an die primäre Bezugsperson muß mit der Zeit vom Säugling aufgegeben werden, um zu einer eigenen Identität zu gelangen. Diese Ablösung beginnt schon im Alter von etwa sechs Monaten. Sie ist von der kognitiven Entwicklung abhängig und zieht sich einige Zeit hin. Mit ca. 18 Monaten haben die Kleinkinder ein klares »Ich-Bewußtsein« entwickelt. In diesem Alter entdecken die Jungen auch, daß sie einen Penis haben und sich dadurch von der Mutter unterscheiden. Daß sie selbst Jungen bzw. Mädchen und alle Menschen entweder weiblich oder männlich sind, wissen nach einer Studie 90% aller Kinder schon mit 18 Monaten.[34]

Da sich immer noch überwiegend Frauen um die Säuglinge kümmern, müssen sich Jungen wie Mädchen in der Regel von einer Frau ablösen. Dies stellt Jungen vor eine besondere Schwierigkeit: Zu Beginn des Lebens fühlen sich alle Kinder der Mutter ähnlich und identifizieren sich mit dieser. Mit der Zeit entdeckt der Junge, daß er nicht wie die Mutter sein kann. Er hat ein anderes Geschlecht. Diese Erkenntnis nötigt den Jungen zum Bruch der Identifikation mit der Mutter. Er erreicht seine Männlichkeit also, indem er seine ursprüngliche Identifikation aufgibt bzw. verleugnet.[35]

Dieser Bruch hindert Jungen oftmals daran, die Mutter weiterhin als Person anzuerkennen. Sie wird zum Objekt, zum Mittel zum Zweck. Um sich unabhängig und als Junge fühlen zu können, sagt sich der Junge: »Ich bin nicht so wie meine Mutter.« Dadurch geraten Jungen in die Gefahr, »überhaupt die Fähigkeit zu wechselseitiger Anerkennung zu verlieren. Emotionale Übereinstimmung und körperliche Harmonie, so typisch für den frühkindlichen Austausch mit der Mutter, bedrohen jetzt seine Identität.«[36]

Diese Entwicklungsphase verläuft nicht gradlinig. Die natürlich auch mit zwei oder drei Jahren noch existierenden Anlehnungsbedürfnisse der Jungen führen zu der Befürchtung, ihre sich gerade entwickelnde Unabhängigkeit und Jungenidentität wieder zu verlieren. Für ihre Umwelt oft irritierend, spielen viele Jungen in diesem Alter mit ihrem Penis. Sie verschaffen sich so Lustgefühle und versichern sich, daß sie Jungen sind. Im Alter von zwei bis drei Jahren verzichten viele Jungen deshalb auch auf regressive Mittel des Trostes wie Nuckeltücher oder Teddybären. Gleichzeitig werden ihnen solche Trostpflaster oft von den Erwachsenen entzogen, damit die Jungen nicht »verweichlichen«. Jungen bevorzugen in Übernahme der ihnen zugedachten Rolle dann eher Spielzeugautos u.ä., um ihre Ängste hinsichtlich des Ablösungsprozesses zu mindern. Bei solchen Spielsachen fällt ihre Abhängigkeit und Hilflosigkeit nicht so deutlich ins Auge wie bei Stofftieren.[37]

Im Alter von etwa drei Jahren nehmen die Jungen schließlich auch ihre eigene und die fremde Geschlechtszugehörigkeit über äußere Kriterien wie Kleidung und Verhalten wahr. Sie werden sich bewußt, daß einen Penis zu haben, sie noch nicht zum Mann macht.

Zwischen dem dritten und fünften Lebensjahr erscheinen Jungen labiler als Mädchen. Sie zeigen mehr Ängste davor, nicht geschätzt oder überwältigt zu werden. Dies hängt sicher damit zusammen, daß sie nicht genau wissen, wie sie sich als Jungen zu verhalten haben. Da ihre wichtigste Bezugsperson meist eine Frau ist und Männer sich noch immer weitgehend aus ihrer Erziehung heraushalten, haben sie häufig keine realen männlichen Vorbilder. Vater arbeitet von morgens bis abends und ist dann zu müde, um sich noch groß um seinen Jungen zu kümmern. Von einigen Müttern wird der Vater überhöht und als Strafinstanz dargestellt. »Warte ab, bis Papa heute abend kommt, dann gibt es eine Abreibung.« Andere Mütter bezeichnen ihre Männer als Schwächlinge oder Versager. Wie sollen sich Jungen angesichts der Abwesenheit der Väter und solcher Botschaften mit ihnen identifizieren? Zudem hat ein Junge bis dahin auch kaum andere Männer kennengelernt. Seit einigen Monaten geht er in den Kindergarten, aber einen Erzieher gibt es in der Regel dort auch nicht. Er weiß deshalb nicht so recht, was ein Mann ist. Er behilft sich damit, daß er sich von dem abgrenzt, was er kennt. Die Jungen haben beispielsweise Situationen erlebt, in denen ihre Mütter Angst hatten. Da ihre Mütter Frauen sind, heißt Angst haben folglich, kein Mann zu sein. Um ein Mann zu sein, muß ein Junge also seine Ängste verleugnen. Seine »weiblichen« Seiten stehen seinem Jungensein entgegen. Männlichkeit definiert sich deshalb von Anfang an über die Abwehr von Weiblichkeit.[38]

Mädchen erleben im Gegensatz zu den Jungen meist nicht einen so einschneidenden Bruch. Sie können sich auch weiter mit der Mutter identifizieren und haben sie als Rollenmodell Tag für Tag vor Augen. Dies könnte ein Grund für das zu diesem Zeitpunkt stärkere Selbstbewußtsein von Mädchen sein.[39] Allerdings hat auch diese Konstellation einen gravierenden Nachteil: Für die Mädchen »gibt es keine eindeutige Möglichkeit, sich von der Mutter zu des-infizieren, denn es gibt kein äußeres Merkmal der Ablösung«.[40]

DIE VÄTER

Bis in die siebziger Jahre hinein galt der »strenge« Vater als das Idealbild des Vaters. Dies hat sich seitdem stark verändert. Heute geben die meisten Männer in Befragungen an, daß ein Vater zärtlich und liebevoll mit seinen Kindern umgehen und sich an ihrer Erziehung beteiligen sollte. Dies sind ermutigende Anzeichen für eine langsame Veränderung der Vaterrolle.[41] Allerdings hat sich dieser Wandel bisher überwiegend im Kopf abgespielt, denn das neue Idealbild des Vaters setzen derzeit nur wenige Männer in die Tat um. Zwar nehmen mittlerweile einige Väter Erziehungsurlaub oder teilen sich mit ihrer Frau die Hausarbeit und Kindererziehung, doch der größere Teil der Väter hält sich immer noch weitgehend aus der Säuglingspflege und Kindererziehung heraus.[42]

Für viele Jungen ist der Vater deshalb nach wie vor nur eine schemenhafte Figur. Was er tagsüber macht, wie er mit seinen Problemen im Arbeitsleben umgeht, sind Fragen, auf die die Jungen kaum Antworten bekommen. Jungen erleben die alltäglichen väterlichen Probleme nicht mit. Dies wäre aber enorm wichtig, damit die Jungen ein realistisches Bild von Männlichkeit entwickeln können. Durch die Bedingungen der geschlechtsspezifischen Arbeitsteilung werden die Väter in ihren Familien also an den Rand gedrängt. Wenn die Väter mal etwas mit ihren Söhnen unternehmen, dann geht es um Sport, Spiel, Spannung. Selten wird über emotionale Probleme gesprochen und genauso selten wird gemeinsam die Hausarbeit erledigt. Bei der von WALTER HOLLSTEIN durchgeführten Befragung gaben nur drei Prozent der 712 Männer an, mit ihren Vätern Hausarbeiten gemacht zu haben. Nur einer von hundert Männern ging als Junge mit seinem Vater einkaufen. Außer bei Sport und Spiel sowie bei Reparaturen und Gartenarbeit dominierten bei allen Tätigkeiten die Mütter.[43] Die typische Aufteilung der Geschlechterrollen wird den Jungen so vorgelebt. Die Frauen stehen für die Gefühle, für das Innere und die »niedrigen« Arbeiten. Die Männer stehen für Aktion und Kampf, für das Äußere.

Sehr viele Jungen erleben mit ihren Vätern auch kaum körperliche Nähe. In der schon mehrfach zitierten Studie von WALTER HOLLSTEIN gab fast die Hälfte der befragten Männer an, nicht ein einziges Mal einen Kuß von ihrem Vater bekommen zu haben.[44] Viele Väter haben auch Angst, ihre Söhne in den Arm zu nehmen, wenn diese traurig sind. Offenbar fürchten sie, ihre Autonomie, ihren Status als Mann zu verlieren, wenn sie sich zärtlich gegenüber ihren Kindern verhalten.

Manche Väter sind die ersten zwei bis drei Lebensjahre liebevoll und akzeptierend zu ihren Söhnen. Beim Eintritt in den Kindergarten oder spätestens zur Einschulung erfolgt dann oft ein abrupter Bruch. Jetzt darf nicht mehr geschmust werden, sonst könnte der Junge als weibisch gelten. Jetzt ist es Zeit, ein Mann zu werden. Höchstens zu Hause darf der Junge noch mal in seine »Babyzeit« zurückverfallen, aber auf keinen Fall außerhalb der Familie.

In letzter Zeit kommt eine zunehmende Verunsicherung durch die Diskussion über den sexuellen Mißbrauch hinzu. In Seminaren fragen Väter beispielsweise immer häufiger, ob sie denn noch mit ihren Söhnen oder Töchtern baden dürften. Sie äußern die Angst, daß dies schon als Mißbrauch aufgefaßt werden könnte. Ein etwa 35jähriger Mann beschrieb seine Situation auf einem Elternabend folgendermaßen:

»Diese ganze Diskussion um den sexuellen Mißbrauch hat mich schon sehr verunsichert. Bei unserm ersten Sohn sind wir so ganz locker mit

Nacktheit umgegangen. Ich habe mit ihm gebadet und es wurde auch kein Aufstand daraus gemacht, wenn er sich mal meinen Penis ansehen wollte. Bei unserem jüngsten Sohn ist das jetzt was anderes. Ich meine zwar immer noch, daß Nacktheit okay ist, doch habe ich viel mehr Angst, er könnte was falsch verstehen. Außerdem kann man ja auch nie wissen, was andere Leute so denken. Stellen Sie sich mal vor, mein Sohn erzählt das im Kindergarten und eine Erzieherin kriegt das in den falschen Hals.«

Sollte diese Verunsicherung bei den Vätern dazu führen, daß sie sich weiter bzw. wieder verstärkt aus der Kindererziehung heraushalten, wäre dies fatal. Doch erscheint ein Überdenken des eigenen Umgangs mit den Grenzen und Bedürfnissen von Kindern sehr wichtig. Im Körperkontakt mit einem Kind sollte ein Vater genau wie eine Mutter auf die eigenen Empfindungen und die Reaktionen des Kindes achten. Wenn es komische Gefühle auslöst, mit einem Kind zu baden, weil man sexuelle Gefühle befürchtet oder spürt, sollte man dort für sich selbst und damit auch für das Kind die Grenze ziehen. Sich als Erwachsener auf seine eigenen Schamgefühle zu verlassen, bedeutet nicht notwendigerweise, daß man konservativ ist. Denn nicht jede Scham ist »falsche« Scham. Wenn ein Kind Unbehagen äußert, und sei dies auch noch so zurückhaltend, sollte ebenfalls nicht mehr zusammen gebadet werden. Kinder trauen sich oft nicht, lautstark ihre Ablehnung zu formulieren. Sie haben Angst, den Erwachsenen vor den Kopf zu stoßen.[45]

Durch die Abwesenheit der Väter bekommen die Jungen auch selten mit, wie ihre Eltern Zärtlichkeiten austauschen, wie sie mit Konflikten umgehen usw. Die wichtige Bedeutung der Elternbeziehung als Modell für spätere eigene Beziehungen geht so ebenfalls weitgehend verloren.[46]

Interessant sind auch Studienergebnisse, die belegen, daß Väter ihre Söhne deutlicher auf die Jungenrolle trimmen als Mütter. In einer Untersuchung sanktionierten es die befragten Väter massiv, wenn ihre Söhne mit »Mädchenspielsachen« spielten, während Mütter dies häufiger unterstützten. Die Väter lobten und förderten es zudem ausdrücklich, wenn ihre Söhne mit Cowboys, Autos und Soldaten spielten.[47]

Da offenbar auch das Selbstbild der Väter angesichts der Krise der Männlichkeit diffuser wird, werden auch ihre Botschaften an die Jungen schwammiger, oder sie greifen – sozusagen als Gegenreaktion – auf tradierte Männlichkeitsbilder zurück.[48]

Insgesamt sind also für den Großteil der Jungen ihre Väter als Identifikationsobjekte nicht oder nur in bestimmten Bereichen vorhanden. Die Jungen fallen, wenn sie sich von der Mutter wegbewegen bzw. getrennt werden, buchstäblich ins Nichts. Sie können sich nicht an ihren Vater halten, sondern müssen sich mühsam ihren eigenen Weg zur Männlichkeit suchen.

Auf diesem Weg treffen die Jungen heute seltener als früher auf andere Männer. Bis weit in das 18. Jahrhundert hinein wohnten häufig noch mehrere Generationen und Familien in einem Haus oder zumindest in räumlicher Nähe. Dies eröffnete den Jungen die Möglichkeit, sich auch an anderen Männern (z.B. Onkel, Großväter) zu orientieren. In der heutigen sich abschottenden Kleinfamilie fehlt diese Chance. Daraus resultiert auch eine Überforderung der Eltern-Kind-Beziehung. Für alles und jedes sind die Eltern verantwortlich. Jeder Konflikt wird in der Familie ausgetragen. Es ist kaum noch möglich, Probleme woanders auszusprechen. Dadurch steigert sich das Gefühl der Beklemmung zwischen Eltern und Kindern: Für die Eltern ist das Kind »ihr ein und alles«, die Kinder müssen die Anstrengungen der Eltern entlohnen. Klappt dies nicht, kommt es schnell zu Frustrationen.[49]

DIE MÜTTER

Die meisten Mütter erziehen heute ihre Töchter anders als frühere Generationen. Mädchen werden zu größerem Selbstbewußtsein ermuntert, und auf ihre Schul- und Berufsausbildung legen Mütter großen Wert. Natürlich möchten viele Mütter auch die Erziehung ihrer Jungen verändern. Die Jungen sollen nicht mehr nur stark und kräftig, sondern auch liebevoll und empfindsam werden. Doch viele dieser Bemühungen scheitern an der Realität. Dem Wunsch, ihren Partner mehr an der Erziehung zu beteiligen, steht beispielsweise entgegen, daß 15% aller Mütter alleinerziehend sind. Andere Familien können es sich finanziell einfach nicht leisten, daß beide Ehepartner nur halbtags arbeiten – sofern es überhaupt solche Stellenangebote gibt.

Einer einfachen Veränderung der Mutter-Sohn-Beziehung stehen aber auch psychologische Bedingungen entgegen. Mütter verhalten sich ihren Söhnen gegenüber anders als gegenüber ihren Töchtern, und zwar von Geburt an.[50] Zum einen können sie sich schlicht und einfach nicht so gut in ihre Jungen hineinversetzen, weil sie Frauen sind. Sätze von Müttern wie »Mit unserer Tochter kam ich viel besser zurecht, da erkannte ich mich in vielem wieder. Bei dem Jungen war mir vieles einfach fremd« hört man häufig. Um ihren Söhnen dennoch zu lehren, was von einem Jungen erwartet wird, greifen die Mütter auf ihre eigenen Phantasien von Männlichkeit zurück. Und diese sind natürlich durch die allgemeinen Männlichkeitsbilder sowie durch die Geschichte ihrer eigenen Männerbeziehungen beeinflußt.[51] Zum anderen scheint gerade das andere Geschlecht der Jungen besondere Aufmerksamkeit zu erregen. Dies wird durch die Ergebnisse der Untersuchung von GERHARD AMENDT »Wie Mütter ihre Söhne sehen« nachdrücklich bewiesen. Dort zeigte sich beispielsweise, daß viele Mütter ohne medizinische Gründe den Penis ihrer Söhne manipulieren, um einer Vorhautverengung vorzubeugen.[52]

Wie stark die eigenen Erfahrungen mit Männern und die eigene Lebenssituation die Erziehung der Jungen beeinflußt, zeigt sich am Beispiel der »Übermutterung«. Alleinerziehende Mütter und Mütter, die von ihren erwachsenen Partnern enttäuscht sind oder Angst vor den als unangenehm erlebten sexuellen Anforderungen erwachsener Männer haben, haben nicht selten Probleme damit, ihre Jungen loszulassen. Solche Beziehungen zwischen Mutter und Sohn nehmen oftmals deutlich erotische Untertöne an oder werden von den Müttern aktiv sexualisiert.[53] Dies wird durch die Ergebnisse einer amerikanischen Langzeitstudie unterstrichen. Dort wurden 173 überwiegend alleinerziehende Mütter aus der Unterschicht dabei beobachtet, wie sie ihre zweijährigen Kinder zum Wegräumen ihres Spielzeugs brachten. Sechzehn der Mütter verhielten sich in dieser Situation »verführerisch«. Sie forderten zum Beispiel einen Kuß von ihrem Kind, faßten es an den Po oder das Genital, küßten es auf den Mund oder flirteten mit ihm. 15 der 16 Mütter zeigten dieses unangemessene Verhalten gegenüber Jungen. Zudem waren diese Mütter seltener in der Lage, Grenzen zu ziehen. Auch drohten sie im Vergleich mit den anderen Müttern häufiger mit körperlicher Gewalt oder setzten sie ein. Außerdem verhielten sie sich weniger liebevoll und unterstützend.[54]

Je nach den eigenen Erfahrungen mit Männern vermitteln die Mütter auch subjektive Meinungen über Männlichkeit und verknüpfen sie oft mit Forderungen an ihre Jungen. Solche Ansprüche von Müttern ihren Söhnen gegenüber prägen sich diesen vielfach tief ein und haben maßgeblichen Einfluß auf ihr späteres Leben. So sagte ein Mann in einer Fortbildung zum Thema »Mütter und Söhne«:

»Meine Mutter sagte immer, ich sei ihr ein und alles. Wenn sie krank im Bett lag, war ich es, der sie gepflegt hat und sie gesund machen konnte. Wenn es meiner Mutter schlecht ging, litt ich darunter. Mein Vater hatte bei ihr eigentlich keine Chance mehr. Er war der geile, unsensible Macker. Im Grunde war ich so etwas wie ihr Partnerersatz. Noch heute geht es mir durch Mark und Bein, wenn ich höre, daß meine Mutter krank ist. Ich fahre dann ganz schnell nach Hause, weil ja nur ich ihr wirklich helfen kann.«

Diese schlaglichtartigen Ausführungen zur Vater- und Mutterrolle zeigen, daß sich die Jungenerziehung nur verändern kann, wenn es zu einer tiefgreifenden Änderung der Erwachsenen kommt. Die Väter müssen sich noch viel mehr als bisher an der Kindererziehung beteiligen. Nur so können sie die »weiblichen« Seiten an sich fördern und sich liebevoll um ihre Kinder kümmern. Eine solche Änderung der Männer eröffnet zudem die Chance, daß sich die Partnerbeziehungen gleichberechtigter gestalten lassen. Dadurch könnten sich die vielfach negativen Einstellungen der Frauen über ihre Männer ändern. Die Frauen hätten es dann weniger nötig, ihren Frust mit Männern an ihren Söhnen abzuarbeiten. Dazu gehört, daß Frauen nicht mehr die Doppelbelastung »Arbeit« und »Haushalt« aufgebürdet bekommen und Müttern nicht länger suggeriert wird, daß sie Anhängsel ihrer Kinder sind. In allen gesellschaftlichen Bereichen muß deshalb weiter für die Gleichberechtigung der Frauen gestritten werden.

KINDERGARTEN, SCHULE, FREUNDE, SPIELZEUG – DIE SEKUNDÄREN SOZIALISATIONSINSTANZEN

Der Einfluß der Eltern darf nicht überschätzt werden. Die sekundären Sozialisationsinstanzen wie Kindergarten, Schule, Spielzeug, Medien und nicht zuletzt die Freunde tragen Wesentliches zur Entwicklung der Geschlechtsrolle bei. Dies läßt sich auch durch eine typische Alltagserfahrung illustrieren. So manche Eltern legen großen Wert darauf, daß ihre Jungen nicht mit Kriegsspielzeug spielen. Die Enttäuschung ist dann oft groß, wenn der Junge plötzlich mit einer vom Freund geliehenen Pistole heimkommt oder sich zu Weihnachten nichts sehnlicher wünscht als eine »Power-Rangers-Figur«.

DER KINDERGARTEN

Im Kindergarten arbeiten fast ausschließlich Frauen. Dadurch wird das Bild zementiert, daß sich Frauen um die Pflege und Erziehung kümmern, und bei den Jungen wird das Gefühl der »Weiberübermacht« verfestigt. Sie fühlen sich in ihrer Geschlechtsidentität bedroht und schließen sich u.a. deshalb zur sogenannten »Brüderhorde« zusammen.[55] Dort beweisen sie durch abfällige Bemerkungen über Mädchen und Frauen, durch Mutproben und aggressives Verhalten, daß sie unabhängig von den Frauen und stärker als diese sind. Sie umgehen die Kontrolle durch Erwachsene und zeigen sich gegenseitig, was sie unter Jungesein verstehen. Dabei stehen Wettbewerb und Konkurrenz, sich beweisen und kämpfen im Vordergrund. So bestätigen sie sich gegenseitig, daß sie Jungen sind. Im Vergleich mit den Mädchen, die in dieser Entwicklungsphase ebenfalls lieber unter sich spielen, erzwingen Jungen untereinander wesentlich rigider geschlechtskonformes Verhalten. Wenn ein Junge beispielsweise beim Gummitwist mitspielt, bekommt er schnell zu hören: »Bist du blöd, daß ist doch nur für Mädchen.« Der auf Jungen lastende Anpassungsdruck wird also durch die Jungengruppe weiter verstärkt. Die »Brüderhorde« schließt sich in der Regel um so enger zusammen, je weniger wirkliche männliche Vorbilder die Jungen kennen.[56]

DAS SPIELZEUG

Als Babys bekommen Jungen und Mädchen noch weitgehend ähnliches Spielzeug (z.B. Stofftiere zum Kuscheln, Bälle zum Greifen). Doch schon bei den Mobiles zeigen sich erste geschlechtsspezifische Unterschiede. So werden über die Betten von weiblichen Säuglingen eher Schneeflocken oder kleine Püppchen gehängt, während über den Jungen meist kleine Autos oder Flugzeuge baumeln. Etwa ab dem dritten Lebensjahr sieht dann die Spielzeugwelt für Jungen fast gänzlich anders aus als für Mädchen. Jungen werden bevorzugt entweder technische Spielsachen wie Autos, Flugzeuge, Roboter, Werk- und Chemiekästen oder aktionsorientierte Spielwaren wie Pistolen, Monster und Laserkanonen geschenkt. Dabei ist der Übergang vom technisch- zum aktionsorientierten Spielzeug fließend. Auch die Heldenfiguren brauchen Laserwaffen oder schnelle Autos. Zudem ist das Jungenspielzeug auf die physikalische Welt, auf die Außenwelt bezogen. Es geht meist um Konkurrenz, Kampf, Sieg oder Niederlage und Eroberung. Dagegen bezieht sich Mädchenspielzeug hauptsächlich auf die soziale Welt. Die Mädchen erhalten meist Puppenkinder, Küchenstuben, Kaufläden oder auf Modebewußtsein abzielende Spielsachen wie z.B. »Barbie«-Puppen. Für Mädchen gibt es weniger vielfältiges Spielzeug und ihnen wird ein deutlich kleinerer »Spielraum« vorgegeben als Jungen. Während sich Mädchen meist im »Haushalt« oder in der »Modewelt« bewegen, entfernen sich Jungen in fremde Galaxien, um Abenteuer zu bestehen. Damit wird die Grenzen- und Bindungslosigkeit vieler Jungen weiter vorangetrieben.[57]

Anders als beim Spielzeug für Mädchen, bei dem in jüngster Zeit auch mal die Geschlechtergrenze überschritten wird, findet sich dies bei Jungenspielzeug nur selten. Hier wird meist immer noch rigide darauf geachtet, daß ein Junge nicht mit Haushalt und Kindern in Berührung kommt. Dadurch lernen Mädchen und Jungen, daß es für Mädchen ab und zu möglich ist, die Jungenrolle zu spielen, Abenteuer zu bestehen, in männliche Bereiche vorzudringen, während der umgekehrte Weg selten ist. Einzig bei Spielzeug, das sich auf die Berufsarbeit bezieht, ist eine deutliche Tendenz zu geschlechtsneutralerer Darstellung auf der Verpackung und bei der Spielanleitung sowie beim Geschenkverhalten von Erwachsenen zu erkennen.[58]

Wenn Jungen mit Puppen spielen, rümpfen auch heute noch viele die Nase. Solche Reaktionen stimmen mit der allgemeinen Tendenz überein, daß Jungen für jegliches geschlechtsuntypisches Verhalten mehr kritisiert werden als Mädchen.[59]

Das in den meisten Familien und Kindergärten vermittelte Bild des starken, nach außen orientierten Mannes und der schwachen, auf Haushalt oder Doppelbelastung verwiesenen Frau wird durch das Spielzeug weiter verfestigt. Ähnliches gilt – ohne hierauf näher eingehen zu wollen – auch für die Darstellung von Jungen und Mädchen in den Kinder- und Schulbüchern sowie den Medien.[60]

DIE SCHULE

Mit etwa sechs, sieben Jahren beginnt für die Jungen »der Ernst des Lebens«. Sie kommen in die Schule. Dort treffen sie erneut überwiegend auf Frauen. Denn über 70% der GrundschullehrerInnen sind Frauen.[61] Hinzu kommt, daß fast alle Rektoren und Hausmeister Männer sind. So wird einerseits das Bedürfnis der Jungen nach realen Männern auch hier wiederum weitgehend enttäuscht, andererseits die typische Geschlechtsrollenteilung vorgelebt: Der Mann leitet und ist für das Handwerk zuständig, die Frau für die Kinder.

Die meisten Jungen freuen sich auf die Schule. Doch vielfach hält diese Freude nicht lange an. Irgendwie haben sie sich das alles anders vorgestellt. Sollten sie bisher aktiv und beweglich sein, sollen sie nun plötzlich still sitzen. Sollten sie bisher als kleine Einzelkämpfer durchs Leben gehen, zählt jetzt auch Kooperationsfähigkeit. Haben sie bisher gelernt, daß Jungen alles können müssen, hängt der Lernerfolg nun auch davon ab, nachzufragen, wenn sie etwas nicht verstanden haben. Schließlich haben sie den Mythos verinnerlicht, daß Jungen besser sind als Mädchen. Doch in der Schule stellt sich schnell das Gegenteil heraus. Den Mädchen fällt es leichter, sich zu konzentrieren und zu lernen. Die Position der Jungen in der Schule ist also nicht so gut, wie sie sich das vorgestellt haben.

Dies haben Generationen von Schulforschern, Schulbuchautoren und Schulverwaltungsbeamten gespürt. Unter anderem aus diesem Grund haben sie die Unterrichtsinhalte scheinbar auf die Jungen abgestimmt. Im Geschichtsunterricht geht es beispielsweise immer noch fast ausschließlich um Kriege, die Bedeutung von Flotten, Panzern und die große Politik. Die Entwicklung von Haushaltsgeräten, die gesellschaftliche Bedeutung der Frauenarbeit und Kindererziehung etc. werden dagegen vernachlässigt. In den Sachkundebüchern finden sich ebenfalls kaum Bilder und Geschichten, in denen Jungen oder Männer bei der Hausarbeit anzutreffen sind. So werden die Jungen durch die Schule auf viele der neuen an sie gerichteten Ansprüche nicht ausreichend vorbereitet. Sie lernen nicht, für sich selbst zu kochen, zu putzen, sich ihre Wohnung gemütlich einzurichten und für Kinder zu sorgen. Die Schule trägt dadurch massiv zu den (späteren) Problemen vieler Jungen und Männer bei.

Die Jungen selbst lassen die aus der Sozialisation resultierenden Nachteile natürlich auch nicht kalt. Um sie auszugleichen, drängen sich viele von ihnen im Unterrichtsgeschehen in den Vordergrund und sei es durch Randale. Wer kennt nicht das aufgeregte Schnipsen von Jungen, wenn sie etwas wissen und ihr enttäuschtes Zurücksinken, wenn ein anderer drangenommen wurde. Wieder eine Niederlage im Kampf, der Beste zu sein. Da die Jungen den LehrerInnen im Durchschnitt mehr zu schaffen machen als die Mädchen, erhalten sie mehr Blickkontakt, werden öfter drangenommen und dürfen länger reden. Gegenüber den Mädchen verhalten sich die Jungen vielfach von oben herab. Spricht ein Mädchen, wird weniger konzentriert zugehört als bei einem Jungen.[62]

Zudem neigen nicht wenige Jungen dazu, die Mädchen zu ärgern, zu belästigen und zu schlagen. Sie klatschen ihnen mit dem Lineal auf den Po, zerren sie in die Jungentoilette oder bezeichnen sie als Huren. Fragt man sie nach dem Warum, geben sie zwei Begründungen:

◆ Entgegen der Realität glauben sie, daß die Mädchen im Unterricht bevorzugt werden. Sie fühlen sich von den Lehrpersonen ungerecht behandelt und geben dies an die Mädchen weiter.

◆ Außerdem ärgert es sie, daß die Mädchen in der Schule erfolgreicher sind. Nach allem, was sie gelernt haben, darf dies aber nicht sein. Durch die Aggressionen soll die männliche Überlegenheit wiederhergestellt werden.[63]

Obwohl die Unterrichtsinhalte vielfach eher den Interessen der Jungen entsprechen und ihnen im Unterricht mehr Aufmerksamkeit geschenkt wird, sind sie nicht erfolgreicher als die Mädchen. Jungen gehen häufiger als Mädchen in die Vorschule, auf Sonderschulen, bleiben häufiger sitzen und verlassen häufiger ohne Abschluß die Schule.[64] Auch die subjektive Zufriedenheit mit der Schule scheint bei den Mädchen größer zu sein als bei den Jungen. So äußerten sich in einer Studie deutlich mehr Mädchen positiv über das soziale Klima an ihrer Schule als Jungen.[65]

Diese mißliche Schulsituation ergibt sich aus verschiedenen Faktoren. Zum einen verhindert es der auf vielen Jungen lastende Zwang, der Überlegene, der Coole zu sein, daß sie sich melden, wenn sie etwas nicht wissen. Da bietet es sich eher an, die Lehrerin zu attackieren und zu zeigen, daß Schule sowieso etwas für Kinder ist. Wenn ein Junge gut in der Schule ist, muß er das »mit links« schaffen, sonst ist er ein Streber.[66] Zum anderen führt die aggressive Art vieler Jungen oftmals dazu, daß sie in der Klasse unbeliebt sind. So fand eine Untersuchung mit Grundschülern heraus, daß Jungen dreiviertel der unbeliebten Schüler ausmachen und vor allem aggressive Jungen einen schlechten sozialen Status in den Klassen haben.[67] Deshalb muß die Schule Jungen mehr als bisher vermitteln, daß es nicht unmännlich ist, Dinge nicht zu wissen. Sie muß zudem Jungen mehr im Bereich des »sozialen Lernens« fördern. Dazu gehört, Jungen beizubringen, wie sie mit unangenehmen Situationen, mit Angst vor Klassenarbeiten, mit Versagensängsten umgehen können. Und nicht zuletzt sollte die Schule ein Ort sein, an dem nicht die Ellenbogen zählen, sondern das Miteinander.

Spielkameraden, Kumpels und Kollegen

Für Jungen haben Cliquen eine sehr hohe Bedeutung. Mitglied einer Clique zu sein, ist für Jungen wichtiger als für Mädchen. Dort Anerkennung zu finden, ist extrem bedeutsam für das Selbstwertgefühl von Jungen. Jungen, die keinen Anschluß an eine Clique bekommen, entwickeln häufig ein niedriges Selbstwertgefühl.[68]

Jungen versuchen sich durch den Zusammenschluß zur »Brüderhorde« von der als übermächtig erlebten Weiblichkeit abzugrenzen, die durch die fast monopolartige Zuständigkeit von Frauen für die Kindererziehung entsteht (s.o). Diese Abwehr des Weiblichen ist eine zentrale Funktion männlicher Cliquen. Genauso bedeutsam erscheint die Jungengruppe als soziales Übungsfeld. Dort werden allgemeine soziale Umgangsformen und die durch die Sozialisation vermittelten »männlichen« Verhaltensweisen ausprobiert und auf ihre Tauglichkeit hin überprüft. Da den Jungen reale männliche Vorbilder fehlen bzw. diese meist traditionelle Bilder von Männlichkeit vorleben, sind Mutproben, protziges Gerede, Sauftouren und abschätziges Verhalten gegenüber Frauen zentraler Bestandteil der meisten Jungencliquen. Neben diesen jungenspezifischen Funktionen dient die Clique allgemein dazu, sich von den Erwachsenen abzugrenzen. Sie stellt einen eigenen Raum dar, aus dem die Eltern und generell alle Erwachsenen ausgeschlossen sind. Die Jungen und Mädchen entwickeln so einen eigenen Status unabhängig von den Erwachsenen. Daraus ergibt sich eine weitere Funktion. Die Gleichaltrigengruppe bietet die Möglichkeit, sich über die Familie hinaus sozial neu zu orientieren. Hier kommt man mit Kindern aus anderen Familien, die andere Werte und Normen vertreten, zusammen.[69]

Mit dem Eintritt in eine Clique verläßt der Junge die frauendominierten Räume Familie, Kindergarten und Grundschule. Er tritt nun erstmals in einen männerdominierten Raum. Das Tragische dabei ist, daß es für Jungen auch in den Cliquen kaum möglich erscheint, tiefere Beziehungen einzugehen. Denn einerseits bedroht das ihre Eigenständigkeit, und andererseits sollen Jungen konkurrieren. Es geht folglich in den Gesprächen und bei den Treffen der Jungen in der Regel darum, wer der bessere Fußballer ist, wer sich nachts traut, allein über einen dunklen Friedhof zu gehen, wer bei Computerspielen am schnellsten ist oder den Mut hat, einem Mädchen den Rock hochzuheben. Dementsprechend sind in Jungencliquen Kämpfe, aggressives Verhalten, Konkurrenz und »Hackordnung« an der Tagesordnung. Einfluß wird durch körperliche Angriffe und direkte Kommandos ausgeübt. Mädchen gehen dagegen mehr aufeinander ein, haben eher »beste« Freundinnen, mit denen sie auch über intimere Dinge sprechen.[70]

Für das Funktionieren von Jungengruppen sind Rituale von großer Wichtigkeit. So müssen Jungen im Grundschulalter beispielsweise häufig erst eine Mutprobe machen, um in eine Clique aufgenommen zu werden. Im Kaufhaus für alle Bonbons und Zigaretten zu klauen, ist ein solches Aufnahmeritual und dient dazu, sich gegenseitig seine Männlichkeit zu beweisen. Bei jedem Treffen eine Zigarette zu rauchen, zeigt: Man ist ein Mann. Solchen Ritualen müssen sich die Jungen unterwerfen, wenn sie dazugehören wollen. Durch sie wird den Jungen vorgeschrieben, wie sie sich in bestimmten Situationen zu verhalten haben. Wie sich die Jungen in einer Situation fühlen, spielt keine Rolle. So kommt es zu »automatisierten« Verhaltensweisen. »Es entstehen typisierte Männerbilder – der Mann ist cool, hart, unerschrocken und zögert nicht. Der Junge kann aufgrund bisher fehlender alternativer Männlichkeitserfahrungen auch keine eigenen Vorstellungen dagegen setzen.«[71]

Darüber hinaus stellt die Jungenclique eine »neue Qualität sozialer Kontrolle dar«. Jede Abweichung von dem in der Gruppe vertretenen Männerbild wird streng sanktioniert.[72] Die große Bedeutung der Clique für Jungen im Grundschulalter trägt dazu bei, daß Jungen mehr mit Gleichaltrigen spielen als Mädchen. Dementsprechend nimmt die durch die Clique ausgeübte soziale Kontrolle größeren Raum ein. Jungen sind deshalb stärker durch andere Kinder und Jugendliche beeinflußt als Mädchen.[73]

Nicht selten fühlen sich Jungen aufgrund der starken Ritualisierungen und Normierungen in den Cliquen einsam. Die auf Konkurrenz und Anpassung angelegten Strukturen erlauben es nicht, über Persönliches zu sprechen. Man ist zwar unter Männern, aber nicht unter Freunden. So wird durch die typischen Jungencliquen die Tendenz verstärkt, daß Männer nicht oder wenig über belastende Themen reden und selten andere Menschen um Hilfe bitten. Untersuchungsergebnisse zeigen dementsprechend, daß männliche Jugendliche weniger Menschen haben, an die sie sich wenden können, wenn sie Hilfe brauchen als Mädchen. Außerdem versuchen sie im Vergleich zu Mädchen wesentlich seltener, Probleme mit Freunden, Eltern oder anderen Vertrauenspersonen gemeinsam zu lösen. Mädchen suchen doppelt so häufig Zuspruch und Zuneigung bei Menschen, die ähnliche Probleme haben oder sich in einer vergleichbaren Situation befinden.[74]

Angesichts dieser Ergebnisse erstaunt es nicht, daß es bisher erst sehr wenige Ansätze von Männerselbsthilfeprojekten gibt und daß die bestehenden um jeden einzelnen Mann kämpfen müssen.

Als Erwachsene haben viele Männer als logische Folge dieser Entwicklung oft keine Freunde (mehr). Während Trennungen, Scheidungen oder bei Krisen wird diese Situation dann oft deutlich. Nicht selten hört man dann Aussagen wie die folgende:

»Seit ich geschieden bin, habe ich keinen Menschen mehr, dem ich mal mein Herz ausschütten könnte. Bekannten oder Freunden kann ich nicht mit Problemen kommen. Am Stammtisch bekennt man lieber keine Schwächen. Da gilt immer noch das Macho-Image.«[75]

DIE JUGENDPHASE

Jungen stehen in der Jugendphase vor einer ganzen Reihe von Entwicklungsaufgaben, die ihnen einiges an Kopfzerbrechen und widerstreitende Gefühle bereiten. Die wichtigsten Hürden sind dabei die Ablösung vom Elternhaus, die Übernahme der Mannrolle, eine sexuelle Identität zu entwickeln, Freundschaften zu Gleichaltrigen aufzubauen, sich Gedanken um die berufliche Zukunft zu machen und ein ethisches Bewußtsein als Richtschnur für eigenes Verhalten zu gewinnen.[76] Zudem verändert sich der Körper rasant. Man wird größer, die Stimme wird tiefer, der Bart und die Schamhaare wachsen, man produziert Samen usw. Viele Jungen fühlen sich durch diese Veränderungen verunsichert. Bis sie sich in diesem »neuen« – möglicherweise durch Pickel gezeichneten – Körper wohl fühlen, dauert es seine Zeit. Durch diese körperlichen Veränderungen und die schwierigen Aufgaben bedingt, zeigen Jungen in dieser Entwicklungsphase nicht nur klassisch »männliche« Verhaltensweisen. Sie sind auch reizbar, sensibel, schamhaft, depressiv und aufwallend. Gefühle werden teilweise offen gezeigt. Alte Konflikte aus der Kindheit wie die Ablösung von den Eltern brechen erneut auf. Sie können nun neu verhandelt werden und zwar nicht mehr nur innerhalb der Familie. Dies bietet die Möglichkeit, den durch die Kindheit vorgezeichneten Weg zum traditionellen Mann zu verlassen. Gleichzeitig besteht aber die Gefahr, daß die bestehenden Konflikte nicht gelöst werden und so die Identitätsentwicklung hemmen.[77]

JUNGEN UND SEXUALITÄT

Natürlich dreht sich in der Pubertät vieles um die Mädchen. Einerseits üben Mädchen und ihre Sexualität auf die meisten Jungen eine große Faszination aus. Ihre Gedanken, Phantasien und Gespräche kreisen darum, mit einem Mädchen »zu gehen« bzw. Sex mit ihr zu haben. Demgegenüber steht andererseits eine große Unsicherheit. Wie soll ich ein Mädchen ansprechen? Gefalle ich ihr überhaupt? Gibt sie mir einen Korb, wenn ich sie anspreche? Da auch in dieser Hinsicht Jungen Einzelkämpfer sind, müssen sie sich jede Information mühsam selbst suchen. In den meisten Familien ist Aufklärung kein Thema, und auch in der Schule führt die Sexualpädagogik ein Schattendasein. Jungen sind deshalb immer noch vielfach darauf angewiesen, sich ihre Informationen »auf der Straße« oder aus der »Bravo« zu holen.[78]

Im Alter von etwa 12 Jahren kommt für die Jungen ein weiteres Problem hinzu. Zwar sind sie an den Mädchen ihrer Klasse bzw. ihres Alters interessiert, doch diese nicht an ihnen. Die Mädchen finden meist zwei bis drei Jahre ältere Jungen attraktiver. Die Jungen müssen sich dann gezwungenermaßen an jüngere Mädchen halten, die aber wiederum oft noch nicht so sehr an den Jungen interessiert sind. Aufgrund dieser mißlichen Situation und um sich als »Mann« zu beweisen, verletzen in der Pubertät fast alle Jungen die Grenzen von Mädchen in sexueller Hinsicht. Bei einem Seminar zum Thema »Jungensexualität« berichteten alle anwesenden 18 Männer davon, daß sie als Jugendliche Mädchen gegen ihren Willen unter die Röcke gegriffen, am BH gezogen, festgehalten und geküßt hatten. Da die Annäherung an Mädchen also eine schwierige Aufgabe ist, ziehen sich viele Jungen in diesem Alter erst einmal in andere Felder wie Sport, Hobbys und Jungencliquen zurück.

Gleichzeitig erleben Jungen in der Pubertät ihre Sexualität als kaum kontrollierbar. Immer wieder bekommen Jungen auch in den unpassendsten Augenblicken eine Erektion. Manchmal möchten sie den ganzen Tag onanieren und machen es auch. Anschließend fragen sie sich, ob sie noch normal sind oder befürchten, daß die Mütter die verräterischen Flecken auf dem Bettlaken entdecken.[79]

Der französische Bestsellerautor PHILLIP DJIAN beschreibt in seinem Roman »Pas de deux« die sich aus diesem drängenden Verlangen für viele Jungen ergebenden quälenden Gedanken in dem für ihn typischen Stil, glasklar. Der »Held« des Romans Henri-John erinnert sich an seine damalige Sexbesessenheit:

»Leider dachte ich an nichts anderes. Und das so sehr, daß ich mich zuweilen fragte, ob ich krank sei. Ich stellte mir ein finsteres Leiden vor, eine Krankheit, die mein Hirn zerfraß und durch nichts gelindert werden konnte ... Ich wagte mit niemanden darüber zu sprechen, wollte es auch nicht, denn ich nahm an, daß mich allein eine Gehirnoperation davon befreien konnte, und darauf war ich nicht erpicht. Ich dankte dem Himmel, daß noch niemand bemerkt hatte, welch Besessener in diesem Haus umherstrich. Meine größte Angst war – und ich überprüfte es regelmäßig im Badezimmer -, daß mir das im Gesicht geschrieben stand.«[80]

Leider gilt auch heute noch bei vielen Schülern die Selbstbefriedigung als verachtenswert. Das zeigt sich u.a. daran, daß das Schimpfwort »Du alter Wichser« von Jungen immer noch als extrem erniedrigend erlebt wird. Und das, obwohl sich fast alle Jungen in der Pubertät selbstbefriedigen. Doch paßt Masturbation nicht zum Selbstbild der Jungen als sexuell erfolgreiche Eroberer. Sie führt deshalb zu Minderwertigkeitsgefühlen und Selbstzweifeln.[81] Wie tiefgreifend die Frustration bei Jungen sein kann, wenn es mit den Mädchen nicht klappt, illustrieren die folgenden Worte eines Achtzehnjährigen:

»*Obwohl ich Klassensprecher bin und eigentlich nicht schlecht aussehe, habe ich immer noch keine richtige Freundin. Ich weiß nicht, wie lange ich noch warten muß, aber das macht mich ganz kaputt. Diese Einsamkeit macht mir wahnsinnig zu schaffen. Warum bin gerade ich allein, wo so viele meiner Klassenkameraden schon Erfahrungen mit Mädchen haben? Ich sehne mich so nach einer Freundin, mit der ich zärtlich sein kann.*«[82]

Die sexuelle Sozialisation von Jungen ist, wie der Blick auf die Pubertät gezeigt hat, also von Brüchen und Nöten gekennzeichnet. Durch die permanent auf die Jungen eintrommelnden Botschaften, daß Männer immer potent und sexuell aktiv sein müssen, daß Männer beim Sex die Führung übernehmen müssen, daß Sex gleich Geschlechtsverkehr bedeutet, daß Sex immer zum Orgasmus führen muß ..., bekommt die Sexualität eine ungemein hohe Bedeutung für Männer. Etwas überzeichnet bringt der in den USA umstrittene Rap-Musiker ICE T dies in seinem Buch »Who gives a fuck« auf den Punkt:

»*Ich kann nicht für Frauen sprechen, aber bei den Männern kenne ich mich aus. Ich kenne diese Hurenböcke: Sie wollen ficken. Männer sind wie Hunde. Sie wollen rumschnüffeln und ficken, jetzt, je früher, desto besser... Als Kind wurde uns beigebracht, so zu tun, als gäbe es andere Gründe, warum wir euch anquatschen. In der Schule machen wir uns ran und fragen: ›Wie heißt du? Wie geht's denn so?‹ Aber im Klartext heißt das: ›Mensch, ich will mit dir ficken‹.*«[83]

Dieses Zitat zeigt, wie fixiert manche Männer auf Sexualität sind. Diese teilweise extreme Gewichtigkeit der Sexualität im Leben von Jungen und Männern kommt dadurch zustande, daß Sexualität nicht nur für Lust steht. Durch sexuelle Handlungen sollen kindliche Konflikte gelöst werden. Durch sie wird die Sehnsucht nach Geborgenheit und Nähe ausgelebt, die Männer sonst nicht zeigen dürfen. Sie bietet die Möglichkeit, zu verschmelzen und regressive Bedürfnisse auszuleben. Nicht zuletzt dient sie gerade bei Männern zur Wiederherstellung des Selbstwertgefühls. Denn durch die Sozialisation wird den Männern suggeriert, daß beispielsweise berufliche Schwierigkeiten durch erfolgreiche Sexualität kompensiert werden können. Sie dient Jungen und Männern also zur Spannungsabfuhr und gilt außerdem als Nachweis echter Männlichkeit.[84] Deshalb geht es auch bei den ersten Versuchen, mit einem Mädchen zu schlafen, für Jungen oft weniger um die sexuelle Lust als vielmehr darum, »es geschafft zu haben«. Wenn man sich diese Zusammenhänge vor Augen führt, überrascht es eigentlich kaum noch, daß Männer ihre sexuellen Wünsche notfalls gewalttätig durchsetzen. Denn gerade für ansonsten unsichere Männer scheint sie eine (vielleicht die letzte) Möglichkeit darzustellen, sich als Mann zu beweisen, sich für Verletzungen zu rächen oder um Frustrationen abzubauen. Drei Zitate von Sexualstraftätern aus dem sehr lesenswerten Buch über sexuelle Gewalt »Bieder, brutal« von ALBERTO GODENZI sollen diesen Zusammenhang illustrieren:

»Ich wollte den Frust aus meiner Jugend, aus meinen Erlebnissen, aus meiner Strafzeit weitergeben. Diese Demütigungen wollte ich weghaben, indem ich jemand anders demütigte.«

»Das Erschrecken der Frauen hat auf mich eine Wirkung, ich bin dann ganz anders. Es ging mir nicht um Sex, sondern darum, diese Frau zu erniedrigen. Dieses Erzwingen löste bei mir etwas aus – daß ich irgendwie ein Mann bin praktisch.«

»Ich hatte keine Ahnung im Umgang mit Frauen. Ich hatte Komplexe und Hemmungen, sie nur schon anzusprechen. Was soll man abends in der Freizeit machen, wenn man es nie gelernt hat.«[85]

JUNGEN UND AGGRESSIVITÄT

Die Aussagen dieser drei Vergewaltiger zeigen, daß sich hinter (sexuell) aggressivem Verhalten von Männern oft Ohnmachts- und Hilflosigkeitsgefühle verbergen. Hinter dieser unseligen Verknüpfung steht nicht nur, daß Jungen Hilflosigkeit nicht zeigen dürfen und ihnen keine adäquaten Ausdrucksmöglichkeiten für solche Gefühle gelehrt werden (s.o.). Vielmehr trägt die Bewunderung, die viele Erwachsene (Männer wie Frauen) äußern, wenn Jungen sich aggressiv verhalten, entscheidend zum Zusammenhang von Männlichkeit und Aggressivität bei. So kann man immer noch sehr häufig beobachten, daß Jungen, die weinend nach Hause kommen, weil sie von einem anderen Jungen verprügelt wurden, als erstes gefragt werden, warum sie sich nicht gewehrt haben. Viele Väter erzählen an den Stammtischen auch heute noch stolz davon, wie sich ihr Junge bei einer Keilerei ein blaues Auge geholt hat, aber keinen Zentimeter zurückgewichen ist. Die Jungen spüren, daß Aggressivität von Erwachsenen gewünscht und bewundert sowie in vielen Situationen als angemessene Verhaltensweise angesehen wird.

Verschiedene Untersuchungen zum Erziehungsverhalten von Eltern, Erzieher- und LehrerInnen belegen, daß diese aggressionsfördernde Haltung auch heute noch auf der Tagesordnung steht. Sie zeigen beispielsweise, daß ErzieherInnen und LehrerInnen auf aggressives Verhalten von Jungen fast immer reagieren, und zwar nicht nur negativ, sondern oftmals auch positiv. Dagegen erleben Mädchen meist, daß sie ignoriert werden, wenn sie sich aggressiv verhalten. Die Erwachsenen zeigen den Jungen auf diese Art und Weise, daß aggressives Verhalten immer etwas bewirkt und vielfach auch erwünscht ist, während den Mädchen genau das Gegenteil vermittelt wird.[86]

Jungen lernen dadurch, daß sie durch aggressives Verhalten ihre Männlichkeit beweisen und Macht über andere ausüben können. Sie lernen, daß Aggressionen – zumindest wenn sie sich gegen die Bösen richten – Bewunderung und Wertschätzung einbringen. Man denke nur an Filmstars wie CLINT EASTWOOD oder ARNOLD SCHWARZENEGGER, deren »Markenzeichen ein eisiger, starrer Blick und der wortlose und kaltblütige Gebrauch tödlicher Gewalt ist«.[87] Täglich hören die Jungen zudem, daß sie ihre Ellenbogen einsetzen müssen, um voranzukommen. Jungen lernen Aggressionen als Mittel zum Zweck kennen. Mädchen, die sich streiten, lernen dagegen, daß sie sich ungehörig verhalten. Sie verlieren nach allgemeiner Vorstellung ihre Selbstkontrolle und fallen aus der Rolle. Bedingt durch die Förderung des Einfühlungsvermögens entwickeln Mädchen auch größere Ängste vor den Folgen ihrer Aggressionen. Ihre Schuldgefühle sind nach aggressiven Akten dementsprechend größer als bei

Jungen. Im Umkehrschluß kann deshalb gefolgert werden, daß Jungen schneller gewalttätig reagieren, weil durch die Sozialisation bei vielen Jungen das Einfühlungsvermögen weniger ausgeprägt ist. Jungen und Mädchen entwickeln, wie ANNE CAMPBELL in ihrem hervorragenden Buch »Zornige Frauen, wütende Männer« über den Einfluß des Geschlechts auf unser Aggressionsverhalten herausarbeitet, ein vielfach völlig unterschiedliches Verständnis der Aggression.

Dementsprechend verhalten sich Jungen auch häufiger aggressiv als Mädchen. ELEANOR MACCOBY und CAROL JACKLIN werteten zu dieser Frage 32 Studien aus und fanden die Alltagswahrnehmung bestätigend heraus, daß bei Jungen ab ca. 2 1/2 Jahren aggressives Verhalten signifikant häufiger zu beobachten ist als bei Mädchen. Dies gilt vor allem, wenn Jungen miteinander spielen.[88] Der Unterschied im Aggressionsverhalten zwischen den Geschlechtern bleibt auch in späteren Altersphasen weitgehend erhalten, obwohl Mädchen und Frauen ebenso häufig Wut empfinden wie Jungen und Männer.[89]

SEXUELL MISSBRAUCHTE JUNGEN
AUF DEM WEG ZUM MANN

Die Darstellung der wichtigsten Aspekte der Jungensozialisation macht deutlich, daß die Jungenrolle nicht nur für sexuell mißbrauchte Jungen problematisch ist. Auch andere Jungen haben erhebliche Schwierigkeiten, eine sichere männliche Identität zu entwickeln. Deshalb muß vor allzu leichtfertigen Verallgemeinerungen hinsichtlich des Zusammenhangs zwischen Jungensozialisation und sexuellem Jungenmißbrauch gewarnt werden. Durch die folgenden Ausführungen sollen neue Perspektiven für ein erweitertes Verständnis der sexuellen Gewalt gegen Jungen und Anregungen für weitere Forschungen gegeben werden.

DER MANGEL AN REALEN MÄNNLICHEN VORBILDERN

Die »normalen« Verunsicherungen von Jungen hinsichtlich ihrer männlichen Identität können bei sexuell mißbrauchten Jungen durch den allgemeinen Mangel an realen männlichen Vorbildern verstärkt werden. Denn bei vielen mißbrauchten Jungen nutzt einer der wenigen Männer oder gar der einzige Mann, der sich intensiv um sie gekümmert hat, das so gewonnene Vertrauen aus, um die Jungen zu mißbrauchen. Aufgrund dieser Erfahrung und dem daraus resultierenden Vertrauensverlust meiden manche sexuell mißbrauchte Jungen jeden Kontakt und jede Beziehung zu Männern.[90] So erzählte in einem Beratungsgespräch ein Mann, daß er nach dem sexuellen Mißbrauch durch einen Nachbarn allen Situationen aus dem Weg gegangen ist, in denen er allein mit einem Mann war. Er gab deshalb zwei seiner Hobbys auf: Er ging nicht mehr mit seinem Onkel segeln und hörte auf zu angeln. Jungen, die so reagieren, haben noch weniger Zugang zu männlichen Vorbildern als andere Jungen. Dadurch wird es sicherlich erschwert, eine männliche Identität zu entwickeln.

Vor allem bei sexuell mißbrauchten Jungen, die außer dem Täter keine anderen männlichen Vorbilder haben, kann aus dem Mißbrauch eine Ablehnung all dessen, was mit Männlichkeit zu tun hat, folgen. Ihre zentrale Erfahrung mit Männern beinhaltet überwiegend Schmerzen und Leid. Der Gedanke »So wie der möchte ich nicht werden« liegt da nahe.

DIE BEZIEHUNG ZUM VATER

Die Bedeutung der Vaterbeziehung zeigt sich daran, daß in den Untersuchungen die meisten sexuell mißbrauchten Männer ihre Vaterbeziehung als wenig vertrauensvoll und erheblich belastet einschätzen. Im Vergleich zu nicht mißbrauchten Männern berichten sie deutlich häufiger über ein schlechtes Verhältnis zu ihren Vätern.[91] Die gespannte Beziehung zum Vater kann eine emotionale Bedürftigkeit und eine Suche nach einem »Ersatzvater« zur Folge haben. Dadurch sind die Jungen möglicherweise besonders verwundbar gegenüber den Manipulationen eines Täters, der ihnen Aufmerksamkeit und Zuwendung schenkt. Viele mißbrauchte Männer beschreiben ihre Gefühle gegenüber ihren Vätern wohl aus diesem Grund mit großer Bitterkeit:

»Er war viel beschäftigt damals. Realität ist, daß er überhaupt nicht greifbar war. Das habe ich auch gerade jetzt noch einmal stark empfunden. Deswegen habe ich jetzt auch so eine Wut auf ihn. Ich bin ganz tief enttäuscht. Und zwar, weil er für mich innerlich nicht greifbar ist. Da war also nichts, wodurch ich Halt finden konnte. Insofern haben meine Eltern

mich auch nie schützen können, die wußten ja gar nichts davon. Ich war ein sehr einsames Kind zu Hause.«[92]

Allerdings kann die schlechte Bewertung der Vaterbeziehung auch durch den sexuellen Mißbrauch mitbedingt sein. So kann die Beziehung eines Jungen zu seinem Vater bis zum Beginn der sexuellen Übergriffe einigermaßen in Ordnung gewesen sein. Durch den sexuellen Mißbrauch kann dann aber die gesamte Beziehung als entfremdet bewertet werden. Soweit die Untersuchungen retrospektiv sind, läßt sich dies nicht ausschließen.[93]

Einige sexuell mißbrauchte Jungen verhalten sich nach einem Mißbrauch weniger »jungenhaft«. Sie vermeiden typische Jungenspiele, ziehen sich zurück oder verhalten sich regressiv.[94] Dies kann zu ablehnenden Reaktionen durch ihre Väter führen. Etliche Studien zum Erziehungsverhalten von Eltern beweisen, daß Väter auf Jungen, die sich nicht rollenkonform verhalten, mit Zurückweisung reagieren (s.o.). Auch viele homosexuelle Männer, die sich als Jungen nicht für »Jungenspiele« interessierten, berichten von einer starken Ablehnung durch ihre Väter. Oftmals wandten sich die Väter daraufhin ganz von ihnen ab und kümmerten sich – falls vorhanden – nur noch um den »normalen« Bruder.[95] Dies hinterläßt zum einen natürlich ein Gefühl der Verlassenheit und verstärkt zum anderen das Gefühl, ein Außenseiter zu sein. Außerdem werden dadurch Brüche in der Vater-Sohn-Beziehung vertieft bzw. hervorgerufen (s.o.). Dies kann die bei einigen sexuell mißbrauchten Jungen bestehenden Isolationstendenzen verstärken. Außerdem geht so ein wichtiges männliches Vorbild und eine Vertrauensperson verloren, die durch einen einfühlenden Umgang die Folgen des sexuellen Mißbrauchs mindern könnte.

ISOLATION

Ein Teil der sexuell mißbrauchten Jungen isoliert sich von anderen Kindern bzw. Jugendlichen. Sei es, weil sie Angst haben, daß ihr Mißbrauch erkannt wird oder weil sie sich anders fühlen als ihre Freunde und Spielkameraden. Lehnen die betroffenen Jungen zudem noch jungentypisches Verhalten ab, ziehen sich vermutlich die anderen Jungen ihrerseits zurück. Diese These ergibt sich aus einer Studie über das Spielverhalten von Jungen und Mädchen. Dort zeigte sich, daß Jungen am liebsten mit anderen Jungen spielen, die toben, kämpfen und aktiv sind. Jungen, die an solchen Spielen keinen Spaß haben, werden abgelehnt.[96] Solch isolierten Jungen fehlt dann die Clique, um Handlungsorientierungen zu bekommen und »normales« Verhalten einzuüben. Daraus ergibt sich die Gefahr, daß sich durch den Mißbrauch entwickelte destruktive Männerbilder verfestigen. Außerdem könnte das Selbstbewußtsein der Jungen darunter leiden. Denn für das Selbstbewußtsein von Jungen ist die Anerkennung einer solchen Gruppe sehr wichtig (s.o.). Das durch den Mißbrauch entstandene Gefühl, ein »lonesome Cowboy« oder gar ein »ewiger Verlierer« zu sein, kann so verstärkt werden.

SEXUELLER MISSBRAUCH UND DIE ANGST VOR DER HOMOSEXUALITÄT

In unserer Gesellschaft existiert immer noch eine starke Ablehnung der Homosexualität. Viele sexuell mißbrauchte Jungen glauben, daß sie mißbraucht wurden, weil sie homosexuell sind oder daß sie es durch den Mißbrauch werden (Kapitel VIII). Diese Angst vor der Homosexualität könnte ebenfalls die Entwicklung einer sicheren männlichen Identität bei sexuell mißbrauchten Jungen erschweren. Denn Jungen und Männer definieren sich sehr stark über Sexualität mit Frauen. Ein Mann zu sein bedeutet, Sex mit einer Frau zu haben. Alles andere läßt Zweifel an der Männlichkeit aufkommen.

Außerdem wird mit Homosexualität unter Männern die Übernahme einer passiven, weiblichen Rolle assoziiert. Dies widerspricht absolut der Forderung an Jungen, die Aktiven, Überlegenen, Handelnden zu sein. Dies wird durch die Beobachtung, daß manche sexuell mißbrauchte Jungen und Männer sagen, daß ihnen beispielsweise die aktive Rolle beim Analverkehr nicht so unangenehm und ekelig war wie die passive, unterstrichen. Da Jungen ihre männliche Identität durch die Abgrenzung von »Weiblichkeit« zu erlangen suchen, wächst folglich ihre Verunsicherung, je mehr sie sich durch den Mißbrauch in eine passive Rolle gedrängt bzw. »zu einem Mädchen degradiert« fühlen. Gestützt wird diese These dadurch, daß der Besitz von »weiblichen« Eigenschaften bei Jungen allgemein mit einem niedrigen Selbstwertgefühl in Verbindung steht.[97] In der Studie von LESLIE RISIN und MARY KOSS zeigt sich, daß sich sexuell mißbrauchte Männer, die penetriert wurden, im Durchschnitt stärker traumatisiert fühlten als die betroffenen Männer, die dies nicht über sich ergehen lassen mußten.[98] Daß sexuell mißbrauchte Jungen sich häufig in einer »weiblichen« Position empfinden – sie werden benutzt, mit ihnen wird etwas gemacht usw. –, könnte auch zu den bei sexuell mißbrauchten Jungen beobachteten Selbstwertproblemen beitragen. Die folgende Aussage eines sexuell mißbrauchten Mannes illustriert diesen Zusammenhang treffend:

»Himmel, ich habe keine Männlichkeit mehr (...) er hat aus mir eine Frau gemacht.«[99]

Dieser Zusammenhang könnte auch dafür mitverantwortlich sein, daß Jungen häufig einen Mißbrauch durch eine Frau als nicht so traumatisch einschätzen. Denn es handelt sich hierbei um eine vermeintlich »heterosexuelle« Situation, die weit mehr Raum bietet, sich als aktiv und als Mann zu fühlen. Diese Umdeutungen gehen zum Teil soweit, daß Jungen den sexuellen Mißbrauch durch eine Frau als gelungene Einführung in die Liebe darstellen. So erzählte ein Mann, daß er sein erstes »Liebesabenteuer« als Zehnjähriger mit seiner 35 Jahre alten Tante gehabt hätte. Auf die Frage, ob er damals seinen Freunden davon erzählt habe, antwortete er »nein«. Er hätte sich das nicht getraut, weil die anderen noch nicht soweit gewesen seien. Eigentlich hätte er sich durch die Sache ziemlich allein gefühlt. Außerdem hätte er all die kleinen Abenteuer, die die anderen Jungen auf ihren Wegen zur Sexualität mit Mädchen gemacht haben, nicht erlebt. Das sei schon traurig gewesen. Vielleicht sei das mit der Tante doch alles viel zu früh gekommen. Solche Aussagen zeigen, daß Jungen zwar alles mögliche unternehmen, um einen Mißbrauch durch eine Frau quasi »ungeschehen« zu machen, doch bleibt meist ein ungutes Gefühl.

Aus den bisherigen Überlegungen ergibt sich abschließend eine weitere These: Je stärker ein Junge die Anforderungen der traditionellen Männerrolle verinnerlicht hat, desto tiefgreifender sind die Verunsicherungen. Denn um so weniger paßt es in sein Selbstbild, Opfer zu sein.

Durch die Sozialisation wird Jungen vermittelt, daß Schmerzen unmännlich sind und nicht gezeigt werden dürfen. Eine Erfahrung, die nicht in dieses Bild paßt, muß deshalb fast zwangsläufig umgedeutet werden. Denn sonst droht der Verlust der männlichen Identität und Beeinträchtigungen des Selbstwertgefühls. Die bei sexuell mißbrauchten Jungen häufig zu beobachtende Tendenz, die Folgen des Mißbrauchs zu minimieren, kann dadurch mitbedingt sein. Ein Indiz, das diese These untermauert, ergibt sich aus folgender Beratungserfahrung. Manche sexuell mißbrauchte Männer vermitteln in Gesprächen durch lange Erklärungen den Eindruck, der sexuelle Mißbrauch hätte ihnen nicht viel ausgemacht. Wenn sie jedoch hören, daß der Täter ähnliches mit anderen Jungen gemacht hat, äußern sie plötzlich Mitleid mit den anderen Opfern oder wollen ihm ans Leder.[100]

Zu dieser Verharmlosung der eigenen Verletzungen kann auch beitragen, daß Jungen kaum lernen, Einfühlungsvermögen in Opfer und Mitleid mit Opfern zu entwickeln. Werden sie selbst Opfer, fehlt ihnen der Zugang zu den dadurch ausgelösten Gefühlen. Diese Dynamik und die Forderungen an Jungen, sich nicht hilflos zu zeigen und andere nicht um Hilfe zu bitten, trägt sicher auch dazu bei, daß Jungen immer noch sehr selten über sexuellen Mißbrauch sprechen.

Daß sexuell mißbrauchte Jungen sich noch weniger als Mädchen anderen anvertrauen, wird zudem durch die in unserer Gesellschaft starke Ablehnung der Homosexualität mitverursacht. Die Jungen befürchten ganz einfach, daß sie als »Schwule« gehänselt werden, wenn sie über ihren Mißbrauch sprechen.[101]

Daß Jungen »weniger intensive« Formen sexuellen Mißbrauchs oft als nicht so einschneidend beschreiben, kann außerdem durch folgende jungentypische Erfahrung mitverursacht sein: Jungen greifen sich »an den Sack«, treten sich »in die Eier« usw., um Überlegenheit zu demonstrieren oder um in Kontakt mit anderen Jungen zu kommen. Durch dieses Verhalten wird der körperliche Übergriff mit sexueller Bedeutung von Jungen früh eingeübt. Angesichts dieser »Normalität« verwundert es nicht, daß Übergriffe manchmal auch im späteren Leben der Jungen eher als harmlos begriffen werden und die demütigende Bedeutung verleugnet wird.

Die Abwesenheit der Väter und realer männlicher Vorbilder im Leben von Jungen könnte die im Vergleich zu Mädchen höhere Gefährdung von Jungen, Opfer außerfamilialen Mißbrauchs zu werden, mitverursachen. Denn sie erleichtert es Tätern, in Kontakt mit Jungen zu kommen. Ein Mann, der sich um einen Jungen kümmert, ihm zuhört, mit ihm in die Spielhalle oder auf den Fußballplatz geht und manchmal noch »was springen« läßt, hat in der Regel eine hohe Attraktivität. Die meisten Jungen werden auf solche Zuwendungen begeistert reagieren. Diese These wird durch Erfahrungen aus der Beratungsarbeit mit sexuell mißbrauchten Männern belegt. Viele der bei ZARTBITTER KÖLN hilfesuchenden Männer, die durch Bekannte sexuell mißbraucht wurden, äußern Sätze wie die folgenden:

»Ich fand den unheimlich toll. Er war ein klasse Fußballspieler und Trainer. Als der mich fragte, ob ich nicht mal mit ihm zum Oberligaspiel wollte, war ich hin und weg. Der war so was wie ein Vorbild für mich. So wie der wollte ich auch werden. Mein Vater hing mehr oder weniger zu Hause rum, mit dem konnte ich nichts anfangen.«(Hans, 25 Jahre)

Dieser Zusammenhang wird von der Täterseite her bestätigt. Gerade Pädophile berichten sehr offen darüber, daß sie genau solche Strategien anwenden, um Jungen in eine Mißbrauchsbeziehung zu verwickeln (Kapitel IV).

Das hohe Risiko außerfamilialen Mißbrauchs für Jungen könnte auch durch ihre starke Außenorientierung mitbedingt sein. Jungen wird beispielsweise mehr als Mädchen gestattet, draußen zu spielen, und sie werden dabei weniger kontrolliert. Dies ermöglicht es einem Täter, sich länger von den Eltern unentdeckt an einen Jungen heranzumachen. Gleichzeitig trägt sie dazu bei, daß sexuell mißbrauchte Jungen sich so selten anderen Menschen anvertrauen. Denn die Jungen befürchten, daß sie dann nicht mehr draußen spielen dürfen und damit ein weiteres Stück ihrer Jungenidentität verlieren.

Die Jungensozialisation fordert aggressives Verhalten geradezu heraus. Dementsprechend treten Jungen häufig aggressiv auf (s.o.). Es muß deshalb noch weiter erforscht werden, ob und welche Besonderheiten sich in dieser Hinsicht bei sexuell mißbrauchten Jungen finden. Die bisher durchgeführten Untersuchungen zum Aggressionsverhalten sexuell mißbrauchter Jungen zeigen zwar, daß sie sich im Durchschnitt aggressiver verhalten als nicht mißbrauchte Jungen. Doch weisen sie beispielsweise im Vergleich mit körperlich mißhandelten Jungen eher ein niedrigeres Aggressionspotential auf. Unklar ist weiterhin, ob die erhöhte Rate von Aggressionen im Vergleich zu anderen Jungen durch einige wenige sehr aggressive Jungen zustande kommt oder ob sich der Großteil der mißbrauchten Jungen aggressiv verhält. Da sich körperlich mißhandelte Jungen eher noch aggressiver verhalten, kann vermutet werden, daß nicht so sehr die sexuelle Komponente des sexuellen Mißbrauchs die Aggressionen auslöst. Vielmehr dürften die Ohnmachts- und Hilflosigkeitsgefühle und die damit einhergehende Verunsicherung hinsichtlich ihrer männlichen Identität von Bedeutung sein.[102] Denn aggressives Verhalten resultiert häufig aus einem Ohnmachtsgefühl und stellt den Versuch dar, seine Männlichkeit unter Beweis zu stellen (s.o.).

Außerdem fühlen sich viele männliche Opfer sexualisierter Gewalt, als ob sie die Kontrolle über ihr Leben verloren hätten. Durch die männliche Sozialisation bedingt, erscheint ihnen aggressives Verhalten möglicherweise als Mittel, ihr Leben wieder unter Kontrolle zu bekommen. Aggressives Verhalten von sexuell mißbrauchten Jungen könnte zudem zur Vorbeugung weiterer sexueller Gewalt dienen.

Wer traut sich beispielsweise, einen gewalttätigen Rechtsradikalen anzufassen? So bauen die Jungen eine Mauer aus Aggressivität um sich auf.

Aggressives Verhalten kann aber auch eine Reaktion darauf darstellen, daß Erwachsene nicht mit ängstlichen, traurigen Jungen umgehen können. Vielleicht sind die Jungen mal weinend zu ihrem Vater gegangen, um sich ihm mitzuteilen. Doch dessen Reaktion war: »Stell dich nicht so an, du Heulsuse.« Da ihnen so der Weg, Gefühle zu zeigen, um auf ihre Not aufmerksam zu machen, verschlossen ist, verhalten sie sich aggressiv.

In einem Beratungsgespräch äußerte ein jugendlicher Täter auf die Frage, warum er andere Jungen sexuell mißbraucht habe:

»*Die Männer, angefangen bei meinem Vater bis zu den Typen auf dem Strich, die mir bisher über den Weg gelaufen sind, haben mich alle ohne Rücksicht benutzt und wenn sie mich nicht mehr brauchten, links liegengelassen. Außerdem, warum soll ich auf andere Rücksicht nehmen, wo doch auch niemand auf mich Rücksicht genommen hat.*«

Aus solchen und ähnlichen Ausagen läßt sich folgende These ableiten: Jungen, die nur mißbräuchliche und keine liebevollen Beziehungen zu Männern kennen, haben ein höheres Risiko, sich mit dem Täter zu identifizieren als Jungen, die neben dem Mißbrauch auch intakte Beziehungen zu Männern haben. Dadurch könnte sich bei diesen Jungen ein höheres Aggressionspotential entwickeln.

Damit sexuell mißbrauchte Jungen sich schneller Hilfe suchen können und weniger unter den Auswirkungen des Mißbrauchs zu leiden haben, muß das traditionelle Männerbild stärker als bislang aus den Angeln gehoben werden. Die bisherigen Ansätze der Veränderung von Jungen und Männern müssen weiter forciert werden. Dazu bedarf es einer gezielten Jungenarbeit, die sich an der Alltagswirklichkeit der Jungen orientiert.

Literaturempfehlungen:
Badinter, Elisabeth (1993): XY – Die Identität des Mannes. München 1993
Hollstein; Walter (1992): Die Männer. Vorwärts oder zurück. München 1992
Schnack, Dieter/Neutzling, Rainer (1990): Kleine Helden in Not. Jungen auf der Suche nach Männlichkeit. Reinbek bei Hamburg 1990

III

Dirk Bange

ZAHLEN, DATEN, FAKTEN
Zum aktuellen Forschungsstand

In den letzten Jahren entstanden neue Mythen über den sexuellen Mißbrauch. Die meisten Menschen assoziierten noch bis vor wenigen Jahren mit »sexuellem Mißbrauch« einen Überfall durch einen Fremden. Heute sind es nun überwiegend »Väter als Täter«, über die in den Medien und auf Fachtagungen berichtet wird. Beides entspricht aber bei Jungen nur zu einem kleineren Teil der Realität. Für die Beratungsarbeit sind diese oder andere Mythen aber hinderlich. Denn in der Praxis macht es einen großen Unterschied, ob sich der Verdacht gegen eine familienfremde Person oder aber gegen den Vater richtet. Bei einem Verdacht auf sexuellen Mißbrauch im außerfamilialen Nahraum des Kindes kann zum Beispiel mit Unterstützung der Eltern der Kontakt zwischen Kind und Beschuldigtem in der Regel schnell unterbunden werden. Dazu bedarf es oft nicht einmal einer (juristischen) Klärung des Vorwurfs. Dagegen erfordert die Annahme eines innerfamilialen Mißbrauchs durch einen Vater fast immer wesentlich schwierigere Interventionen, um gegebenenfalls den Schutz des Kindes zu organisieren. Ohne »handfeste« Beweise und ohne ein psychologisches Gutachten über die Glaubhaftigkeit der Aussage des Kindes besteht heute kaum noch die Möglichkeit, eine Trennung vom Vater durchzusetzen. Es sei denn, dieser stimmt von sich aus einer solchen Trennung zu, damit die Situation in Ruhe geklärt werden kann.

Ein Praxisbeispiel: *Ein behinderter Junge zeigte in der Schule deutliche Hinweise auf sexuellen Mißbrauch. Die LehrerInnen und die recht schnell hinzugezogenen MitarbeiterInnen einer Beratungsstelle verdächtigten zunächst den Vater und gingen dieser Vermutung einige Wochen nach. Nachdem sich herausstellte, daß der Vater als Täter nicht in Frage kam, erweiterten sie den möglichen Täterkreis. Es stellte sich heraus, daß der Junge manchmal eine halbe Stunde später als üblich von der Schule nach Hause kam. Er war das letzte Kind im Schulbus und der Fahrer nutzte dies offenbar aus. Die Eltern reagierten sofort und brachten ihren Sohn fortan selbst zur Schule. Nachdem sich der Verdacht gegen den Fahrer erhärtete, verlangte die Schulleitung vom Busunternehmer, diesen Fahrer nicht mehr einzusetzen. So waren zumindest der Junge und die anderen Schulkinder – und zwar ohne juristische Interventionen – relativ schnell vor möglichen Übergriffen durch den Fahrer geschützt.*

WAS IST SEXUELLER MISSBRAUCH AN JUNGEN?

Die derzeit mit besonderer Heftigkeit geführte Diskussion über die Definition sexuellen Mißbrauchs an Kindern ist nicht neu. Schon immer wurden sexuelle Übergriffe und Gewalt gegen Kinder vor dem Hintergrund kultureller und ideologischer Unterschiede verschieden bewertet. So war es beispielsweise bis zur Renaissance nicht verpönt, mit dem Geschlechtsteil eines kleinen Kindes zu spielen. Die Tagebuchaufzeichnungen Heroards über das Leben Ludwig XIII. zeigen, welche Freizügigkeiten damals möglich waren:

»Die Marquise (de Verneuil) steckt oft die Hand unter sein Kleid; er läßt sich auf das Bett der Amme legen, wo sie mit ihm schäkert, indem sie die Hand unter sein Kleid steckt ...«

Ludwig »entblößt sich ebenso wie Madame (seine Schwester); sie werden nackt zum König ins Bett gelegt, wo sie sich küssen, miteinander flüstern und dem König großes Vergnügen bereiten. Der König fragt ihn: ›Mein Sohn, wo ist das Paket der Infantin?‹ Er zeigt es vor und sagt: ›Es hat keinen Knochen, Papa.‹«[1]

Erst als sich in den folgenden Jahrzehnten die Einsicht durchsetzte, daß Kinder keine »kleinen Erwachsenen« sind, veränderte sich langsam die Einstellung zur kindlichen Sexualität und zu sexuellen Kontakten zwischen Kindern und Erwachsenen. Es entstand die Idee, daß Kinder vor den sexuellen Wünschen Erwachsener geschützt werden müssen.[2] Wann das Kindeswohl durch sexuelle Grenzüberschreitungen der Erwachsenen gefährdet ist, darüber streitet sich jedoch die (Fach-)Öffentlichkeit bis heute.

Einigkeit besteht unter den WissenschaftlerInnen darüber, daß alle sexuellen Handlungen, die durch Drohungen und körperliche Gewalt erzwungen werden, sexuellen Mißbrauch darstellen.[3]

Fast ebenso einhellig gilt es als sexuelle Gewalt, wenn die sexuellen Kontakte gegen den Willen des Kindes stattfinden. In Einzelfällen sagen Kinder jedoch, daß sie »es« auch gewollt hätten. Für betroffene Kinder kann eine solche Aussage eine wichtige Überlebensstrategie sein. Sie versuchen damit, ihre eigene Machtlosigkeit und das sie verletzende Verhalten des Täters umzudeuten. JUDITH LEWIS HERMAN beschreibt solche Abwehrmechanismen bezogen auf den innerfamilialen sexuellen Mißbrauch folgendermaßen:

»Obwohl es (das Kind, D.B.) sich einer gnadenlosen Macht ausgeliefert fühlt, darf es die Hoffnung nicht verlieren und muß an einen Sinn glauben. Absolute Verzweiflung, die einzige Alternative, kann kein Kind ertragen. Um sich das Vertrauen in die Eltern zu bewahren, darf das Kind die naheliegendste Schlußfolgerung, daß nämlich die Eltern extrem gestört sind, nicht ziehen. Es wird alles tun, um eine Erklärung für sein Schicksal zu finden, die seine Eltern von jeder Schuld und Verantwortung freispricht.«[4]

Eine Lösung für das Dilemma der »scheinbaren Einwilligung« von Kindern bietet das Konzept des wissentlichen Einverständnisses. Es geht davon aus, daß Kinder gegenüber Erwachsenen keine gleichberechtigten Partner sein können, weil sie ihnen körperlich, psychisch, kognitiv und sprachlich unterlegen sind, und weil sie auf die emotionale und soziale Fürsorge Erwachsener angewiesen und diesen auch rechtlich unterstellt sind. Folglich können Kinder sexuelle Kontakte mit Erwachsenen nicht wissentlich ablehnen oder ihnen zustimmen. Jeder sexuelle Kontakt zwischen einem Kind und einem Erwachsenen gilt demnach als sexueller Mißbrauch.[5]

Verschiedene ForscherInnen modifizieren das Konzept des wissentlichen Einverständnisses dahingehend, daß sie einen Altersunterschied zwischen Opfer und Täter als Definitionskriterium benutzen. Meistens setzen sie einen Altersunterschied von fünf Jahren voraus, ehe sie von sexuellem Mißbrauch sprechen. So wollen sie eine Ausuferung der Definition sexuellen Mißbrauchs vermeiden. Problematisch daran ist, daß sexuelle Gewalt unter Jugendlichen nicht erfaßt wird. Zudem können fünf Jahre Altersunterschied bei Kindern und Jugendlichen sehr große Entwicklungsunterschiede ausmachen.[6]

Einige wenige Autoren[7] lehnen dieses Konzept ab. Sie behaupten, daß sexuelle Beziehungen zwischen Kindern und Erwachsenen keineswegs immer ungleiche Beziehungen mit verschiedenen Machtpositionen seien. Vielmehr könne gerade bei »echten päderastischen Beziehungen« zwischen Männern und Jungen »von Mißbrauch nur in wenigen Ausnahmefällen die Rede sein«.[8]

Diese Wissenschaftler verleugnen die fehlende Entscheidungsgewalt von Kindern in allen wichtigen Lebensbereichen. Wenn Kinder so gut wie nichts selbst entscheiden dürfen, wie sollen sie dann aber gerade pädophile Beziehungen in freier Entscheidung aufnehmen können? Diese Mentoren der Pädophilie unterstellen, daß Kinder und Erwachsene die gleichen sexuellen Interessen haben können. Sie lassen dabei außer acht, daß zwischen Kindern und Erwachsenen hinsichtlich ihrer Sexualität eine »Disparität der Wünsche«[9] besteht. Natürlich haben Kinder sexuelle Bedürfnisse, die sie auch ausleben sollen. Aber »aus der kindlichen Neugier an sexuellen Dingen einen Wunsch nach sexuellen Kontakten abzuleiten, ist ebenso unangemessen, wie aus der kindlichen Neugier an Tätigkeiten, die Erwachsene ausüben, einen Wunsch nach Berufstätigkeit abzuleiten«.[10] Hinzu kommt, daß Kinder die volle Bedeutung der »Erwachsenen-Sexualität« nicht kennen. Sie können also gar nicht überblicken, auf was sie sich einlassen (Kapitel IX).

Fachliche Kontroversen bestehen auch bezüglich der Frage, ob sexualisierte Blicke und Exhibitionismus – d.h. Übergriffe ohne Körperkontakt – sexuellem Mißbrauch zuzurechnen sind oder nicht. Einige ForscherInnen nehmen solche Handlungen nicht ernst, da sie sie für wenig oder nicht traumatisierend halten; andere ForscherInnen beziehen sie mit ein, weil sie zumindest von einem Teil der Kinder als belastend erlebt werden.[11]

In den meisten Untersuchungen werden nur sexuelle Mißbrauchserlebnisse berücksichtigt, die in den ersten 16 Lebensjahren stattfanden, um den sexuellen Kindesmißbrauch von der sexuellen Gewalt gegen Frauen und Männer abzugrenzen (Tabelle 1). So sinnvoll und logisch eine solche Altersgrenze auf den ersten Blick scheint, ist sie dennoch nicht unproblematisch. Denn eine 15jährige kann weiter entwickelt sein als manche 17jährige, während einige 19jährige durchaus noch sehr kindlich sein können.

Eine allgemein akzeptierte und für alle Zeiten gültige Definition sexuellen Mißbrauchs an Kindern kann es aufgrund der beschriebenen Schwierigkeiten also nicht geben.

WIE HÄUFIG IST SEXUELLER MISSBRAUCH AN JUNGEN?

Die Untersuchungsergebnisse zum Ausmaß des sexuellen Kindesmißbrauchs müssen immer mit einer gewissen Vorsicht betrachtet werden. Denn die verwendete Definition, die Art der Stichprobenauswahl und die Befragungsmethode beeinflussen die erhobenen Ergebnisse erheblich.[12] Liegt einer Untersuchung beispielsweise eine enge Definition zugrunde, nach der nur solche Erfahrungen als sexueller Mißbrauch gelten, bei denen Körperkontakt stattfand, ein Altersunterschied von fünf Jahren vorlag und der Vorfall sich vor dem 15. Lebensjahr ereignete, ist eine vergleichsweise niedrige Mißbrauchsrate zu erwarten. Denn Exhibitionismus, sexuelle Gewalt unter Gleichaltrigen und alle Fälle sexueller Gewalt, die die Befragten als 15- und 16jährige erlebten, sind damit ausgeschlossen.

Bei den vier in Deutschland durchgeführten Dunkelfelduntersuchungen schwankt die Rate sexuell mißbrauchter Männer von vier bis 14 Prozent. Dies unterscheidet sich kaum von dem in anderen Ländern festgestellten Ausmaß sexueller Gewalt gegen Jungen. Läßt man einmal die Studien mit extrem hohen oder niedrigen Resultaten außer acht, pendeln die Ergebnisse in der überwiegenden Zahl der Untersuchungen zwischen sechs und neun Prozent. Insgesamt erscheint die Annahme realistisch, daß etwa jeder zwölfte Junge sexuell mißbraucht wird (Tabelle 1).

Tabelle 1: Ausmaß des sexuellen Mißbrauchs an Jungen

Studie	Teilnehme-rInnen	Aus-maß	Alters-grenze	Methode/Definition
Bange 1992 (BRD)	343 Studenten	8%	16	Fragebogen/Gegen den Willen, kein wissentliches Einverständnis
Raup/ Eggers 1993 (BRD)	412 Studenten/ Fachschüler	6,3%	14	Fragebogen/5 Jahre Altersunterschied, Zwang, als unangenehm erlebt
Wetzels 1994 (BRD)	1604 Männer (repräsentativ)	4–9%	16	Fragebogen/Von Befragten als sexueller Mißbrauch bewertet
BMFuS 1993 (BRD)	255 Beratungsstellen-mitarbeiter	14%	?	Fragebogen/»Sind Sie sexuell mißbraucht worden?«
Finkel-hor 1979 (USA)	266 Studenten	9%	16	Fragebogen/5 Jahre Altersunterschied bis zum Alter von 12, dann 10 Jahre
Fritz u.a. 1981 (USA)	412 Studenten	5%	präpu-bertär	Fragebogen/?

Studie	Teilnehme-rInnen	Aus-maß	Alters-grenze	Methode/Definition
Finkel-hor 1984 (USA)	187 Väter	6%	16	Fragebogen/5 Jahre Altersunterschied, von Befragten als sexuel-ler Mißbrauch bewertet
Baker/Duncan 1985 (GB)	836 Männer (repräsentativ)	8%	16	Fragebogen/Sexuell überlegene Person be-nutzt Kind, um sich sexuell zu erregen
Risin/Koss 1987 (USA)	2972 Studenten	7,3%	16	Fragebogen/5 Jahre Altersunterschied bis zum Alter von 12, dann 8 Jahre; Zwang oder Gewalt
Bagley 1989 (Kanada)	935 Männer (repräsentativ)	8%	16	Tiefeninterviews/Un-gewollt
Finkel-hor u.a. 1990 (USA)	1145 Männer (repräsentativ)	16%	18	Telefoninterviews/Von Befragten als sexuel-ler Mißbrauch bewertet

DIE UMSTÄNDE

INNERFAMILIALER UND AUSSERFAMILIALER SEXUELLER MISSBRAUCH

Die vorliegenden Dunkelfelduntersuchungen zeigen, daß Jungen am häufigsten von Bekannten aus dem außerfamilialen Nahraum (z.B. Nach-barn, Pfarrer, Lehrer, Freunde der Familie) sexuell mißbraucht werden. Etwa 50% der befragten Männer berichten über eine solche Täter-Opfer-Beziehung. Im Vergleich dazu geben wesentlich weniger Männer (etwa 15-20%) an, Opfer von Familienangehörigen zu sein. Dabei schildern sie vor allem Übergriffe durch Onkel, Brüder und Cousins. Sehr selten spre-chen sie bisher über Väter oder Mütter als TäterInnen. Fast ein Drittel des Mißbrauchs an Jungen geht auf das Konto fremder Täter. Im Gegensatz zu den TäterInnen aus der Familie und dem Bekanntenkreis der Kinder, die fast immer sexuelle Handlungen mit Körperkontakt erzwingen, treten Fremde allerdings sehr häufig als Exhibitionisten in Erscheinung. Vergewaltigungen von Jungen durch Unbekannte sind deshalb insgesamt relativ selten.[13]

In klinischen Studien finden sich meist wesentlich höhere Raten innerfamilialen sexuellen Mißbrauchs an Jungen als in den Dunkelfelduntersuchungen. Dies führte zu der irrigen Annahme, daß überwiegend Väter die Täter sind. Denn unbeachtet blieb dabei, daß gerade der sexuelle Mißbrauch durch Vaterfiguren sehr traumatisch ist, da eine enge emotionale Beziehung zwischen Opfer und Täter besteht, der Mißbrauch häufig Jahre dauert und es vielfach zu Vergewaltigungen kommt. Folglich ist es wahrscheinlicher, daß diese Kinder häufiger Beratung und Therapie brauchen als Kinder, die von einem Exhibitionisten sexuell belästigt wurden.[14]

ART DER SEXUELLEN MISSBRAUCHSHANDLUNGEN

Auf Fortbildungen, Elternabenden und Informationsveranstaltungen stellen TeilnehmerInnen häufig die Frage, wie viele der Kinder vergewaltigt bzw. andere Formen sexueller Gewalt erleben würden. Ein Vergleich der neueren Dunkelfelduntersuchungen ergibt folgendes Bild: Etwas weniger als 30% der befragten Männer wurden oral oder anal vergewaltigt bzw. der Täter versuchte dies. Ungefähr 40% mußten genitale Manipulationen über sich ergehen lassen oder den Täter manipulieren. Das restliche Drittel der Jungen erfuhr »weniger intensive« Formen sexueller Gewalt wie Zungenküsse oder Exhibitionismus.[15]

Einige Autoren beschreiben die »weniger intensiven« Formen sexueller Gewalt als für die Kinder nicht oder nur wenig traumatisierend.[16] Dies trifft zwar ohne Zweifel für einen Teil der Kinder zu, darf aber keineswegs pauschalisiert werden. Denn die Auswirkungen solcher Übergriffe sind personen- und situationsabhängig. So ist es ein großer Unterschied, ob ein 6jähriger Junge einem Exhibitionisten allein auf einem einsamen U-Bahnhof begegnet oder am hellichten Tag mit mehreren anderen Jungen in sicherer Entfernung. Auch individuelle Unterschiede spielen eine Rolle. Ein Junge, der schon einmal sexuell mißbraucht wurde, fühlt sich durch so eine Begegnung möglicherweise an den früheren Mißbrauch erinnert.

Alte Wunden brechen wieder auf. Dagegen kann ein Junge, der mit seinen Eltern zusammen schon mal einen Exhibitionisten in die Flucht geschlagen hat, sich vielleicht sogar über den Mann lustig machen. Ein Beispiel macht diese individuellen Reaktionen von Kindern sehr deutlich:

»Zwei 6jährige Mädchen und ein 7jähriger Junge beobachteten aus sicherer Entfernung einen Exhibitionisten, der sich hinter ebenerdig gelegener Balkontür zur Schau stellte. – Das eine Mädchen lief unmittelbar anschließend zur Mutter und teilte seine Beobachtung mit: ›Das war nicht richtig bei dem. Der muß Wasser dran gemacht haben. Das glitzerte so.‹ – Der kleine Junge wartete mit seiner Aussage bis zur Heimkehr des Vaters, wobei er nach Beobachtungen der Mutter zuvor schon in sich gekehrt wirkte, aber auf Fragen keine Antwort gab. Seine Aussage: ›Papa, war der krank? Da kam kein Pipi, da kam weißer Schaum raus.‹ Und anschließend fragte er besorgt, ob so etwas auch bei ihm zu erwarten sei. – Das andere kleine Mädchen machte keine spontane Mitteilung. Es veranlaßte erst durch auffällige Verhaltensänderungen mütterliche Fragen. Entgegen seiner Gewohnheit hatte es mehrfach das Glied des 8jährigen Bruders als ›ekelig‹ bezeichnet.«[17]

Zu den bisherigen Ausführungen über die Umstände ist kritisch anzumerken, daß betroffene Männer nur ungern über einen Mißbrauch sprechen, wenn er in der Familie passiert ist. Hier sind die Schamgefühle, die Schuld und die Angst vor Ablehnung besonders tiefgreifend. Solche Formen sexueller Gewalt sind deshalb in den Dunkelfelduntersuchungen sehr wahrscheinlich unterrepräsentiert. Männer haben zudem besondere Schwierigkeiten, über anale und orale Vergewaltigungen zu sprechen. Dies liegt zum einen daran, daß anale Sexualpraktiken als »pervers« und als Zeichen für Homosexualität gelten. Zum anderen stellen beide Vergewaltigungsformen für die betroffenen Jungen eine tiefe Erniedrigung dar. Sie erleben sich als absolut ohnmächtig. Und dies paßt überhaupt nicht zu ihrer Jungenrolle (Kapitel II und VII).

DAUER DES MISSBRAUCHS

Durch die zahlreichen Veröffentlichungen in den Medien, die autobiographischen Romane und die Therapieberichte über sehr schweren und langandauernden sexuellen Mißbrauch hat sich in vielen Köpfen die Vorstellung festgesetzt, daß sich jeder sexuelle Mißbrauch über Jahre hinzieht. Auch hier zeigen die Dunkelfelduntersuchungen, daß dies nur einem Teil der Wirklichkeit entspricht. Etwa 60% der befragten Männer berichten, daß der sexuelle Mißbrauch lediglich einmal stattfand.[18]

ALTER DER JUNGEN ZU BEGINN DES SEXUELLEN MISSBRAUCHS

Jungen werden als Säuglinge, Kleinkinder, im Grundschulalter und als Jugendliche sexuell mißbraucht. Das in den Dunkelfelduntersuchungen ermittelte Durchschnittsalter liegt zwischen zehn und zwölf Jahren. Etwa ein Drittel der sexuellen Übergriffe beginnt in dieser Altersphase. Die restlichen zwei Drittel verteilen sich zu etwa gleichen Teilen auf die Zeit vor dem zehnten Lebensjahr bzw. auf die Pubertät.[19]

Aus methodischen Gründen dürfte allerdings der sexuelle Mißbrauch bis zum Alter von vier, fünf Jahren in diesen Studien unterrepräsentiert sein. Denn für die Befragten ist es kaum möglich, in der kurzen Zeit eines Interviews oder der Beantwortung eines Fragebogens, Zugang zu vergessenen Mißbrauchserfahrungen der frühen Kindheit zu finden. Zumal sexueller Mißbrauch im Säuglings- und Kleinkindalter auf dem Weg über Sprache kaum zu erinnern ist, da Kinder in diesem Alter noch keine Worte und Begriffe für das kennen, was ihnen da passiert.[20]

Der Altersdurchschnitt liegt in den klinischen Studien mit sechs bis neun Jahren deutlich niedriger.[21] Dafür gibt es folgende Erklärungen:

◆ Kinder können sich den Hilfsangeboten schlechter entziehen als Jugendliche. Sie werden nicht selten, ohne gefragt zu werden, von ihren Eltern zur Beratung und Therapie gebracht. Jugendliche widersetzen sich solchen Vorschlägen viel eher und haben auch mehr Möglichkeiten, einen »Beratungsboykott« durchzuziehen.

◆ Jugendliche befinden sich zudem in einer Entwicklungsphase, in der die Ablösung vom Elternhaus und der Weg in die Unabhängigkeit erstritten werden muß. Gerade zu Jungen paßt es da kaum, sich einzugestehen, daß man mit seinen Problemen nicht allein fertig wird. Einen Erwachsenen um Hilfe zu bitten, wäre der Rückfall in eine kindliche, unmännliche Position (Kapitel II).

◆ Eine weitere Erklärung könnte sein, daß die Traumatisierungen bei Kindern größer sind als bei Jugendlichen und sie deshalb häufiger Hilfe benötigen. Die größere Verletzlichkeit der Kinder gegenüber den Jugendlichen wird damit erklärt, daß sie sich noch in der Entwicklung befinden und deshalb empfänglicher für Einflüsse von außen sind. Es existiert jedoch auch die gegenteilige Meinung: Kinder entwickeln weniger Symptome, weil ihre »Naivität« sie besser vor den sozialen Stigmatisierungen schützt, die die Opferrolle beinhaltet. Bisher konnte weder die eine noch die andere These eindeutig belegt werden.[22]

Gewalt und Drohungen

Es liegt auch ein sexueller Mißbrauch vor, wenn die sexuellen Handlungen ohne körperliche Gewalt oder psychischen Druck erreicht werden. Zahlreiche Männer (und Frauen) fühlen sich sexuell mißbraucht, obwohl der Täter sie nicht schlug oder bedrohte. Sehr häufig nutzen die Täter beispielsweise die emotionale Abhängigkeit oder Bedürftigkeit der Kinder aus. Gerade von sexuell mißbrauchten Jungen hört man nicht selten Sätze wie die folgenden:

»Der sexuelle Mißbrauch dauerte, bis ich dreizehn, vierzehn Jahre alt war. So mit elf, zwölf Jahren hatte ich trotzdem das Gefühl, der kümmert sich um mich. Irgendwie war er für mich eine Art Elternersatz. Jemand, bei dem ich mich mit allem möglichen auch mal hätte aussprechen können, bei dem ich das Gefühl hatte, der hat eine persönliche Beziehung zu mir.«[23]

Andere Täter arbeiten mit Manipulationen. Sie lügen den Kindern falsche sexuelle Normen vor, bestechen sie mit Geschenken, geben ihnen Geld oder nützen die kindliche Neugier aus (Kapitel IV).

In einem Teil der Fälle setzen die Täter jedoch von Anfang an auf Drohungen oder auch körperliche Gewalt, um die sexuellen Handlungen durchzusetzen bzw. die Kinder zum Schweigen zu bringen. »Deine Eltern sterben, wenn du was erzählst«, »Du kommst ins Heim und ich ins Gefängnis« usw. sind übliche Drohungen. Bei längerfristigem sexuellen Mißbrauch steigern sich die Drohungen und die eingesetzte Gewalt vielfach mit dem Alter der Kinder.

Viele Täter, die Jungen sexuell mißbrauchen, sind selbst noch Jugendliche. In den meisten Dunkelfelduntersuchungen und klinischen Studien machen sie etwa 30% aus. Diesen Ergebnissen gemäß liegt das Durchschnittsalter der Täter deutlich unter 30 Jahren.[24] Durch Täterstudien werden diese Ergebnisse bestätigt. GENE ABEL und JOANNE ROULEAU untersuchten beispielsweise 561 Sexualstraftäter. Von den 153 Männern, die Jungen außerfamilial sexuell mißbraucht hatten, begannen 50% vor ihrem 16. Lebensjahr damit.[25]

Diese Ergebnisse deuten auf eine hohe Bereitschaft bei Jungen hin, ihre emotionalen und sexuellen Bedürfnisse ohne Rücksicht auf den Willen der betreffenden Jungen (und natürlich auch Mädchen) durchzusetzen. Es erscheint deshalb unbedingt erforderlich, daß viel offener über diesen hochtabuisierten Bereich der gewaltsamen Sexualität zwischen Jugendlichen gesprochen wird. Außerdem sollten schnellstens Therapieangebote für jugendliche Sexualstraftäter entwickelt werden. Nur so kann verhindert werden, daß viele von ihnen eine »Täterkarriere« machen.

Frauen als Täterinnen

Die Studien belegen eindeutig, daß Jungen überwiegend von Männern sexuell mißbraucht werden. Der Frauenanteil ist jedoch in fast allen Studien beträchtlich und übersteigt sogar in zwei amerikanischen Befragungen den der Männer. In der einzigen deutschen Untersuchung, die diese Frage berücksichtigt, liegt der Anteil der Täterinnen im Vergleich mit den US-amerikanischen mit sieben Prozent im unteren Bereich.[26]

Dies könnte daran liegen, daß in den USA schon wesentlich länger über den sexuellen Mißbrauch durch Frauen gesprochen wird. Dort gibt es bereits eine Reihe von Untersuchungen über diese Thematik sowie verschiedene autobiographische Romane. Der wohl bekannteste ist der von RICHARD BERENDZEN, der als Physikprofessor an der »American University« in Washington arbeitet und diese Universität lange Jahre geleitet hat.[27]

Hierzulande befindet sich eine derartige Diskussion noch am Anfang. Zwar erschien schon 1989 der Roman »Still wie die Nacht« von

MANFRED BIELER, in dem er den sexuellen Mißbrauch durch seine Mutter auf eindringliche Art und Weise beschreibt, doch folgte dem außer einigen Berichten in den Medien und einigen wenigen Fachpublikationen von Frauen kaum eine Reaktion.[28] Deshalb dürfte es für die meisten Menschen immer noch kaum vorstellbar sein, daß ein Junge von einer Frau sexuell mißbraucht werden kann. Dies widerspricht einfach allem, was man über das Geschlechterverhältnis lernt. Für Männer ist es schon schwer genug, einen Mißbrauch durch einen Mann als Tatsache zu akzeptieren, bei einem durch eine Frau dürfte es aus dem genannten Grund noch viel schwieriger sein. In Beratungsstellen und in Dunkelfelduntersuchungen ist deshalb erst mit einem spürbaren Anstieg des Täterinnenanteils zu rechnen, wenn der sexuelle Mißbrauch durch Frauen stärker enttabuisiert ist. Jungen und Männer müssen erfahren, daß es nicht die eigene Männlichkeit in Frage stellt, das Opfer einer Frau zu werden.

Zwei Beispiele aus der praktischen Arbeit sollen illustrieren, wie ein Mißbrauch durch eine Frau aussehen kann:

»Meine Eltern hatten damals totalen Zoff und ließen sich scheiden. Ich war deshalb bei meiner Tante untergebracht. Die hat das dann ausgenutzt, um mich zu mißbrauchen. Einmal hat sie mich derart oral malträtiert, daß mein Pimmel und meine Eier hinterher grün und blau waren. Ich war richtig verletzt.« (Fritz, 17 Jahre)

»Als ich neun oder zehn Jahre alt war, mußte ich sonntags nach dem Mittagessen immer zu meiner Mutter aufs Sofa. Die hat mich dann von hinten in den Arm genommen und mich an den Schenkeln bis zum Schritt gestreichelt. Manchmal habe ich dabei eine Erektion bekommen. Mir war das so ekelig, ich kann das gar nicht richtig beschreiben. Ich habe mich bis auf die Knochen geschämt dafür. Die anderen Jungen spielten draußen und ich lag da mit meiner Mutter. Noch heute zucke ich zusammen, wenn sich meine Frau von hinten an mich rankuschelt.« (Karl, 40 Jahre)

FAMILIÄRE HINTERGRÜNDE

Die meisten Untersuchungen und die Erfahrungen vieler PraktikerInnen zeigen, daß es vor allem emotional oder sozial vernachlässigte Jungen sind, die sexuell mißbraucht werden. Oftmals nutzen es die Täter aus, wenn sich ein Junge durch die Scheidung seiner Eltern, durch den Tod eines Elternteils oder durch eine beruflich bedingte Überlastung der Eltern einsam fühlt. STEPHAN D. GRUBMAN-BLACK beschreibt das Problem als Betroffener, der mit vielen Leidensgenossen gesprochen und gearbeitet hat, sehr anschaulich:

»Für viele Jungen, die Opfer sexuellen Mißbrauchs sind, war die Aufmerksamkeit des älteren Mannes schön und manchmal auch herausgefordert. Die Aufmerksamkeit, die aus körperlicher Nähe, Berührungen, Manipulationen und auch mehr direkteren sexuellen Kontakten bestand, wurde akzeptiert, weil sie einen grundsätzlichen menschlichen Wunsch nach Nähe und Wärme erfüllte. Immer und immer wieder bin ich beeindruckt von der Zahl von uns, die als kleine Jungen nach Aufmerksamkeit und Liebe, Schutz und Pflege gierten, und wenn wir etwas davon fanden (oder besser, wenn er uns fand), waren wir offen, bedürftig, verletzt … und bereit, sexuell mißbraucht zu werden.«[29]

SOZIALE SCHICHT

Bis heute glauben viele Menschen, daß sexueller Mißbrauch an Jungen fast ausschließlich in den sogenannten unteren Gesellschaftsschichten stattfindet. Dieses Vorurteil erfährt durch die Tatsache, daß vor allem emotional vernachlässigte Jungen Opfer werden, eine scheinbare Bestätigung. Ein Haus, viel Geld, einen guten Beruf und ein schnelles Auto zu haben, bedeutet jedoch keineswegs, daß die emotionalen Bedürfnisse von Kindern besser erkannt und erfüllt werden als in nicht so gut betuchten Familien. Die sogenannten Wohlstandswaisen, die zwar viel Taschengeld bekommen, für die aber oft – zum Beispiel aufgrund der beruflichen Belastung der Eltern – wenig Zeit und Liebe bleibt, beweisen dies. In den Dunkelfelduntersuchungen wurde dementsprechend festgestellt, daß sexueller Mißbrauch in allen sozialen Schichten vorkommt. Wie er über die verschiedenen Schichten verteilt ist, läßt sich derzeit allerdings nicht genau beurteilen.[30]

Literaturempfehlung:
Julius, Henri/Boehme, Ulfert (1996): Sexuelle Gewalt gegen Jungen.
Hogrefe 1996

IV

Ursula Enders

BLICK HINTER DIE MASKE
Die Täter

TÄTER AUF DER OPFERSUCHE

Nachdem die Frauenbewegung in den achtziger Jahren zu Recht den Mythos vom »schwarzen Mann auf dem Spielplatz« als Unsinn entlarvte, entstand schon bald ein neuer Mythos: »Die Täter sind immer die Väter«.[1] Auch bei sexueller Gewalt gegen Jungen ist die Familie ein häufiger Tatort. Doch in über 50% der Fälle kommt der Täter aus dem außerfamilialen Nahbereich des Opfers. Die meisten von ihnen verüben ihre ersten sexuellen Gewalttaten schon in jungen Jahren und praktizieren diese bis ins hohe Alter.[2] Sie nehmen gezielt Kontakt zu Jungen und Mädchen auf. Oft orientieren sich die selbsternannten »KINDERFREUN-DE« in ihrer Berufswahl und/oder bei der Entscheidung für ein ehrenamtliches Engagement/Hobby an den jeweiligen Möglichkeiten, mit Kindern in Kontakt zu kommen. Viele Täter (Täterinnen) wählen pädagogische, medizinische oder therapeutische Arbeitsfelder (z.b. Erzieher, Arzt, Pfarrer, Logopäde).[3]

»ICH BIN HEUTE ANFANG VIERZIG UND HABE SELBSTVERSTÄNDLICH VIELE KLEINE FREUNDE GEHABT. ... ICH BIN LEHRER VON BERUF, ÜBE IHN ABER NICHT MEHR AUS. EINMAL WURDE ICH WEGEN VERFÜHRUNG MINDERJÄHRIGER UND SCHUTZBEFOHLENER VERURTEILT, SO DASS ICH BERUFSVERBOT HABE. EIN KAMERAD, DER EIN PRIVATES INTERNAT UNTER-HÄLT, HAT MICH ALS HILFSERZIEHER BESCHÄFTIGT, UM MIR EINE EXISTENZGRUNDLAGE ZU SCHAFFEN.«[4]

EDWARD BRONGERSMA berichtet von einem Nachhilfelehrer, der in fünf Jahren mehr als 100 Schüler mißbrauchte.[5]

Nicht selten wechseln Mißbraucher aus Berufsfeldern ohne Kontakt zu Kindern das Tätigkeitsfeld; Handwerker erhoffen sich z.b. als Hausmeister in einer Grundschule, als Taxifahrer im Behindertentransport oder als Kellner eine »unkomplizierte« Kontaktaufnahme zu potentiellen Opfern.

»ALS KELLNER KOMME ICH STÄNDIG MIT BOYS ZUSAMMEN, ZUMAL HIER IN DER NÄHE EINE FABRIK UND ZWEI SCHULEN SIND. DIE JUNGS TRINKEN HIER EINE COLA UND FLIPPERN. DA HABE ICH IMMER MAL GELE-GENHEIT, EINEN ANZUMACHEN.«[6]

Der englische Tätertherapeut RAY WYRE berichtet von einem Täter, der auf dem Markt einen Stand mit Spielzeug unterhielt. Einen Jungen beschäftigte er als Hilfskraft und bat dessen Eltern, ihn bei sich übernachten zu lassen. Er hatte viel Spielzeug zu Hause. Die interessantesten Autos mit Fernbedienung standen auf einem Regal über seinem Bett.[7]

Einige Täter nehmen dort mit Jungen und Mädchen Kontakt auf, wo man »rein zufällig« ins Gespräch kommen kann, z.B. in Schwimmbädern, Computer- und Spielwarenabteilungen der Kaufhäuser sowie in öffentlichen Einrichtungen.

»MEINE KONTAKTE KNÜPFE ICH IM SOMMER VOR ALLEM IM SCHWIMM-BAD, IN PARKS, IN EISDIELEN, DISCOS ODER AN TYPISCHEN TREFFPUNKTEN JUGENDLICHER. IM WINTER SIEHT ES SCHLECHTER AUS, ABER AUF DER

Eisbahn, im Hallenbad und in Jugendcafés habe ich schon einige hübsche Jungen getroffen.«[8]

Mit großem »ehrenamtlichen« Engagement verschaffen sich manche Mißbraucher leitende Positionen in der außerschulischen Jugendarbeit, kirchlichen Gruppierungen und politischen Jugendverbänden. »Da ich Pfadfinder war, konnte ich solche Kontakte meist leicht arrangieren.«[9]

Nur wenigen gelingt es, »eine >Onkel-Rolle< in der Hausgemeinschaft, im Verwandten- oder Bekanntenkreis durchzuhalten«.[10] Einfacher gestaltet sich aus Tätersicht die Kontaktaufnahme zu alleinerziehenden Müttern – nach dem Motto: »Frau mit Kind angenehm«. Kathleen C. Faller untersuchte mehr als 150 Fälle sexueller Gewalt in Familien und berichtet: In über der Hälfte der Fälle, in denen Stiefväter oder Lebensgefährten der Mutter die Täter waren, begann die sexuelle Ausbeutung des Kindes kurz nachdem sich die Beziehung zur Mutter stabilisiert hatte. Nach Wyre kann ein Täter »Monate darauf verwenden, eine Beziehung zu einer Mutter aufzubauen, sie sogar heiraten, um Zugang zu ihren Kindern und deren FreundInnen zu bekommen«. Der Therapeut berichtet über einen Mißbraucher, der über eine Anzeige »Mütter mit blonden, blauäugigen Jungen« suchte. Er bekam acht Antworten und heiratete eine achtzehnjährige junge Mutter. Später wurden die beiden zu Pflegeeltern und nahmen mehr als 200 Kinder in Pflege. Während seiner gesamten 30jährigen Ehe mißbrauchte dieser Mann Kinder, erst mit 63 Jahren wurde er gefaßt.[11]

Wie leibliche Väter haben auch Stiefväter »unkomplizierten Zugang« zu weiteren Kindern: Sie lernen im Alltag die kleinen Freunde und Freundinnen ihrer Söhne und Töchter kennen und nehmen »strategisch geschickt« zu diesen »persönlichen Kontakt« auf (chauffieren sie z.B. nach der Geburtstagsfeier mit dem Wagen nach Hause oder mischen sich in kindliche Doktorspiele ein).

Als »klassische« Methoden der Opferbeschaffung gelten die Einrichtung von Schulaufgabenhilfen, Freizeitangeboten und Babysitterdienste – besonders in sozialen Brennpunkten. Zahlreiche »Möglichkeiten« bieten auch »sleep in's« (Schlafstätten) für Ausreißer und jugendliche Trebegänger.

Im Rahmen ihrer Studie über die Strategien von Tätern interviewte MICHELLE ELLIOT 91 überführte Mißbraucher zwischen 19 und 74 Jahre alt. 35% der Täter, die außerhalb von familialen Bezügen Jungen und Mädchen sexuell ausbeuteten, lernten ihre Opfer in Schulen, Einkaufszentren, Passagen, Freizeitparks, Schwimmbädern, am Strand, auf Spielplätzen oder Rummelplätzen kennen. 38% versuchten, sich in einem nächsten Schritt mit der Familie des Kindes anzufreunden und übernahmen dann z.b. »Einzelbetreuungen« des Jungen/Mädchens (z.b. als Babysitter, Musiklehrer, Nachhilfelehrer umd Sporttrainer). Zudem weist ELLIOT darauf hin, daß immerhin 18% der befragten Täter versuchen, über die von ihnen mißbrauchten Kinder an weitere Opfer zu kommen – d.h.: Jungen und Mädchen werden dafür bezahlt oder mit Gewalt dazu gezwungen, als »Schlepper« ihre kleinen Freunde und Freundinnen »anzuwerben«.[12]

EXKURS

Wie unkritisch selbst einige Wissenschaftler Mißbrauch an Jungen bewerten, belegt das Beispiel von Prof. Dr. HELMUT KENTLER. In seinem Buch »Leihväter« berichtet der Hochschullehrer über ein von ihm initiiertes Projekt, jugendliche Trebegänger und Stricher in »Pflegestellen« bei Päderasten unterzubringen. Die drei von KENTLER ausgesuchten »Leihväter« waren Hausmeister, hatten sich zuvor im Gefängnis kennengelernt, wo sie wegen sexuellen Mißbrauchs Minderjähriger Gefängnisstrafen zu verbüßen hatten. Auf Vermittlung des Hochschullehrers bekamen die drei Päderasten eine Pflegeerlaubnis für drei 15- bis 17jährige Jungen. HELMUT KENTLER begleitete das »Projekt« als Supervisor und bewertet das Ergebnis als positiv:

»MIR WAR KLAR, DASS DIE DREI MÄNNER VOR ALLEM DARUM SOVIEL FÜR >IHREN< JUNGEN TATEN, WEIL SIE MIT IHM EIN SEXUELLES VERHÄLTNIS HATTEN. SIE ÜBTEN ABER KEINERLEI ZWANG AUF DIE JUNGEN AUS, UND ICH ACHTETE BEI MEINER SUPERVISION BESONDERS DARAUF, DASS SICH DIE JUNGEN NICHT UNTER DRUCK GESETZT FÜHLTEN. DA DIE MÄNNER AUF

DIE ALTERSSPANNE 15 BIS 19 JAHRE FESTGELEGT WAREN, VERSUCHTEN SIE NICHT, DIE JUNGEN AN SICH ZU BINDEN, VIELMEHR MACHTEN SIE ES MIR ZIEMLICH LEICHT, IHNEN DABEI ZU HELFEN, DAS SELBSTÄNDIGWERDEN >IHRES< JUNGEN ALS WICHTIGSTES ZIEL IHRER BEZIEHUNG ZU IHM ANZU-STREBEN.«[13]

Mit diesem experimental-psychologischen Vorgehen benutzte HELMUT KENTLER die Jugendlichen als Versuchsobjekte. Derartige »Menschenver-suche« sind jedoch nicht nur aus fachlichen, sondern auch aus ethischen Gründen strikt abzulehnen.

DIE »AUSWAHL« DER OPFER

Nach einer ersten Kontaktaufnahme mit potentiellen Opfern geht »EIN PÄDOPHILER KÖNNER« – so der Bremer Universitätsprofessor Dr. Dr. RÜDIGER LAUTMANN – »NICHT EINFACH AUF EIN ATTRAKTIV ANMUTEN-DES KIND LOS«, sondern »SONDIERT ERST EINMAL MEHR ODER WENIGER AUFWENDIG DESSEN ZUGÄNGLICHKEIT«.[14] Nach dieser »wissenschaft-lichen Erkenntnis« unterscheidet »DER GEÜBTE PÄDOPHILE BLICK ZWISCHEN ZUGÄNGLICHEN UND UNZUGÄNGLICHEN KINDERN«.[15] Die Täter TREFFEN EINE »VORAUSWAHL«, denn der überwiegende Teil der Kinder sei für sie nicht zuletzt aufgrund ihrer Widerstandsfähigkeit »UNINTERESSANT«.[16] Das Zitat eines Täters verdeutlicht, wie sehr Mißbraucher Jungen und Mädchen als »Ware« betrachten:

»DU KANNST NICHT JEDEN NEHMEN. ... DAS MERKST DU SCHON, WENN DICH EINER ANSPRICHT, ODER DU SPRICHST IHN AN, UND ER GEHT AUF DEINE REDE EIN. DA KANNST DU SCHON SAGEN, MIT DEM KANNST DU EVENTUELL WAS MACHEN.«[17]

Nach Beobachtungen des »BEKENNENDEN PÄDOPHILEN« BRONGERSMA sind »AM LEICHTESTEN JUNGEN ZU BEKOMMEN, DIE ZU HAUSE EINE REPRESSIVE SEXUALERZIEHUNG GENOSSEN HABEN«.[18] Die Forschungser-gebnisse DAVID FINKELHORs bestätigen diese Beobachtung. Kinder aus Familien mit rigiden Sexualnormen, in denen z.B. Sexualität tabuisiert wird und Selbstbefriedigung verboten ist, werden häufiger Opfer sexueller Gewalt als Söhne und Töchter aus Familien, die eine emanzipatorische

Sexualerziehung vermitteln.[19] Erleben Kinder und Jugendliche einen positiven Zusammenhang von Sexualität, Freude und Zuneigung, so fällt es ihnen leichter, sexuelle Übergriffe schon in den Anfängen zu erkennen; ihnen fällt es bei sexueller Ausbeutung weniger schwer, »nein« zu sagen und/oder das ihnen zugefügte Verbrechen öffentlich zu machen.[20] Wie viele unaufgeklärte Jungen und Mädchen gehen aber auch heute noch aus kindlicher Neugier Tätern auf den Leim?! Sie wollen endlich mal das besondere Geheimnis kennenlernen, über das sie nicht informiert werden, vor dem sie jedoch stets so geheimnisvoll gewarnt wurden. Dementsprechend ist auch die oftmals mit einer rigiden Sexualerziehung einhergehende Warnung vor dem bösen Fremden ganz im Sinne der Täter: IN DEM KIND KANN – so die Beobachtung EDWARD BRONGERSMAs – DER GEDANKE ENTSTEHEN, DER FREMDE HABE »ETWAS ENTZÜCKENDES ZU BIETEN«.[21]

Traditionell erzogene Jungen und Mädchen sind aus Tätersicht auch aus einem weiteren Grunde »besonders geeignete« Opfer: Sie »SIND GEFÜGIGER«. WURDE IHNEN EINGESCHÄRFT, ERWACHSENEN AUFS WORT ZU GEHORCHEN, SO WAGEN SIE Z.B. KEIN »NEIN«, WENN EIN HAUSFREUND DER ELTERN SIE »AUFFORDERT, SEIN GLIED ANZUFASSEN ODER SICH ZU ENTKLEIDEN«.[22] Auch »TREIBT EINE ERZIEHUNG DER VERBOTE« – nach Ansicht eines »BEKENNENDEN PÄDOPHILEN« – JUNGEN UND MÄDCHEN IN DIE ARME DER KINDERFREUNDE, DENN ELTERN PROVOZIERTEN REGELRECHT DEN KINDLICHEN WIDERSPRUCH: »WENN ALLES, WAS ANGENEHM UND SCHÖN IST, IMMER VERBOTEN UND UNARTIG GEHEISSEN WIRD, DANN KOMMT ES LEICHT ZUR UMKEHRUNG: WAS VERBOTEN IST, MUSS SCHÖN SEIN.«[23]

Nicht zuletzt analysiert BRONGERSMA die Gruppe der intelligenten Kinder als angeblich für Täter leicht zugänglich:

»DA BEI JÜNGEREN DIE NEUGIERDE EINE GROSSE ROLLE SPIELT, UND DIESE EIN SYMPTOM DER INTELLIGENZ IST, SIND INTELLIGENTE JUNGEN MEHR GEEIGNET ... ALS DIE DUMMEN.«[24]

Vielfach suchen sich Täter gezielt Jungen und Mädchen, die bereits zuvor sexuell ausgebeutet wurden.

Ein Täter berichtet, als er seine Taten beichtete:

»DER EINE PRIESTER HÖRTE SICH AN, DASS ICH SEXUELLE KONTAKTE ZU KNABEN HATTE, UND GAB MIR AUF, ALS BUSSE EIN PAAR GEBETE ZU SPRE-

CHEN – DAS WAR ALLES. DER ANDERE MACHTE SICH, NACHDEM ER MEINE BEICHTE GEHÖRT HATTE, DARAN, DEN JUNGEN ZU SUCHEN, MIT DEM ICH EINE BEZIEHUNG HATTE UND DEN ICH IN MEINER BEICHTE NAMENTLICH ERWÄHNT HATTE. ER FUHR ÜBER DAS WOCHENENDE MIT IHM IN EIN KIRCHLICHES FERIENLAGER UND HATTE DORT GESCHLECHTSVERKEHR MIT IHM.«[25]

RÜDIGER LAUTMANN beschreibt den »Zugang« bei bereits von sexueller Gewalt betroffenen Kinder als besonders leicht:

»EINIGE KINDER KENNEN BEREITS DIE INTENSIVEN EMPFINDUNGEN, DIE BEIM MENSCHEN HERVORGERUFEN WERDEN, WENN EIN ANDERER IHRE GENITALIEN BERÜHRT. WIR WISSEN NICHT, VON WEM UND UNTER WELCHEN UMSTÄNDEN SIE DAS KENNENGELERNT HABEN. DEN PÄDOPHILEN INDESSEN BRINGT SEINE FREUNDLICHE OFFENHEIT MIT EINEM SO MOTIVIERTEN KIND LEICHT ZUSAMMEN.«[26]

Der Bremer Professor der Soziologie problematisiert in keinster Weise die Skrupellosigkeit von Tätern, die die Ohnmacht bereits betroffener Kinder nutzen, um diese erneut zu mißbrauchen. Statt dessen unterstellt er den Opfern so etwas wie eine eigene Motivation. Durch eine solche Argumentation geht der Wissenschaftler mit Mißbrauchern eine geistige Komplizenschaft ein: Er leugnet die wahren Machtverhältnisse und ent-schuld-igt die Täter.

»Eine altbekannte Tatsache« ist unter Mißbrauchern, daß vaterlose und/oder vernachlässigte Kinder leichter auszubeuten sind. (Kapitel IX) Zahlreiche Aussagen pädophiler Täter belegen, daß diese sehr gezielt »Beziehungen« zu emotional bedürftigen Kindern aufbauen, zu Jungen und Mädchen, die sich so sehr nach Liebe sehnen, daß sie bereit sind, für das, was Pädophile ihnen als Liebe vorgaukeln, mit ihrem Körper zu bezahlen.

»WENN ER GERN MIT DIR ZUSAMMEN IST, DANN HAT ER OFT MIT SEINER FAMILIE SCHWIERIGKEITEN. VIELLEICHT FEHLT IHM DER VATER, ODER SEINE ELTERN VERNACHLÄSSIGEN IHN, ODER ABER MAN BESCHÄFTIGT SICH ZU SEHR MIT IHM.«[27]

»FÜR DEN WAR ICH EINFACH DER GROSSE VÄTERLICHE FREUND, DER IHN VOR DEM HEIM GERETTET HATTE. DAS KLINGT BLÖDE, ABER ES WAR

LETZTEN ENDES SO. DESWEGEN HAT ER SICH GEDACHT: ›WENN ES DEM SO VIEL SPASS MACHT UND ICH FINDE ES SCHÖN, DANN LASS' ICH DEN HALT.‹ ICH HAB' ES IMMER SO EMPFUNDEN, DASS ER ES MIR ZURÜCKGESCHENKT HAT.«[28]

»ES WAR GAR NICHT DAS WICHTIGE, DASS ER DAVON GEIL WURDE, SONDERN DASS ER JEMANDEN IN DEN ARM GENOMMEN UND LIEB GEHABT HAT.«[29]

»IN DER REGEL GING ICH BEZIEHUNGEN ZU SCHÜCHTERNEN, VATERLO-SEN KNABEN EIN, DIE SEHR VERSCHLOSSEN WAREN UND KONTAKTSCHWIE-RIGKEITEN HATTEN. DIESE JUNGEN WAREN UNGESELLIG UND UNSPORTLICH UND HATTEN DESHALB ALLE MÖGLICHEN SCHWIERIGKEITEN ... WIR UNTERNAHMEN CAMPINGAUSFLÜGE, GINGEN GEMEINSAM EINKAUFEN, ERLEDIGTEN UNSERE PFLICHTEN GEMEINSAM, BESUCHTEN MEINE FAMILIE UND MEINE FREUNDE, ICH NAHM SIE MIT ZU VERABREDUNGEN, GING MIT IHNEN ZU VERSAMMLUNGEN, ZU BEWERBUNGSGESPRÄCHEN, SPORTEREIG-NISSEN, KONZERTEN, ARZTTERMINEN, KURZUM, ICH TAT ALLES, WOZU ELTERN HÄUFIG KEINE ZEIT HABEN. ICH WERDE OFT VON AUSSENSTEHEN-DEN FÜR MEINEN EINSATZ GELOBT.«[30]

Kinder brauchen Zuwendung und Zärtlichkeit. Es ist ganz natürlich, daß sie diese genießen – besonders wenn sie ansonsten wenig Aufmerksamkeit und Liebe bekommen. Die Täter nutzen Sehnsüchte von Jungen und Mädchen zur Befriedigung ihrer sexuellen Bedürfnisse aus. Somit sind ihre Verbrechen nicht nur eine Form der sexuellen, sondern ebenso der psychischen Gewalt.

Manche Täter suchen auch vorrangig behinderte oder sehr junge Opfer, da sie davon ausgehen, daß diese nicht so schnell über ihre Gewalterleb-nisse sprechen und keine Anzeige erstatten können. Zudem wird behin-derten und kleinen Kindern von Dritten noch weniger geglaubt. Andere Jungen und Mädchen »eignen« sich aus Tätersicht aufgrund ihrer Kontaktarmut und Außenseiterstellung als Opfer (z.B. im Klassenver-band/ in der Geschwisterreihe).[31]

MICHELLE ELLIOT kommt auf der Basis der von ihr durchgeführten Täterbefragung zu dem Ergebnis, daß das Kind am leichtesten verwundbar ist, das familiale Probleme hat, einsam, unsicher, neugierig, hübsch, ›provokant‹ gekleidet, vertrauensselig, jung und zierlich ist.[32]

Die kriminelle Energie der Täter wird noch deutlicher, wenn man sich vor Augen führt, daß DIESE IHR VORGEHEN IN SPRACHLICHER, ZEITLICHER UND SACHLICHER HINSICHT »STRUKTURIEREN«.[33] Unter Berücksichtigung ihrer eigenen Sicherheit klären die falschen Kinderfreunde zunächst einmal die »Tauglichkeit des von ihnen gewählten Objektes« – d.h. sie wollen sicher sein, daß ihre Opfer sich nicht Dritten anvertrauen. So beginnen Mißbraucher die sexuelle Ausbeutung – abgesehen von Ausnahmefällen – nicht mit analen, oralen oder vaginalen Vergewaltigungen des Opfers, sondern sie »streuen« im Kontakt mit Jungen und Mädchen verbale und nonverbale sexuelle Übergriffe ein und »testen« zunächst einmal die Reaktion potentieller Opfer. Insbesondere bei Kindern im Vor- und Grundschulalter werden die ersten Versuche der sexuellen Ausbeutung meist »spielerisch und kindgerecht« verpackt: RAUFEREIEN SIND NACH BRONGERSMA Z.B. »IM HOHEN MASSE GEEIGNET«, UM BEI JUNGEN »SEXUELLE AKTIVITÄTEN HERAUSZUFORDERN«.[34] Da rutscht die Hand »rein zufällig« zwischen die Beine des Kindes oder streichelt über den Hintern. Protestiert das »Objekt der Begierde« lauthals und wird der Widerstand womöglich noch von Dritten unterstützt, so wird der Täter sich einem anderen, weniger widerstandsfähigen Kind »ZUWENDEN«. Zeigt der Junge oder das Mädchen jedoch keine offene Gegenwehr, so kann der Aggressor sein Ziel weiterverfolgen.

Nach LAUTMANN versuchen »KNABENLIEBHABER« und »MÄDCHEN-FREUNDE« meistens auf nonverbale Art und Weise (z.B. im Rahmen von Zauber-, Tobe-, Kitzel- und Doktorspielen) den »PÄDOPHILEN KONSENS« mit dem Kind herzustellen. Er beschreibt das systematische Vorgehen der Täter als EIN SZENARIO, IN DEM DER ERWACHSENE DAS KIND BERÜHRT, DESSEN REAKTION BEOBACHTET UND IM NÄCHSTEN SCHRITT INTIMER BERÜHRT.[35] Der »KINDERFREUND« SUCHE »NACH DEM SPALT IN DER TÜR«, er initiiere »DAS SEXUELLWERDEN DER BEZIEHUNG«.[36]

»DA HABE ICH EINEN IN DER BADEANSTALT GETROFFEN, DER MIR DIE BADEKAPPE GEKLAUT HAT. ICH LIEF HINTER IHM HER UND HABE IHN GEPACKT. ER HAT SICH HOCHWERFEN LASSEN, UND ICH HABE IHN AUCH BERÜHRT AN SEINEM GESCHLECHTSTEIL. WIR HATTEN SOFORT SEXUELLEN KONTAKT, ZACK, IN DER UMKLEIDEKABINE.«[37]

Nicht nur die Beschreibungen der Täter, auch die Berichte der Opfer belegen die Unterschiedlichkeit und Vielfalt der »Test- bzw. Einstiegsrituale«:

Eine Erzieherin gibt den ihr anvertrauten Vorschulkindern »praktischen Aufklärungsunterricht«: Die Kleinen »dürfen« alle mal fühlen, wie weich und warm ihre Vagina ist. In einem nächsten Schritt läßt sie sich oral stimulieren.[38]

Herr G. zeigt seinem neunjährigen Nachbarsjungen einen Videofilm über den gemeinsamen Urlaub der beiden Familien. Mitten in der Vorführung tauchen Szenen eines Pornofilms auf.[39]

Nach ANDREW VACHSS dient Kinderpornographie den Tätern auch dazu, potentielle Opfer zu desensibilisieren. »Wenn ein Pädophiler einem Kind Filme zeigt, in denen andere Kinder mit Erwachsenen geschlechtlich verkehren, wird das Bewußtsein des kindlichen Opfers von den immer wiederkehrenden Bildern überflutet. Das soll ... sagen: ›Viele Kinder tun das. Es ist normal.‹«[40]

Immer wieder nutzen Mißbraucher nicht nur pornographische Materialien (z.B. Videos, Zeitschriften, Fotos), sondern auch als fortschrittlich geltende und mit pädophilem Blick fotografierte bzw. illustrierte Aufklärungsbücher, die den kleinen LeserInnen die implizite Botschaft vermitteln, es sei normal und alltäglich, wenn Erwachsene von Kindern pornographische Fotos machen und/oder ihnen zwischen die Beine schauen (z.B. Will McBride: »Zeig' mal (mehr)!«)[41]. RÜDIGER LAUTMANN läßt einen Täter zu Wort kommen, der seine »Technik« beschreibt, mit Hilfe eines Pornos schrittweise den Mißbrauch vorzubereiten bzw. zu steigern. ZUNÄCHST BEGUCKE ER EINEN PORNO, IN DER NÄCHSTEN STUFE BEFRIEDIGE ER SICH SELBST, DANN »HOLE ER DEM JUNGEN EINEN RUNTER«.[42] Der Bremer Universitätsprofessor skizziert auch, daß einige Jungen in der Gegenwart anderer onanierten: »DAS TUN MANCHE JUNGEN, JEDER FÜR SICH, ABER GEMEINSAM. DER PÄDOPHILE KANN ZU EINEM SOLCHEN ANDEREN WERDEN, OBWOHL DAS SKRIPT FÜR KINDER UNTEREINANDER GESCHRIEBEN IST.«[43] Die Überschreitung der Grenzen zwischen den Generationen scheint Lautmann nicht als problematisch zu betrachten – er stellt sie nicht einmal in Frage.

Mißbraucher, die in Jugendgruppen ihre Opfer suchen, führen oftmals Aufnahmerituale ein und nutzen die von ihnen beeinflußte Gruppendynamik, um »GEEIGNETE KNABEN ZU TESTEN« und »WIDERSPENSTIGE ZU VERGRAULEN«.

Als Aufnahmeritual in eine Bande werden alle vom Chef anal vergewaltigt.[44]

Unter »Fuchstaufe« versteht eine Jugendclique, daß sich der Bewerber nackt ausziehen muß, während die anderen bekleidet zuschauen.[45]

»Einen wichsen« bedeutet für eine Jugendgruppe u.a., neuen Mitgliedern unter dem Gespött der anderen die Hosen runterziehen, die Hoden bzw. den Po mit schwarzer Schuhcreme einwichsen.[46]

Bei einem Ableger der bündischen Jugend gelten neue Mitglieder als aufgenommen, wenn sie dem Leiter einen »Freundschaftsdienst« erweisen: Ihre erste Nacht mit ihm gemeinsam in einem Schlafsack verbringen.[47]

Wie Jugendliche solche »Initiationsriten« erleben, beschreibt ein männliches Opfer:

»Mit elf gehe ich zu den Pfadfindern. Ich hoffe, dem Zuhause damit ein wenig zu entrinnen. Ich arbeite hart, um Geld und Rang dafür zu erwerben, damit ich mein erstes Sommerlager mitmachen kann. Der Lohn dafür: Ein Pfadfinderführer, männliches Heldenbild, mißbraucht mich sexuell. Der Hauptteil der Angelegenheit findet in einem draußen gelegenen Klo statt, und wir sind ganz still dabei. Ich lerne, daß Sex eine schmutzige, zu verschweigende Sache ist.

Ich fühle mich schuldig, verantwortlich und habe Angst. Ich verlasse die Schar und schließe mich im Versuch, der Scham zu entkommen, einer anderen an, gerate aber kopfüber in eine Gruppe älterer Jungen, die es wie einen Radar zu mir hinzieht. Ich kann ihre Gedanken lesen: neues Fleisch.

Ich werde im folgenden Sommer von fünf Mitgliedern dieser älteren Gruppe in die Schar aufgenommen. Mein Zimmernachbar ist in Hörweite, und ich lausche auf seine Schreie, als er einen »normalen« Initiationsritus über sich ergehen lassen muß, der darin besteht, daß er die Augen verbunden bekommt, man ihn im Schlamm rollt, ihn mit Rasiercreme einsprüht und er eine Reihe von Schlägen und Hieben erhält.

J., den ich, während mein Zimmernachbar schreit, oral befriedige, flüstert: ›Ist das nicht besser als das, was dein Nachbar abkriegt? Jetzt entspann dich, Junge.‹

Entspannen.

N. schreit weiter. Ich entspanne mich, während die Seele sich vom Körper trennt.«[48]

Berücksichtigt man den hohen Stellenwert von »Banden« und »Cliquen« für (vor-)pubertierende Jungen, so wird leicht verständlich, warum viele männliche Opfer von Ritualen sexueller Gewalt »in den sauren Apfel beißen«, »das Ganze ganz einfach durchstehen« und womöglich noch »mit ihrem Mut« prahlen. Nach dem Motto »Ein Indianer kennt keinen Schmerz« werden Schamgefühle, Ekel, Angst ... geleugnet. Nicht zuletzt verbietet es der Gruppendruck, »dem Arschloch die Fresse zu polieren«, »die Klappe aufzureißen«, sich als »Heulsuse oder Schlappschwanz zu blamieren« und/oder als »Kameradenschwein und Spielverderber« zu erweisen. Ein derart geschlossenes System bietet Tätern nahezu »perfekten Schutz«. Kein Wunder, daß sich in den Gruppierungen meist mehrere »Gleichgesinnte« finden, die ihre Gewalttaten oftmals gemeinsam verüben und »wenn es hart auf hart kommt« und »das ganze ausnahmsweise doch mal auffliegt« gegenseitig als Entlastungszeugen auftreten.

Die skizzierten Fallbeispiele belegen, wie systematisch Täter (Täterinnen) zu Opfern Kontakt aufnehmen, diese »testen« und die von ihnen initiierte Situation nutzen, um die Wahrnehmung der Jungen und Mädchen zu vernebeln. Für das Opfer besteht fast immer die Ungewißheit, ob er/sie sich nicht vielleicht täuscht. Der Täter »ver-rückt« im wahrsten Sinne des Wortes den Alltag des Kindes. So verwandelt sich der Schrecken und die Verwunderung des Opfers über die ersten sexuellen Übergriffe in eine tiefe Unsicherheit, den eigenen Sinnen überhaupt trauen zu können: Stimmt mein Gefühl? Ist dies ein ehrliches Kompliment, eine normale Umarmung, Untersuchung oder Hilfestellung, eine zufällige Berührung oder ...? Der für sexuelle Ausbeutung typische Zweifel des Opfers an der eigenen Wahrnehmung ergänzt sich mit den »blinden Flecken« der Umwelt gegenüber sexueller Gewalt im eigenen System (Familie, Bekanntenkreis, Institution). Sicherlich leugnet heute niemand mehr die Existenz sexueller Gewalt gegen Jungen und Mädchen, doch können sich die wenigsten

Frauen und Männer vorstellen, daß diese auch im eigenen Umfeld vorkommen kann. Erst recht nicht, wenn der Täter (die Täterin) einen sympathischen Eindruck macht und als kinderlieb gilt.

DIE MASKEN DER TÄTER

Nach einer ersten Kontaktaufnahme mit dem Kind versuchen pädophile Täter vielfach in einem nächsten Schritt, die Wahrnehmung der Umwelt zu vernebeln – d.h. einen guten Eindruck zu machen, damit niemand ihnen ihr Verbrechen zutraut, selbst wenn das Opfer Hinweise gibt.

»Ich bin im Alter von ungefähr zwölf bis vierzehn Jahren sexuell mißbraucht worden. Der Täter war der damals etwa 55jährige ehemalige Lehrer meines Vaters. Der nähere Kontakt kam so zustande, daß meine Eltern und der Täter sich am Wochenende auf einem Campingplatz getroffen haben. Der Kontakt zwischen meinem Vater und dem Täter war schon enger in Form von gemeinsamen Spaziergängen und Kartenspielen. Und wir kannten seine Familie ganz gut. Der Mann war verheiratet und hatte Kinder.«[49]

»Man kommt da nicht raus. Die Eltern finden Pfadfindergruppen gut, weil sie einerseits froh sind, ihre Kinder loszuwerden und andererseits sehen sie, das macht ihren Kindern Spaß. Und die Kinder können sich zu so einem Problem nicht äußern.«[50]

Ein Täter berichtet:

»ICH SELBST MISSBRAUCHE SEIT SIEBZEHN JAHREN KINDER, UND ES IST DOCH ERSTAUNLICH, WIE ICH ES SO OFT MIT NEUN ›KLEINEN BRÜDERN‹ TREIBEN UND KONTAKTE ZU ETWA DREI DUTZEND WEITEREN KNABEN HABEN KONNTE, OHNE DASS IRGEND JEMAND ETWAS DAVON BEMERKT HAT.«[51]

Kinder verläßt häufig der Mut, sich ihren Eltern anzuvertrauen, wenn sie beobachten, daß diese den Täter mögen. Das Wohlwollen der Mütter und Väter gewinnen Pädophile mit vielfältigen Tricks: Sie bieten sich aus »Freundschaft« als Taxifahrer an, übernehmen Reparaturarbeiten und spielen den unterhaltsamen und verständnisvollen Freund der Familie.

»Über uns hat sich dann ... ein Kontakt zu meinen Eltern entwickelt. Er hat sich mit meinen Eltern angefreundet, während dieser ganze

Mißbrauch noch lief. ... Er war dann eben ein Bekannter, der nett zu uns war, und mit dem sich meine Eltern und meine Oma angefreundet hatten. Hinzu kam, daß er ein Auto besaß und meine Eltern zu dieser Zeit nicht. ... Dann hat er mit meinen Eltern und meiner Oma Ausflüge in die nächste Umgebung gemacht, mit und ohne uns. Er war der nette, alleinstehende ältere Herr, der meine Oma auf Ausflüge mitgenommen hat, damit sie ein bißchen rauskommt.«[52]

Auch die »Maske des Kinderschützers« ist ein nahezu perfekter Schutz. Sogar Projekte gegen sexuelle Gewalt müssen die Möglichkeit im Auge behalten, daß sich Täter (Täterinnen) in diesen Arbeitsbereichen »besonders engagieren«.

»Ich war eine zeitlang im Kinderschutzbund. Ich bin schon für Kinderschutz, bin gegen Gewalt gegen Kinder und Missbrauch, das ist keine Frage.«[53]

Mit besonderer Raffinesse trüben »professionelle Täter« die Wahrnehmung ihrer KollegInnen.

B., Leiter einer Erziehungsberatungsstelle, spezialisiert sich auf die therapeutische Arbeit mit männlichen Kindern und Jugendlichen und macht sich als Experte in Fachkreisen einen Namen. Seinen MitarbeiterInnen gegenüber zeigt er ein äußerst kollegiales Verhalten, gewährt z.B. bei finanziellen Engpässen schon mal Privatkredite, schafft so persönliche Abhängigkeiten. Über eine Praktikantin und auf Umwegen erfährt die zuständige Fachaufsicht von seltsamen Beobachtungen: Der Leiter der Beratungsstelle schließt sich mit seinen ausschließlich männlichen Klienten in seinem Büro ein. Manchmal kommt er nach der Therapie mit merkwürdig zerzaustem Äußeren aus dem Raum (z.B. zerwühlte Haare, offenes Hemd). Auch machen ehemalige Klienten in Folgetherapien eindeutig zweideutige Bemerkungen. Eine Überprüfung des Verdachts bleibt jedoch ohne juristisch verwertbare Fakten; die KollegInnen hüllen sich mehr oder weniger in Schweigen. Dennoch scheidet B. »freiwillig« aus dem Dienst aus und läßt sich als freiberuflicher Kindertherapeut nieder – spezialisiert auf die Behandlung von Jungen. Eine über den Sachverhalt uninformierte Fachzeitschrift verabschiedet ihn aus seinem alten Tätigkeitsbereich mit einem Artikel über seine Verdienste.[54]

Insbesondere Seelsorger gelten gemeinhin als über jeden Verdacht erhaben:

Zu einer mehrjährigen Haftstrafe verurteilte das Heilbronner Landgericht im August 1994 einen Theologen, der im Rahmen seines Engagements als Nachhilfelehrer Jungen und Mädchen im Alter zwischen sechs und zwölf Jahren mißbrauchte. Der ehemalige Pastor saß schon einmal zuvor wegen des gleichen Delikts hinter Gittern: Bereits als Vierzigjähriger verbüßte er eine Haftstrafe – wegen sexuellen Mißbrauchs. Therapeuten hatten dem Sexualstraftäter seinerzeit eine positive Sozialprognose gegeben und seine vorzeitige Entlassung befürwortet.

Als Mitarbeiter der Evangelischen Gesellschaft betreute der Sexualstraftäter nach seiner damaligen Haftentlassung zwanzig Jahre lang Obdachlose und Nichtseßhafte, bevor der inzwischen ergraute Herr sich 1991 in den Vorruhestand versetzen ließ. Nun »engagierte« er sich als Nachhilfe- und Klavierlehrer. Die Eltern der Opfer ahnten in keinster Weise, daß der Geistliche »die Gelegenheit« zur sexuellen Ausbeutung ihrer Söhne und Töchter nutzte.

Je höher das Maß an Vertrauen und Autorität, desto leichter ist es, ein Kind zu mißbrauchen. Geistliche haben ein außergewöhnlich großes Maß an Autorität. Sie gelten als die verkörperte Rechtschaffenheit und können sich auf Gott berufen. In einem amerikanischen Selbsthilfebuch für pädophile Geistliche beschreibt ein inhaftierter protestantischer Pastor seine Macht und den ihm entgegengebrachten Respekt, die den Mißbrauch erst ermöglichten:

»ICH NUTZTE DIE MACHT UND DAS VERTRAUEN, UM VON DEN JUNGEN IHRE GEHEIMNISSE ZU ERFAHREN, UND NUTZTE DIESES WISSEN AUS, UM MEINEN TRIEB ZU BEFRIEDIGEN. NIEMAND AHNTE AUCH NUR, DASS IHR GELIEBTER PFARRER EIN KINDERSCHÄNDER WAR. MEIN STIEFSOHN – DREI JAHRE LANG WAR ER EINES MEINER OPFER – VERSUCHTE VERZWEIFELT, MICH ZU ENTLARVEN. ABER NIEMAND GLAUBTE IHM – AUCH NICHT AUSSERHALB DER GEMEINDE. SO MÄCHTIG WAR ICH KRAFT MEINES AMTES. DIE KIRCHE UND MEINE GEMEINDE GLAUBTEN MIR UND NICHT IHM.«[55]

ELINOR BURKETT und FRANK BRUNI kommen aufgrund ihrer sehr breiten Recherche über sexuellen Mißbrauch durch katholische Priester zu der Einschätzung, Mißbraucher seien »die Rattenfänger in ihrer Umgebung, die von den Kindern verehrt und von den Eltern wegen ihrer Großzügigkeit, ihrer Geduld und ihrer Fähigkeit, mit Kindern umzugehen, gepriesen werden«.[56]

TÄTERSTRATEGIEN

CONTE u.a. (1989) forderten 20 Kindesmißbraucher auf, eine Anleitung zu schreiben, wie man ein Kind sexuell mißbraucht. Die folgenden Auszüge daraus zeigen, mit welcher Raffinesse die Täter wehrlose und verletzliche Kinder identifizieren, wie bewußt sie diese Verwundbarkeit ausnutzen, wie sie die Kinder systematisch für sexuelle Berührungen desensibilisieren und dabei versuchen, eine vertrauensvolle Beziehung aufzubauen:

»VERSUCH', IRGENDEINEN WEG ZU FINDEN, UM MIT DEM KIND ZUSAMMENZULEBEN. WENN DU EIN REPERTOIRE AN WITZEN HAST, WELCHE SICH ZWISCHEN PIKANT UND PORNOGRAPHISCH BEWEGEN ... LASS PORNOHEFTE HERUMLIEGEN. SPRICH ÜBER SEX. BEOBACHTE DIE REAKTION DES KINDES. STECK DEINEN KOPF IN IHRE SCHLAFZIMMER, WENN SIE IN IHREN BETTEN SIND. HANDLE SO, ALS OB DAS GANZ NATÜRLICHE SACHEN SIND. SEI SYMPATHISCH. PROBIER' EINE REIHE VON KOMPLIMENTEN. HAB' ZUFÄLLIG KONTAKT ZU IHREN BRÜSTEN.

NIMM DICH IHRER AN, SEI NETT ZU IHNEN, ZIELE AUF KINDER AB, DIE KEIN GUTES VERHÄLTNIS ZU IHREN ELTERN HABEN. ODER SUCHE KINDER, DIE BEREITS OPFER WAREN. SUCHE NACH IRGENDEINER ART VON MANGEL.

ICH WÜRDE EIN KIND SUCHEN, DAS NICHT SEHR VIELE FREUNDE HAT, WEIL ES DANN LEICHTER SEIN WIRD, ES ZU BEEINFLUSSEN UND SEIN VERTRAUEN ZU GEWINNEN. HALTE AUSSCHAU NACH EINEM KIND, DAS LEICHT ZU MANIPULIEREN IST. ES WIRD ALLES MITMACHEN, WAS DU SAGST. ICH WÜRDE IHM GLAUBEN MACHEN, DASS ICH JEMAND BIN, DEM ES VERTRAUEN UND MIT DEM ES SPRECHEN KANN.

SUCH' DIR EINEN GUTEN FREUND, DER PROBLEME MIT ALKOHOL UND DROGEN UND DIE EINSTELLUNG HAT, DASS KINDER WIE HUNDE SIND, IMMER NAHE UMS HAUS HERUM. SEI JEMAND, DER DIE KINDER

IM GRIFF HAT, UND WENN EIN KIND IRGEND ETWAS FALSCH MACHT, WIRD ES ÄUSSERST STRENG BESTRAFT. ALS MISSHANDLER KANNST DU EIN KIND AUSSUCHEN UND ANFANGEN, DEM KIND BESONDERE AUFMERKSAMKEIT ZU SCHENKEN. SIE WERDEN DARAUF ANSPRINGEN UND LEICHT MANIPULIERBAR SEIN. WENN DIE ELTERN DIR TRAUEN, DANN KANNST DU ES AUCH EINRICHTEN, DASS SIE DICH ALS BABYSITTER NEHMEN. DU WIRST ALLEIN MIT DEM KIND SEIN, UND DAS KIND WIRD SEINE ELTERN NICHT MÖGEN.

WÄHLE KINDER AUS, DIE UNGELIEBT SIND. VERSUCHE NETT ZU IHNEN ZU SEIN, BIS SIE DIR SEHR VERTRAUEN, UND ERWECKE DEN EINDRUCK, DASS SIE VON SICH AUS BEREITWILLIG MITMACHEN. BENUTZE LIEBE ALS KÖDER. ... BEDROHE SIE NIEMALS. GIB IHR DIE ILLUSION, DASS SIE FREI ENTSCHEIDEN KANN, OB SIE MITMACHT ODER NICHT. SAG IHR, DASS SIE JEMAND BESONDERES IST. WÄHLE EIN KIND, DAS BEREITS MISSBRAUCHT WURDE. DEIN OPFER WIRD DENKEN, DASS DIESMAL WENIGER SCHLIMMES GESCHIEHT.

SUCHE EIN KIND AUS, DAS NACH HILFE SUCHT, DAS VERLETZLICH IST ... WENN SIE KEINE FREUNDE HAT, SAGE IHR, WARUM DAS SO IST; SEI AN IHR INTERESSIERT. BRING DIE ELTERN DAZU, DEM TÄTER ZU VERTRAUEN. ARBEITE LANGSAM. BRINGE MÖGLICHST VIELE MENSCHEN, DIE DEM KIND NAHESTEHEN, DAZU, DIR ZU VERTRAUEN.

BEOBACHTE DAS OPFER, WENN ER/SIE FREUNDLICH IST, WENN SIE ANFANGEN, MICH ZIEMLICH ZU MÖGEN, DANN WIRD ES UNGEFÄHRLICH SEIN ZU VERSUCHEN, SIE ZU BERÜHREN ... UNTER DIESEN UMSTÄNDEN GLAUBE ICH NICHT, DASS KINDER DAZU NEIGEN, ETWAS ZU SAGEN.

WÄHLE EIN ISOLIERTES UND STILLES KIND. SIE WOLLEN JEMANDEN GANZ FÜR SICH HABEN.

ALS ERSTES MUSST DU DEM OPFER TOTALE ANGST MACHEN ... DANN ISOLIERE DAS OPFER, SO DASS NIEMAND WEITERES UM ES HERUM IST. DER NÄCHSTE SCHRITT ZIELT DARAUF AB, DAS KIND GLAUBEN ZU MACHEN, DASS ALLES IN ORDNUNG IST, SO DASS SIE NICHT HINRENNEN UND WAS ERZÄHLEN. DU KANNST SIE ÜBERZEUGEN, DASS ES NICHTS SCHLIMMES DAMIT AUF SICH HAT ODER DRUCK AUF DAS KIND AUS-ÜBEN, NICHTS ZU BERICHTEN. GEBRAUCHE GEWALT UND ZWANG.«[57]

Jedes Kind sehnt sich nach Zärtlichkeit und Zuwendung, doch kein Kind möchte sexuell mißbraucht werden. Kein Junge und kein Mädchen stimmt dem sexuellen Mißbrauch wissentlich zu. Sexuelle Ausbeutung ist daher immer ein Gewaltdelikt – die Täter (Täterinnen) nutzen Macht- und Abhängigkeitsverhältnisse zur Befriedigung ihrer eigenen sexuellen Interessen aus. Mißbrauchende (Stief-)Väter müssen in der Regel keinen »BESONDEREN AUFWAND« betreiben, um sich ihre Opfer gefügig zu machen. Sie kennen den Alltag ihrer Söhne und Töchter ganz genau, haben meist »leichtes Spiel«. Außerhalb von Familienstrukturen treffen jedoch selbst »erfahrene Täter« nicht immer von vornherein auf »GEEIGNETE OBJEKTE« ihrer »WOLLUST«. Oftmals bauen sie zunächst Schritt für Schritt eine Beziehung zu dem Kind auf, verstricken den Jungen/das Mädchen systematisch in ein Spinnennetz emotionaler (und wirtschaftlicher) Abhängigkeiten, um sie dann mit »sanfter« Gewalt zu »verführen«. Einige von ihnen wenden dabei z.B. bei »ÄLTEREN KINDERN« (Jungen und Mädchen ab dem Grundschulalter) die Masche des »Hofierens« an. Das Kind wird wie ein/eine ErwachseneR behandelt, darf z.B. rauchen, wird zum Essen oder zu Urlaubsreisen eingeladen und bekommt Alkohol und Drogen oder wird den Geschwisterkindern gegenüber bevorzugt. Andere versuchen, mit (Geld-)Geschenken die Liebe des Kindes zu erkaufen und/oder spekulieren mit dem natürlichen Mitgefühl vieler Kinder für die Sorgen und Nöte anderer Menschen.

Eine Kindergruppe ärgert einen pädophilen Nachbarn ob seines rosigen Gesichts und seiner Glatze. Die Kinder geben ihm den Spitznamen »Schweinchen Schlau«. Der Täter weiß jedoch die kindliche Neckerei zu seinem Vorteil zu nutzen. Ein Opfer berichtet:

»Er sprach eine ganze Weile mit mir. Er sagte, wir würden ihm sehr weh tun, wenn wir ihn ›Schweinchen Schlau‹ riefen, und auf einmal bekam ich Mitleid mit ihm ... An einem Samstagnachmittag half ich ihm beim Aufräumen. Plötzlich umarmte er mich von hinten und begann meine langen Haare zu küssen. Ich war so überrascht, daß ich gar nicht reagierte. Er zog mir dann meine Hose aus und öffnete seine Hosen. Sein Geschlechtsteil war groß und steif. Er begann bei sich und mir gleichzeitig zu reiben, bis es uns beiden kam. Dann fragte er mich, ob ich sein

Freund sein wolle, ich würde von ihm alles kriegen. Etwa ein Jahr lang hatte ich mit ihm ein Verhältnis. Wenn er mich wichste, dachte ich dabei an ein Mädchen. Er gab mir Geld, zehn oder zwanzig Mark, ich mußte nur sagen, was ich wollte, und ich bekam alles. Er sagte manchmal, er liebe mich, ich sei die einzige Freude in seinem Leben. Er war oft traurig, und er war immer allein.«[58]

Der Niederländer EDWARD BRONGERSMA gibt »praktische Tips«, wie ein Erwachsener etwas nachhelfen kann, wenn sein Opfer nicht so will, wie er will. DER MANN KÖNNE DEM JUNGEN HELFEN, VORWÄNDE ZU FINDEN: Z.B. EINE MASSAGE. AUCH BÖTE DER KONSUM VON ALKOHOL DIE MÖGLICHKEIT, SICH NACHTRÄGLICH DAMIT ZU ENTSCHULDIGEN, MAN SEI WOHL BETRUNKEN GEWESEN.[59] Andere Pädophile beschreiben z.B., DASS MAN BEI DER ANGST VON JUNGEN VOR HOMOSEXUALITÄT NICHT ZÄRTLICH, SONDERN SPORTLICH BEGINNE.[60] Am Anfang sei ohnehin sanfte ÜBERREDUNGSKUNST notwendig, wenn der Pädophile berührt werden wolle.[61]

»ES IST AM ANFANG IRGENDWO SCHON ÜBERREDUNG. WENN MAN DEUTLICH MACHT, DASS EINEM SEHR VIEL DARAN LIEGT UND DASS EINEM AN DER BEZIEHUNG WENIGER LÄGE, WENN DAS NICHT PASSIERT.«[62]

»ICH HATTE IHN GANZ ZU ANFANG MAL GEFRAGT, UND ER SAGTE MIR, ER HÄTTE ANGST DAVOR. DANN HABE ICH IHM ERZÄHLT, WIE DAS BEI MIR GEWESEN IST FRÜHER. ZWEI-, DREIMAL SPÄTER WAR ER DANN DAZU BEREIT. DAS WAR PRAKTISCH EINE VERFÜHRUNG, VON MEINER SEITE AUS GESEHEN.«[63]

Insbesondere bei männlichen Jugendlichen beuten einige Täter deren heterosexuelles Interesse aus. Sie zeigen ihnen pornographische Aufnahmen von Mädchen und Frauen und führen entsprechende Filme vor.[64] BRONGERSMA berichtet über EINEN »SEHR ERFAHRENEN PÄDOPHILEN«, DER MIT JUNGEN ÜBER SEX REDE UND IHNEN PRAKTISCH DEMONSTRIERE, WIE MAN ES AM BESTEN MIT MÄDCHEN MACHE. Auch das Gespräch über Homo- und Heterosexualität wird von Tätern als eine Methode genutzt, um die Wahrnehmung von Kindern zu verwirren und diese zu mißbrauchen. Zwei Opfer berichten:

»Der Kerl war Vertreter und hatte schrecklich viel Geld. Er saß jeden Nachmittag in einem Café, wo wir nach der Schule manchmal hingingen,

weil dort ein Musikkasten stand. Niemand wußte genau, wie er hieß, doch alle kannten ihn und sagten ›Fritz‹ zu ihm. Er gab uns Geld, um Platten zu spielen, oder zahlte uns eine Cola. Eines Tages traf ich ihn auf der Straße. Er fragte mich, ob er mich mit dem Wagen nach Hause bringen solle. Im Wagen sagte er dann, er müsse nur noch rasch in seiner Wohnung vorbei, um seine Aktentasche zu holen. Ich ging mit in seine Wohnung. Er hatte alles irrsinnig schick eingerichtet, an einer Zimmerwand war ein eingebautes Aquarium. Er erklärte mir die verschiedenen Fischarten und gab mir etwas zu trinken. Ich glaube, es war Whisky. Ich weiß nur noch, daß er mich fragte, ob ich schon einmal mit einem Mädchen im Bett gewesen sei. Als ich verneinte, sagte er, er wolle mir beibringen, wie man das macht. Er legte sich dann neben mich aufs Bett und erzählte viel von seinen Freundinnen, dabei sprach er ganz offen vom ›Vögeln‹, ›Ficken‹ und ›Blasen‹. Plötzlich begann er mich auszuziehen. ...«[65]

»Im Anfang hat er, um mich zu verführen, deswegen mit einem Mädchen gesprochen. Ich war damals dreizehn, und er wußte, daß ich danach verlangte, mit einem Mädchen zu schlafen, und er hat sie gefragt, das weiß ich: Hör mal, du lockst Alcide an und nimmst ihn mit auf dein Zimmer, und dann komme ich zu dir, um mit ihm zu schlafen und so. Dann wurde es so gemacht.«[66]

WIE TÄTER IHRE OPFER ZUM SCHWEIGEN BRINGEN

Fast immer erklären Täter den Mißbrauch zum »GEMEINSAMEN GEHEIMNIS« und suggerieren (damit) dem Jungen/Mädchen eine aktive Beteiligung. Kleine Kinder »verplappern« zwar meist das Erlebnis, doch ihre Umwelt nimmt das scheinbar Unglaubliche nicht ernst. Viele ältere männliche Opfer schämen sich z.B. ihrer vermeintlichen Homosexualität und spüren, daß es »besser ist«, den Mund zu halten. In fast allen Fällen sichern Täter mit zusätzlichen Drohungen das Schweigen der Kinder und Jugendlichen: »WENN DAS DEINE ELTERN ERFAHREN, WOLLEN SIE MIT DIR NICHTS MEHR ZU TUN HABEN ... WERDEN SIE KRANK ...« »DU KOMMST INS HEIM, IN DIE PSYCHIATRIE ..., WENN DAS RAUSKOMMT.« ... Und so glauben viele Jungen und Mädchen, daß sie die Konsequenzen für das an ihnen verübte Verbrechen tragen müßten.[67]

»ICH HABE DENEN AUCH GESAGT: WENN DAS JEMALS RAUSKOMMT, KOMME ICH IN GROSSE SCHWIERIGKEITEN, UND DU KOMMST INS ERZIE-HUNGSHEIM. DAS WIRKTE. ICH SAGE IMMER, DU HAST DOCH DEINEN WILLEN, UND ICH HABE AUCH MEINEN WILLEN. ICH BETRACHTE DICH ALS VOLLWERTIGEN PARTNER, OBWOHL DU EIN KIND BIST. DU HAST GENAUSO-VIEL ZU SAGEN WIE ICH.«[68]

Viele Täter nutzen auch ihre berufliche Machtstellung, um ihre Opfer zum Schweigen zu bringen. ALEXANDER ZIEGLER berichtet aus der »Szene«:

Ein Schweizer Jugend(staats)anwalt, der sich auch außerberuflich gern mit halbwüchsigen Knaben umgibt, erteilt seinen jugendlichen Opfern meist noch vor dem ersten intimen Zusammensein »juristische Schützen-hilfe«, indem er ihnen rät, bei einer polizeilichen Befragung jeden sexuel-len Kontakt hartnäckig zu bestreiten. Gelegentlich droht er den Jugendli-chen allerdings auch mit harten Sanktionen für den Fall, das »etwas« öffentlich werde: »WENN DU GEGEN MICH AUSSAGST, SCHNEIDEST DU DICH INS EIGENE FLEISCH. MAN WIRD DICH FÜR SITTLICH VERDORBEN HALTEN UND DICH INS ERZIEHUNGSHEIM EINWEISEN« ODER: »DIR WIRD OHNEHIN KEIN MENSCH GLAUBEN. IM GEGENTEIL, MAN WIRD DICH FÜR EINEN VERLEUMDER HALTEN, DER SICH AN MIR RÄCHEN WILL.«[69]

Das Schweigen der Opfer wird nicht nur durch die Drohung der Täter, sondern ebenso durch das Schweigen und das passive Verhalten der Umwelt gesichert, die den Mißbrauch oftmals »billigend in Kauf nimmt« und den Täter damit deckt. Diese können sich auf den allgemeinen Wunsch verlassen, das Böse nicht zu sehen, nicht zu hören und darüber nicht sprechen zu wollen.[70] So auch in dem skizzierten Fall des Schweizer Jugend(staats)anwaltes:

»Als im Jahre 1967 bei der Arbeitgeberin des Staatsanwaltes ein Ermitt-lungsverfahren gegen den Jugendanwalt eingeleitet wurde, bestritt er die ihm zur Last gelegten Straftaten energisch und wurde in dieser Taktik von den Untersuchungsorganen indirekt sogar unterstützt. Während der Durchschnittsbürger bei Verstößen gegen Artikel 191 StGB zu Beginn eines Verfahrens bis zur restlosen Klärung sämtlicher Straftatbestände in Untersuchungshaft genommen wird, weil solche Delikte immerhin mit Zuchthausstrafen geahndet werden, ließ man den Jugendanwalt nicht nur auf freiem Fuß, sondern auch in seinem Amt und gab ihm dadurch ganz

unverhohlen Gelegenheit, wichtiges Beweismaterial, das seine Verfehlungen erhärtet hätte, rechtzeitig verschwinden zu lassen. Erst Monate, nachdem man dem ›Kollegen‹ die Einleitung des Strafverfahrens ziemlich unförmlich eröffnet hatte, wurde pro forma und auf äußeren Druck hin doch noch eine Haussuchung bei ihm durchgeführt, so daß die Strafverfolger die Ermittlungen sang- und klanglos einstellen konnten.«[71]

Die wenigsten Täter haben derart große Möglichkeiten der Einflußnahme auf Ermittlungsverfahren, doch können auch Täter aus anderen Institutionen »relativ sicher sein«, daß sich Kollegen und Vorgesetzte leichter von ihrer Unschuld überzeugen lassen, als daß sie den Kindern glauben. Meist können sie beim Aufkommen eines Verdachts diesen aufgrund ihres guten Images im Keime ersticken bzw. sie finden im Kollegenkreis zahlreiche »Schutzengel«, die »für sie die Hand ins Feuer legen«. Oder aber in Institutionen existieren »Seilschaften mehrerer Täter«, die sich aus der Pädophilenszene kennen[72] und sich gegenseitig durch Falschaussagen decken. Es erstaunt nicht, daß viele Opfer endgültig verstummen, wenn sie erfahren, daß ihre vorsichtigen nonverbalen und verbalen Hinweise auf das an ihnen verübte Verbrechen von der Umwelt ignoriert bzw. sogar noch gegen sie verwandt wird. Die Situation der betroffenen Jungen und Mädchen wird sich erst verbessern, wenn die Strafverfolgungsbehörden Konsequenzen ziehen und nicht nur den sexuellen Mißbrauch verfolgen, sondern ebenso die unterlassene Hilfestellung von Vorgesetzten (z.B. Schulleiter, Heimleiter, Klinikchefs), die von den Verbrechen ihrer Untergebenen wissen und diese »stillschweigend übersehen«.

Die Auseinandersetzung mit den Strategien der Täter auf der Opfersuche hilft, betroffene Jungen und Mädchen besser zu verstehen. Ebenso können von dieser Analyse aus sach- und kindgerechte Präventionskonzepte entwickelt werden (Kapitel XII).

Literaturempfehlungen:
Enders, Ursula: »Und bist Du nicht willig ...!« – Die Täter. In: Enders (Hrsg.): Zart war ich, bitter war´s. Überarbeitete und erweiterte Neuausgabe. Köln 1995
Godenzi, Alberto: Bieder, brutal. Frauen und Männer sprechen über sexuelle Gewalt. Zürich 1989

V

Ursula Enders

VERGIFTETE KINDHEIT
Frauen als Täterinnen

»Schon seit einer Zeit, an die ich mich gerade noch erinnern kann, also mindestens seit meinem dritten Lebensjahr, diente ich meiner Mutter als Objekt ihrer sexuellen Bedürfnisse, die sie in der Welt der Erwachsenen aus den verschiedensten Gründen nicht befriedigen konnte. Diese Befriedigung erfuhr im Laufe meiner Kindheit eine Art Institutionalisierung durch das sogenannte ›Schmuseviertelstündchen‹, bei dem ich eine Zeitlang auf dem Schoß meiner Mutter schmusend verbrachte. Die scheinbare Gewaltfreiheit dieses Schmusens entpuppte sich als immer wiederkehrender Mißbrauch, wenn man sich die doppelte Gewalt dieser Handlungen verdeutlicht: Zum einen war es mir als Kind natürlich ein Bedürfnis, von meiner Mutter Wärme und Zärtlichkeit zu erhalten und ihr Vertrauen schenken zu können. Dieses Bedürfnis führte mich immer wieder in die

Arme meiner Mutter. Sie aber genoß die sexuelle Stimulanz der Körper in einem Maße, das alle meine Bedürfnisse überschritt und meine kindliche Befriedigung in ihr Gegenteil verkehrte. Es brach also nicht nur in mir das Vertrauen, Zärtlichkeit unbeschadet erfahren zu können, sondern ich erlebte auch einen Teil des Lebens – die Sexualität – als etwas überaus Fremdes, Verstörendes, denn die sexuelle Tätigkeit meiner Mutter hörte auch dann nicht auf, als ich genug hatte und ihr deutliche Zeichen gegeben hatte, gehen zu wollen. Von da an begann der Mißbrauch. In meinem Gefühl bemerkte ich immer in dem Moment eine seltsame Umwandlung der Situation, in dem mein Bedürfnis befriedigt war.

Ich erlebte von dem Punkt an, wie sich die gebende, zärtliche Mutter in eine nehmende, gebrauchende Frau verwandelte, die ihr Kind als gefügigen Mann, als formbares Sexualobjekt behandelt. In meinem Inneren trat – und das über Jahre hinweg – eine Erlahmung aller Regungen ein. Da ich äußerlich nicht fliehen konnte, da meine Mutter mich in ihren Armen hielt – floh ich innerlich. Ich erfror zu einem immer dichter werdenden, sich isolierenden, erstarrten Wesen, das das, was ihm geschah, nicht begreifen konnte und deshalb alles tat, um die seltsamen Bewegungen des Inneren so gering wie möglich zu halten. Ab dem zartbitteren Punkt, nach dem das Zarte bitter wurde, unterdrückte ich alle Gefühle, alle Reaktionen körperlicher und seelischer Art, um das Verletzende nicht weiter zu verlängern.

Weitere Details meiner Leidensgeschichte verstärken den Eindruck der ›zarten‹ Gewalt. Als ich etwa 12 Jahre war, legte sich meine Mutter nach dem morgendlichen Wecken fast ganz auf mich drauf und flüsterte mir in meine Halbwachheit: ›Wenn du nicht mein Sohn wärst, würde ich wer weiß was mit dir machen!‹ Das Erstarren zu einem harten Brett gelang mir damals aufgrund des langen Trainings schon viel schneller. Die häusliche Atmosphäre war erfüllt vom warmschwülem Dampf aus allen Teilen meines Mutterhauses und ihre Blicke verfolgten mich, vor allem mit Beginn der Pubertät, bis aufs Klo.

Die Gewalt meiner Mutter war nach außen hin praktisch unwahrnehmbar. Mein kindliches Bewußtsein war vollkommen überfordert, die inneren Zusammenhänge und Auswirkungen des Mißbrauchs zu begreifen. Selbst wenn mir dies gelungen wäre, so hätte dies meine Einsamkeit in der Verletzung nur gesteigert, denn niemand hätte mir geglaubt. Wahrscheinlich wird es noch viel länger als beim Mißbrauch durch Männer dauern, den Mißbrauch durch Frauen aufzudecken, denn diese Form *weiblicher Gewalt kleidet sich in süßem, heimlichen Gewand, das die Dauer des wirklichen Giftes verlängert.«[1]*

Sexuelle Gewalt durch Frauen ist ein Thema, dessen Aufarbeitung an den vermeintlichen Grundlagen des Patriarchats rüttelt. Es hinterfragt die Gültigkeit eines vereinfachten »Täter-Opfer-Schemas«, das stets von männlicher Macht gegenüber weiblicher Ohn-Macht ausgeht. So wundert es denn auch nicht, daß breite Teile der (Fach-)Öffentlichkeit auch heute noch die Existenz der sexuellen Ausbeutung von Jungen und Mädchen durch Frauen zu leugnen versuchen und am Bild der sanftmütigen, alles gewährenden, asexuellen Frau und Mutter festzuhalten versuchen. Vor allem Männern fällt es schwer, die eigenen kleinen Geschlechtsgenossen als mögliche Opfer sexueller Gewalt durch Frauen wahrzunehmen – das paßt nicht ins Selbstbild vom starken Mann.

Doch die Fakten sprechen für sich. Sexuelle Gewalt von Frauen an Jungen und Mädchen kann nicht mehr wegdiskutiert werden, ebensowenig wie die Tatsache geleugnet werden kann, daß auch Frauen und Mädchen als Teil einer patriarchalisch strukturierten Gesellschaft immer wieder auf gewalttätige Strategien zurückgreifen, um ihre eigenen Interessen zu vertreten.[2]

Eine weitere Ursache für die auch in Fachkreisen nach wie vor ausgeprägten »blinden Flecken« gegenüber den weiblichen Formen sexueller Ausbeutung von Jungen und Mädchen ist die Vorstellung, daß »sexuelle Übergriffe ohne Penis« keinen Schaden anrichten. Oftmals wird der Mißbrauch durch Täterinnen nicht nur von diesen selbst, sondern auch von der Umwelt als »Pflegeverhalten« uminterpretiert bzw. sadistische Formen sexueller Gewalt als »einmaliger Ausrutscher einer Überforderungssituation« bagatellisiert. Die Realität sieht anders aus. CLAUDIA HEYNE gibt in ihrem Buch »Täterinnen« einen Überblick über den aktuellen amerikanischen Forschungsstand und zeigt auf, daß bei männlichen Opfern von einem Anteil an Täterinnen zwischen 13% und 25% ausgegangen werden muß: Die American Human Association Study beziffert den Anteil der Täterinnen bei männlichen Opfern auf 14%, bei weiblichen Opfern auf 6%.[3] Die National Incidence Study of Child Abuse and Neglect kommt zu dem Ergebnis, daß 13% der Mädchen und 24% der Jungen von Frauen mißbraucht wurden.[4] Eine Untersuchung des University of Michigan Interdisciplinary Projekt on Child Abuse und Neglect beziffert den Anteil der Täterinnen auf 13,8%.[5] DAVID FINKELHOR und DIANA RUSSEL nennen nach einem Vergleich verschiedener Studien eine Zahl von maximal 25% Täterinnen bei männlichen sowie maximal 10% bei weiblichen Opfern.[6] Heyne zitiert mehrere Studien, die deutlich machen, daß auch Frauen auffallend häufig – ebenso wie Männer – Mehrfachtäterinnen sind, d.h. zwei oder mehr Kinder mißbrauchen.[7]

Bisher gibt es im deutschsprachigen Raum keine Forschung zur Problematik der weiblichen Täterschaft. Auch in der Praxis regiert nach wie vor ein Denk- und Wahrnehmungsverbot von Frauen als möglichen Täterinnen. Dies schlägt sich u.a. darin nieder, daß nur wenige der in den letzten zehn Jahren zahlreich erschienenen Fachpublikationen den Blick gegenüber der sexuellen Ausbeutung von Jungen und Mädchen durch Frauen nicht verschließen.[8]

Bei dem Versuch, Charakteristika und Profile von Täterinnen zu skizzieren, gibt es derzeit keine Möglichkeit, empirisch gesicherte Kategorien zu benennen. Doch zeichnen sich vor dem Hintergrund von (Fach-)Literatur und den Erfahrungen von ZARTBITTER KÖLN sechs Profile von Täterinnen ab.

JUGENDLICHE TÄTERINNEN

Während die Diskussion über mißbrauchende männliche Jugendliche in Fachkreisen vermehrt aufkommt, wird bis heute sexuell aggressives Verhalten von Mädchen weitgehend als »geschlechtsuntypisch« eingeordnet und geleugnet. Doch der Alltag zeigt, daß Haß und Wut nach erlebten Erniedrigungen auch bei Mädchen auf unterschiedlichste Art und Weise ihren Ausdruck finden können.[9] So wurde ein Teil der jugendlichen Täterinnen zuvor selber Opfer sexueller Gewalt.

»Alltägliche« sexuelle Übergriffe durch weibliche Jugendliche dürfen nicht einfach »stillschweigend« übersehen werden. IRMGARD SCHAFFRIN mahnt, daß eine präventive Mädchenarbeit neben der Frage nach eigenen Gewalterfahrungen das Thema Sexismus von jugendlichen Mädchen gegenüber Kindern nicht vergessen darf. Böte doch u.a. die in der Medien- und Kulturöffentlichkeit praktizierte Verbindung von Obszönität und Brutalität auch weiblichen Jugendlichen zahlreiche Verhaltensmuster an, sich cool, rabiat und regellos zu geben. Auch wenn Mädchen sich wie

Mädchen fühlten, könnten sie dennoch aggressive Verhaltensmuster übernommen haben.[10]

TÄTERINNEN, DIE GEMEINSAM MIT MÄNNERN MISSBRAUCHEN

Ein Teil der Täterinnen fügt Jungen und Mädchen gemeinsam mit Männern sexuelle Gewalt zu, einige von ihnen werden von Männern zu diesen Verbrechen gezwungen. So wichtig in der therapeutischen Arbeit mit Täterinnen die Aufarbeitung der eigenen Abhängigkeiten sein mag, darf doch nicht übersehen werden, daß es für das kindliche Opfer keinen Unterschied macht, ob die Täterin selbst die Ausbeutung initiiert, oder sie von Dritten dazu angehalten wurde. KATHLEEN C. FALLER zeigt auf, daß die Jungen und Mädchen unter sexueller Gewalt noch stärker litten, wenn Frauen als Täterinnen beteiligt sind. Allerdings waren die meisten Mißbraucherinnen dieser Studie die Mütter der betroffenen Kinder.[11]

CLAUDIA HEYNE widerspricht unter Bezugnahme auf amerikanische Forschungsergebnisse dem Mythos, daß Frauen die sexuelle Ausbeutung nie selber initiierten, sondern stets in Abhängigkeit von Männern.[12] Praxiserfahrungen von ZARTBITTER KÖLN bestätigen diese Einschätzungen: In der überwiegenden Mehrheit der Fälle ist sexuelle Gewalt ein von Männern verübtes bzw. initiiertes Delikt, doch auch Frauen machen im Rahmen ihrer Täterinnenkarriere eine Entwicklung durch, in deren Verlauf einige der »Mittäterinnen« selbst zu Initiatorinnen des Mißbrauchs werden.[13] Diese Dynamik kennzeichnet z.B. die Struktur multiinzestuöser Familien, in denen über Generationen hinweg Männer und Frauen die Töchter und Söhne, Enkelkinder, Nichten und Neffen ... (gemeinschaftlich) mißbrauchen.

In ihrem autobiographischen Roman »Ich bin nicht mehr eure Tochter« beschreibt MONIKA B., die von ihrem Vater über Jahre massiv mißbraucht wurde, die Situation, in der ihr Lieblingsbruder Georg ihr seinen Mißbrauch durch die Mutter anvertraut:

»*Papas Messer fiel mir ein und meine Schmerzen. Wie viele Narben hatte ich jetzt schon? Eine Gänsehaut überzog mich. Würde Papa brüllen vor Schmerz, wenn es einer bei ihm machte?*

»*Bloß schade, daß man bei 'ner Mutter nichts absäbeln kann*«, murmelte Georg.

Ich schüttelte den Kopf, verscheuchte die Bilder darin.

»*Wieso?*«

»*Weil*«, *Georg schrie fast,* »*weil Mama will, daß ich das mit ihr mache, was Papa mit dir macht.*«

»*Du?*« *Ich starrte Georg an.*

»*Streicheln, abknutschen, abfummeln, ablecken, mit dem weißen Ding rummachen. Äh! Igittigitt!*« *Georg schüttelte sich.* »*Und dann, wenn's ihr kommt, das Gestöhne. Und dann will sie noch mehr mit dem Ding, aber mit dem großen. Ich halt's nicht mehr aus! Die eklige Fettsau, die doofe! Und sobald ich's kann, muß ich's ihr richtig besorgen, sagt sie. Sie will's mir beibringen, für später und so.*«

Ich sah Mama vor mir, rosig und aufgekratzt, frisch aus dem Bad, einen Arm um Georg gelegt, und sie flötete: »*Na, bist ja doch zu was zu gebrauchen, ein echtes Naturtalent. Wenn du nicht wärst, würde ich dich ganz schön vermissen. War ja doch nicht so schlecht, daß ich dich noch bekommen habe.*« *Oder Mama krank im Bett, leidend:* »*Schorschi, komm, verwöhn Mama ein bißchen! Na, komm schon unter die Decke!*« *Und ich sah Georg, wie er zu ihr hineingeht und wie er bleich und mit verquollenen Augen wiederkommt, wie er danach ausrastet bei jeder Kleinigkeit.*

Endlich verstand ich. Nichts blieb zu sagen. Stumm hielten wir uns im Arm. Niemals mehr würde ich Mama zu ihr sagen. Dieses Ungeheuer!

Von dieser Stunde an war die Frau, die mich geboren hatte, nicht mehr meine Mutter.«[14]

In anderen Fällen innerfamilialer sexueller Gewalt durch den Vater richten einige zuvor nicht mißbrauchende Mütter nach Offenlegung der Ausbeutung der Kinder ihre Wut nicht gegen den Täter, sondern gegen die Opfer. Sie werfen der Tochter/dem Sohn eine aktive Beteiligung und Verrat vor. Wiederholt berichteten Betroffene gegenüber ZARTBITTER KÖLN, daß die Mütter sich an ihnen »rächten« und sie nach der Aufdeckung des an ihnen verübten Verbrechens ebenso gemeinsam mit dem Vater oder auch allein mißbrauchten. Oftmals waren diese Gewalttaten mit massiven verbalen Beschimpfungen verbunden (»Hure«, »Hurenbock« ...).[15]

SADISTISCHE TÄTERINNEN

Nicht selten werden in der (Fach-)Öffentlichkeit die Formen der sexuellen Gewalt durch Frauen bagatellisiert, dem weiblichen Geschlecht allenfalls »mildere Formen der sexuellen Ausbeutung zugetraut« (z.B. sexualisiertes Pflegeverhalten). Nicht nur, daß das Ausmaß der Folgen des Mißbrauchs für das Opfer nicht davon abhängig ist, ob »offene« Gewalt im Gegensatz zur »subtilen« Ausbeutungsform angewendet wurde, auch ignoriert eine solche Sichtweise sadistische Gewalttaten, die Frauen an Kindern und Jugendlichen verüben.

Frau K. drückt auf dem Hodensack ihres dreijährigen Sohnes eine Zigarette aus.[16]

Unter massiver Gewaltanwendung zwingen Frau C. und ihr Partner Mädchen und Jungen zu sadomasochistischen Handlungen im Rahmen einer Porno-Produktion.[17]

In dem Buch »Verlorene Kindheit« von NELE GLÖER und IRMGARD SCHMIEDESKAMP-BÖHLER berichtet ein 40jähriger Mann, wie er als kleiner Junge während eines Kuraufenthaltes sadistisch gefoltert wurde – als »Strafe« für ein Doktorspiel mit einem anderen Kind:

»Sie hat uns bei den Ohren hochgezogen – ich habe jetzt noch eine Verletzung, die ich nicht wegkriege – und schleifte uns beide noch an den Ohren über die Wiese, mit runtergelassenen Hosen wohlgemerkt. Alle anderen guckten zu, und sie schleifte uns erst einmal zu den anderen Schwestern. Und erzählte: ›Ich habe sie entdeckt bei Vergehungen gegen das sechste Gebot.‹ ... Ich mußte mich ausziehen und mich mit den Armen auf dem Rücken vor den Altar knien mit der Bibel ... Und dann haben sie uns beide, die Oberschwester mich, der Pater das Mädchen, am späten Abend wieder an den Ohren nackt herausgeschleift und haben uns an dem angrenzenden Zaun festgebunden, der das ganze Gelände umgab ... es zog ein Gewitter auf, und uns wurde gesagt, daß jetzt ein Gottesurteil käme. ... In Kreuzsymbolik am Drahtzaun festgebunden, splitternackt wurde mir gesagt, bevor das Gottesurteil komme, würde man dafür sorgen, daß ich dieses Vergehen mein Lebtag nicht vergäße, und hat mir den ganzen Penis und die Hoden mit Brennesseln eingerieben. Erst kitzelte es, später kam dann der Schmerz. ... und dann kam das Gottesurteil ... ich habe heute noch Angst vor Gewitter.« Später fesselte die Ober-

schwester den Jungen auf eine Militärpritsche und masturbierte seinen Penis. Sobald dieser Regungen zeigte, schlug sie mit einer Peitsche die Brust des Opfers.[18]

Schon immer haben auch Frauen Kinder und Jugendliche gequält und sadistisch mißbraucht (z.B. im Rahmen von sexuell gefärbten sadistischen Bestrafungsritualen: »Schläge mit dem Gürtel auf den nackten Hintern«). Es ist davon auszugehen, daß eine zunehmende sexuelle Verrohung nicht nur die Gewaltbereitschaft bei Männern, sondern ebenso bei Frauen steigert. Nicht ohne Wirkung dürfte in diesem Zusammenhang der durch den »technischen Fortschritt« erleichterte Konsum harter Pornographie stehen.

PÄDOPHILE TÄTERINNEN

Weibliche Pädophile bauen ebenso systematisch wie männliche »KINDERFREUNDE« pädosexuelle Situationen auf, d.h. mit subtiler Gewalt instrumentalisieren sie Jungen und Mädchen für ihr sexuelles Begehren, verführen und verwickeln Kinder und Jugendliche in sexuelle Handlungen. Eine pädophile Täterin berichtet:

»ICH NEHME SIE IN DEN ARM, REIBE MEINE NASE AN IHRER, KÜSSE SIE VOM NACKEN BIS ZUM PO. SIE LIEGT UND GENIESST, KÜSST MICH AUF DEN MUND, LECKT MIR DURCHS GESICHT, LUTSCHT AN MEINER ZUNGE. ICH SCHMELZE DAHIN ... ACH LECKT MICH DOCH ALLE AM ARSCH! MEINE TOCHTER UND ICH WIR MACHEN, WAS WIR SCHÖN FINDEN!«[19]

Auch pädophile Frauen mißbrauchen nicht selten mehrere Opfer – meist beiderlei Geschlechts – sowohl inner- als auch außerhalb familialer bzw. verwandtschaftlicher Bezüge (Kapitel IX).

So läßt sich in der Praxis immer wieder beobachten, daß pädophile Täterinnen ebenso wie männliche Täter in pädagogischen bzw. pflegerischen Berufen arbeiten.

Im Rahmen eines »PRAKTISCHEN AUFKLÄRUNGSUNTERRICHTS« lassen sich zwei weibliche und ein männlicher Erzieher einer Kindertagesstätte u.a. von den ein- bis sechsjährigen Jungen und Mädchen oral befriedigen.[20]

Ein 14jähriger Schüler lebt in einem Heim für männliche Jugendliche. Seine Betreuerin verwickelt ihn in eine sexuelle Beziehung. Anschließend »überläßt« sie den Jungen einer mit ihr auch privat befreundeten Kollegin. Als der Junge die Situation nicht mehr ertragen kann und einen Suizid versucht, drohen andere Heimbewohner, die »Sache auffliegen zu lassen«. Daraufhin entlassen die beiden Täterinnen ihr Opfer in eine Nachsorgemaßnahme »Betreutes Wohnen«, d.h. der Junge wird aus der stationären Einrichtung entlassen und in einer eigenen Wohnung von »einer der Erzieherinnen weiterbetreut«. Das Schweigen der »redebereiten« anderen Jugendlichen garantiert eine durch Bevorzugung und Benachteiligung manipulierte Gruppendynamik: Einige »treue« Jungen »regeln die Angelegenheit« mit der Androhung, notfalls »die Fäuste sprechen zu lassen«.[21]

Unstrittig ist in Fachkreisen inzwischen, daß nicht nur Jungen, sondern auch Mädchen von pädophilen Täterinnen mißbraucht werden. MARIE-LUISE CONEN berichtet aus ihrer Praxis als Supervisorin:

»Nach einigen Monaten machten sich über einige weibliche Jugendliche Gerüchte breit, daß die neue Mitarbeiterin eine lesbische Beziehung zu einer Jugendlichen unterhielt. Diese Mitteilungen behielten die einzelnen Mitarbeiter – wie sich später herausstellte – jedoch zunächst jeder für sich. Die neue Mitarbeiterin wurde nicht mit den Verdächtigungen konfrontiert. Nachdem eine Mitarbeiterin jedoch schließlich die Kollegin damit konfrontierte, gab diese zu aller Überraschung zu, daß sie die Jugendliche öfter in ihrer privaten Wohnung zu Besuch habe. Sie bestätigte ferner, daß sie lesbisch sei, aber sie bestritt, eine sexuelle Beziehung zu der Jugendlichen zu haben. Die anderen Mitarbeiter, die über diese Antwort verblüfft waren, stritten sich in der folgenden Zeit darüber, ob sie den verdächtigenden Aussagen der Jugendlichen Glauben schenken sollten. Nach Vertragsende erzählte die betreffende Jugendliche von ihrer sexuellen Beziehung mit der Kollegin.«[22]

Nicht nur Laien, sondern auch vielen (Fach-)Männern und Frauen fällt es schwer, die Tatsache zu glauben, daß nicht nur männliche, sondern ebenso weibliche Täter oftmals mehrere Opfer haben. Erst recht werden die Berichte über den Sextourismus von pädophilen Frauen in die Dritte Welt nur allzu leicht als »Produkte einer schmutzigen Phantasie« abgetan (Kapitel IX).

TÄTERINNEN, DIE »IHR GANZES LEBEN KINDERN WIDMEN«

In der Beratungsarbeit berichten einige männliche und weibliche Opfer über die sexuelle Ausbeutung von meist etwas älteren Frauen, die in ihrem Umfeld als besonders hilfsbereit gelten. Oftmals widmen sie ihr ganzes Leben der Betreuung von Kindern (z.B. als Nachbarin, Verwandte, Pädagogin) und »springen rund um die Uhr ein«. Ihre eigene emotionale Bedürftigkeit verstecken sie hinter der »Maske der aufopfernden Helferin«. Als »Entlohnung« für ihren Einsatz befriedigen sie ihre eigenen sexuellen und emotionalen Bedürfnisse durch einen z.B. als »PFLEGE« kaschierten Mißbrauch.

Die pädagogische Hilfskraft einer Kindertagesstätte ist bereits mehrfache Oma und gilt als besonders kinderlieb. Einen kleinen Besucher der Einrichtung legt sie »zur Beruhigung des Kindes« an die Brust an.[23]

Eine Pflegemutter untersucht die ihr anvertrauten Kinder fast täglich nach Würmern, reinigt die Vorhaut der Jungen und »schrubbt« die Vagina der Mädchen.[24]

In Einzelfällen steigern »SICH AUFOPFERNDE« Täterinnen das Ausmaß der Ausbeutung bis hin zu Formen sadistischer Gewalt (z.B. als »gerechte Bestrafung« getarnt).

Eine vergleichbare Dynamik ist bei Fällen sexueller Gewalt in Therapie und Beratung zu beobachten. Mißbrauchende Therapeutinnen/Beraterinnen versuchen ihre Taten oftmals als »fortschrittliche Methode« umzudeuten. So »LEGEN« z.B. einige Therapeutinnen »IHRE KLIENTEN/KLIENTINNEN AN DIE BRUST«, eine angebliche therapeutische Intervention bei Regression. Andere versuchen, die Ausbeutung als Sexual- und Spieltherapie oder als »wahre Liebe« zu verkaufen.[25]

BAJIT kommt in seiner Untersuchung zu dem Schluß, daß die Mehrheit der Opfer von sexuellem Mißbrauch durch Therapeuten und Therapeutinnen minderjährig war. Das Alter der Mädchen variiert nach BAJIT zwischen 3 und 17 Jahren und bei Jungen zwischen 7 und 16 Jahren. Das Durchschnittsalter beträgt bei Mädchen 13 und bei Jungen 12 Jahre.[26]

PSYCHISCH KRANKE UND ABHÄNGIGE TÄTERINNEN

Den alten Mythos, daß »alle Täterinnen psychisch krank« sind, entlarven Forschungsergebnisse und die Erfahrungen der Beratungspraxis als unhaltbar. Dennoch ist davon auszugehen, daß einige wenige der Mißbraucherinnen z.B. unter psychotischen Erkrankungen leiden. Häufiger befinden sich unter den bekannten Täterinnen alkohol-, tabletten- und drogenabhängige Frauen. Es stellt sich jedoch die Frage, ob nicht die sexuelle Ausbeutung durch Täterinnen in besonderem Maße dann von Dritten wahrgenommen wird, wenn die Frau ohnehin schon durch ihre Abhängigkeit auffällt. Zudem »ent-schuld-igen« einige Mißbraucherinnen ihre Taten, wenn diese aufgedeckt werden, z.B. mit der Behauptung: »ICH HATTE EINEN ›FILMRISS‹ UND WEISS GAR NICHT MEHR, WAS ICH GEMACHT HABE«.

Ohne Zweifel sind jedoch Frauen mit einer Suchtproblematik in höherem Maße gefährdet, zur Täterin zu werden, als Frauen, die auch im Umgang mit Suchtmitteln Grenzen setzen und ihre Kontrolle wahren.

AUSBLICK

Die skizzierten Profile von Täterinnen stellen einen ersten Versuch, auf der Basis von Praxiserfahrungen Strukturen weiblicher Täterschaft aufzuzeigen. Sie dürfen keinesfalls als trennscharfe und wissenschaftlich belegte Kategorien bewertet werden. Forschung tut not. Dennoch sensibilisiert schon diese erste Reflexion der Praxiserfahrungen den Blick für die Problematik und ist damit ein Schritt auf dem Weg, die »eigenen blinden Flecken« gegenüber der sexuellen Ausbeutung durch Frauen zu überwinden.

VI

Dirk Bange

DIE NARBEN
DER SEXUELLEN GEWALT
Die Folgen

»An welchen Verhaltensauffälligkeiten erkenne ich einen sexuellen Mißbrauch?« Diese Frage bewegt Eltern und Professionelle gleichermaßen.
Die Forschung zeigt jedoch, daß es kein spezifisches Symptom für sexuellen Mißbrauch gibt. Daher sind auch fast alle bekannten Verhaltensauffälligkeiten und psychischen Probleme von Kindern als mögliche Folgen
sexueller Ausbeutung an Jungen beschrieben worden: Kopf- und Bauch-
schmerzen ohne erkennbare Ursachen, Eßstörungen, Schlafstörungen,
Sprachstörungen, depressive Reaktionen, Vereinsamung, überangepaßtes
Verhalten, Schulprobleme, Suizidgedanken und -versuche, Autoaggressionen, Alkohol- und Drogenmißbrauch, sexuell auffälliges Verhalten, (sexuell) aggressive Verhaltensweisen.[1]

Einzig das Symptom »altersunangemessenes Sexualverhalten« tritt mit relativ hoher Wahrscheinlichkeit als Folge sexuellen Mißbrauchs an Jungen auf. Verschiedene Studien weisen nach, daß sexuell mißbrauchte Jungen im Vergleich zu Jungen, die aus anderen Gründen in therapeutischer Behandlung bzw. gar nicht in Behandlung sind, signifikant häufiger ein solches Verhalten zeigen.[2]

Dennoch sei hier vor einer Überinterpretation sexualisierten Verhaltens ausdrücklich gewarnt. »Doktorspiele«, Zeichnungen, auf denen Genitalien dargestellt sind oder ein provokanter Wortschatz finden sich auch häufig bei nicht mißbrauchten Jungen. Außerdem verhalten sich längst nicht alle sexuell mißbrauchten Jungen in sexueller Hinsicht auffällig. Schließlich bereitet es erhebliche Probleme, den Begriff »altersunangemessenes Sexualverhalten« präzise zu definieren. Für den einen ist es ein untrügliches Zeichen für sexualisiertes Verhalten, wenn ein kleiner Junge zweimal am Tag onaniert, für den anderen ist dies normal.[3]

Alle im Zusammenhang mit sexuellem Mißbrauch an Jungen genannten psychischen Probleme und Verhaltensauffälligkeiten können auch andere Ursachen haben (z.B. Scheidung der Eltern, Vernachlässigung, körperliche Mißhandlung). Dies und das Fehlen eines spezifischen Mißbrauchssyndroms verhindern es, daß man einen sexuellen Mißbrauch eindeutig anhand seiner Folgen erkennen kann. Es sollte deshalb bei jeder plötzlichen Verhaltensänderung, für die keine erkennbare Ursache vorliegt, ein sexueller Mißbrauch in die Überlegungen nach den Gründen einbezogen werden, ohne ihn jedoch gleich als gegeben zu betrachten.

Die von sexuell mißbrauchten Jungen entwickelten psychischen Probleme und Verhaltensauffälligkeiten sind der Versuch, ihr verletztes Inneres zu schützen. Diese Verhaltensweisen, die es den Kindern ermöglichen, eine andauernde Mißbrauchssituation auszuhalten, prägen sich häufig tief ein. Auch wenn der sexuelle Mißbrauch längst beendet ist, bestimmen sie das Leben der betroffenen Männer weiter. Dementsprechend ist es keine Überraschung, daß Männer, die als Jungen mißbraucht wurden, häufiger unter psychosozialen Problemen leiden als nicht mißbrauchte Männer. Bei ihnen finden sich deutlich häufiger u.a. depressive Verstimmungen, ein niedriges Selbstwertgefühl, autoaggressive Verhaltensweisen, Suizidgedanken und -versuche, Alkohol- und Drogenabhängigkeit, Beziehungsstörungen und sexuelle Probleme.[4]

Die empirischen Untersuchungen über die Auswirkungen sexueller Gewalt zeigen, daß nicht alle betroffenen Jungen und Männer im gleichen Maße geschädigt sind. Einige leiden dauerhaft, andere vorübergehend und wieder andere zeigen zumindest äußerlich keine Auffälligkeiten. Dies hat mit zu der Frage geführt, welche Faktoren das Ausmaß der Folgen beeinflussen. Dabei wird unterschieden zwischen primären Traumatisierungsfaktoren, die sich direkt aus dem Geschehen des sexuellen Mißbrauchs ableiten und sekundären Traumatisierungsfaktoren, unter denen die Reaktionen der Eltern, von Freunden und den »Behörden« verstanden werden. Folgende Faktoren können bedeutsam sein:

PRIMÄRE TRAUMATISIERUNGSFAKTOREN

Das Trauma ist um so größer,
◆ je enger die Beziehung zwischen Kind und Täter ist,
◆ je mehr Zwang und (körperliche) Gewalt der Täter anwendet,
◆ je massiver die sexuellen Übergriffe sind,
◆ je häufiger sich der sexuelle Mißbrauch wiederholt und
◆ je länger er stattfindet.[5]

Diese Ergebnisse dürfen allerdings nicht zu dem Fehlschluß führen, daß weniger intensiver sexueller Mißbrauch von den Jungen als harmlos erlebt wird. So können beispielsweise Begegnungen mit einem Exhibitionisten erhebliche Ängste und Schamgefühle bei Jungen auslösen (Kapitel III).

Ungeklärt ist, wie sich das Alter der Kinder zum Zeitpunkt des sexuellen Mißbrauchs auswirkt.[6]

Die im Zusammenhang mit der sexuellen Gewalt gegen Jungen wichtige Frage, ob und inwiefern das Geschlecht des Täters eine Rolle spielt, ist bisher fast völlig ignoriert worden. Bei den wenigen Untersuchungen, die dieser Frage nachgingen, zeigte sich ein Trend in die Richtung, daß Männer rückblickend sexuellen Mißbrauch durch Männer negativer einschätzen als durch Frauen (Kapitel II).[7]

Einen bedeutenden Einfluß auf die Verarbeitung eines sexuellen Mißbrauchs haben die elterlichen Reaktionen. Reagieren die Eltern z.b. ablehnend oder bestrafend, entwickeln die Kinder meist ein größeres Trauma. Gehen die Eltern einfühlsam mit den Kindern um, mildert dies die Auswirkungen des sexuellen Mißbrauchs deutlich.[8] Dieses Ergebnis unterstreicht noch einmal, wie wichtig die Elternarbeit ist.

Zwei Studien zeigen, daß sich eine therapeutische Behandlung günstig auf die Folgenentwicklung auswirkt. Allerdings weisen die Untersuchungen auch nach, daß die therapeutischen Angebote noch verbesserungsbedürftig sind.[9] So zeigte sich bei einer familienorientierten Behandlung von 120 Familien nach zwei Jahren bei den meisten Kindern eine deutliche Abnahme emotionaler Störungen und sexualisierten Verhaltens. Jedoch waren immerhin 16% der Kinder seit dem Behandlungsbeginn wieder sexuell mißbraucht worden.[10]

Wie sich die institutionellen Maßnahmen auswirken, ist leider bisher kaum erforscht worden.[11]

Sehr kontrovers wird derzeit diskutiert, welche Auswirkungen ein Gerichtsverfahren hat. Zwar liegen bisher keine Untersuchungsergebnisse darüber vor, ob sich ein solches Verfahren negativ auswirkt und welche Faktoren hierfür verantwortlich sind. Doch es ist eindeutig problematisch, daß die derzeitige deutsche Gerichtspraxis durch langes Warten auf den Prozeßbeginn, durch Vorurteile über den Wahrheitsgehalt von Kinderaussagen, durch wiederholte Befragungen der Kinder im Verlauf des Verfahrens und die häufige Befragung des Kindes im Beisein des Angeschuldigten geprägt ist. Diese Situation läßt befürchten, daß ein Gerichtsprozeß für viele Kinder eine erhebliche zusätzliche Belastung bedeutet.[12]

Neben den primären und sekundären Traumatisierungsfaktoren beeinflußt die Situation des Kindes vor dem sexuellen Mißbrauch die Folgen. Dementsprechend wurde in den Untersuchungen festgestellt, daß ein Teil der Symptome sexuell mißbrauchter Jungen durch andere Faktoren (z.B. eine schlechte Beziehung zu den Eltern, körperliche Mißhandlung) mitbedingt ist. Unzweifelhaft zeigen die Studien aber auch, daß sexueller Mißbrauch unabhängig von anderen Faktoren zur Entwicklung psychischer Auffälligkeiten führen kann.[13]

Sexueller Mißbrauch ist also nicht gleich sexueller Mißbrauch. Die Auswirkungen eines sexuellen Mißbrauchs werden durch eine Reihe von Faktoren beeinflußt. Fehlende Differenzierung ignoriert das jeweils individuelle Leiden der mißbrauchten Kinder.

Ohne die Auswirkungen sexueller Gewalt bagatellisieren zu wollen: Sexueller Mißbrauch ist nicht immer mit »Seelenmord« gleichzusetzen. Erst recht nicht, wenn man darunter beispielsweise auch Exhibitionismus versteht. Vielmehr gibt es auch Opfer, die es geschafft haben, den Mißbrauch – auch ohne Beratung und Therapie – zu verarbeiten und ein »normales« Leben zu führen. Die Opfer immer als »total zerstörte Wesen« darzustellen, negiert die Willenskraft, den Mut und die Selbstheilungskräfte, mit denen viele Betroffene über ihre schmerzvollen Erfahrungen triumphiert haben.[14] Außerdem erscheint mir der Begriff »Seelenmord« aus beraterisch-therapeutischer Sicht problematisch. Denn es stellt sich die Frage, wie man eine ermordete Seele heilen kann.

In der pädagogisch-therapeutischen Arbeit taucht hinsichtlich der Folgen die wichtige Frage auf, wie groß der Anteil sexuell mißbrauchter Jungen und Männer in den gesellschaftlichen Randgruppen ist.

TREBEGÄNGER

ARLENE McCORMACK u.a. fanden bei ihrer Untersuchung heraus, daß von 89 streunenden Jungen 34 (38%) sexuellen Mißbrauch erlebt hatten. Dabei wiesen die mißbrauchten Jungen im Gegensatz zu den nicht betroffenen häufiger körperliche Verletzungen und Krankheiten auf und hatten häufiger Angst vor erwachsenen Männern.[15]

DROGENABHÄNGIGE

In den Berichten über Therapiegruppen wird immer wieder auf einen Zusammenhang zwischen Drogenmißbrauch und sexuellem Mißbrauch hingewiesen.[16] Leider gibt es zu dieser Problematik keine größere empirische Studie, so daß nicht bekannt ist, wie viele drogen- und alkoholabhängige Männer sexuellen Mißbrauch erlebt haben.

MARK-DAVID JANUS u.a. befragten in Boston 28 männliche Prostituierte im Alter von 14 bis 25 Jahren. 24 der 28 Jungen und Männer (86%) erzählten von erzwungenen sexuellen Kontakten in ihrer Kindheit. Elf von ihnen waren innerhalb der Familie mißbraucht worden.[17] KELLY WEISBERG berichtet, daß 29% der von ihr befragten Strichjungen innerfamilialen und 15% außerfamilialen sexuellen Mißbrauch erlebt haben.[18]

MÄNNLICHE PSYCHIATRIEPATIENTEN

MARGARET KOHAN u.a. untersuchten 110 Mädchen und Jungen, die in der Kinderpsychiatrie waren. Sie stellten dabei fest, daß 16% der Jungen Opfer sexuellen Mißbrauchs waren.[19] Bei der Studie von HUGUETTE SANSONNET-HAYDEN u.a. hatten 24% der befragten Jungen sexuellen Mißbrauch erlebt.[20] ANDREA JACOBSON und CHARAINE HERALD untersuchten 50 weibliche und 50 männliche erwachsene Psychiatriepatienten. Von den Männern waren 26% als Jungen sexuell mißbraucht worden.[21]

JUGENDLICHE STRAFFÄLLIGE

Eine Untersuchung von 63 verurteilten jugendlichen Straftätern aus einem Wohngruppenprojekt in den USA ergab, daß 70% dieser Jungen sexuell mißbraucht worden waren.[22]

HEIMERZIEHUNG

Wie häufig Jungen, die im Heim leben, Opfer sexueller Gewalt sind, ist bisher nicht untersucht worden. Die hohen Raten von sexuell mißbrauchten Jungen unter Trebegängern und delinquenten Jugendlichen lassen aber vermuten, daß hier ebenfalls viele sexuell mißbrauchte Jungen zu finden sind. Um so bedenklicher sind deshalb die Ergebnisse der Untersuchung von WOLFGANG KRIEGER und ELFRIEDE FATH: Nur zehn von 39 befragten Heimleitern gaben an, daß unter »ihren« Heimkindern sexuell mißbrauchte Jungen seien. Außerdem verfügen nur wenige Heime über ausreichende pädagogische und therapeutische Angebote für die betroffenen Jungen und Mädchen.[23]

Die Untersuchungsergebnisse machen deutlich, daß sich unter den potentiellen Klienten der sozialen Dienste überdurchschnittlich viele sexuell mißbrauchte Jungen und Männer finden. Es ist deshalb wichtig, daß dort das Thema »Sexuelle Gewalt gegen Jungen« ernster genommen wird, als das bisher vielfach der Fall ist.

SEXUELLE GEWALT GEGEN JUNGEN UND AIDS

Auf den ersten Blick scheint es kaum Bezugspunkte zwischen den Themen »Sexueller Mißbrauch an Jungen« und »AIDS« zu geben. In der deutschsprachigen Literatur findet sich einzig der Hinweis, daß Kinder durch sexuellen Mißbrauch mit dem HIV-Virus infiziert werden können und dies in einigen Fällen auch geschehen ist.[24] Die beiden folgenden für die Beratung und die AIDS-Prävention wichtigen Themen werden dagegen nicht erwähnt.

1. Angst vor einer HIV-Infektion

Für einen Teil der sexuell mißbrauchten Jungen und Männer kam durch die Entdeckung des HIV-Virus bzw. der Krankheit »AIDS« eine weitere schwere Belastung hinzu. Sie befürchten durch die sexuellen Übergriffe mit dem HIV-Virus infiziert worden zu sein.

Die Angst vor einer HIV-Infektion verstärkt die oft vorhandene Tendenz sexuell mißbrauchter Jungen und Männer, sich zu isolieren. Letztlich bleiben sie dann nicht nur mit ihrem sexuellen Mißbrauch, sondern auch mit ihrer Angst vor AIDS allein.

Wenn ein Junge oder Mann sich in diese Richtung äußert, muß unbedingt Raum für diese Ängste sein. Im Gespräch sollte dann auf behutsame Art und Weise abgeklärt werden, wie realistisch diese Befürchtung ist. Die Jungen beispielsweise darüber zu informieren, welche Sexualpraktiken ein hohes Übertragungsrisiko beinhalten und welche nicht, hilft manchmal schon, die Situation zu beruhigen. Wenn die Angst dennoch weiter besteht oder es zu analer oder oraler Vergewaltigung kam, sollte das Für und Wider eines AIDS-Tests besprochen werden. Entschließt sich der Jugendliche oder junge Mann zu einem solchen Test, sollte er, wenn er dies wünscht, zum Gesundheitsamt oder zu seinem Arzt begleitet werden. Dann sollte auch Kontakt zu einer

AIDS-Beratungsstelle aufgenommen werden. Grundsätzlich gilt: Fühlt man sich als BeraterIn in Sachen »AIDS« nicht sicher genug, muß ebenfalls die Hilfe von Fachleuten in Anspruch genommen werden.

2. Sexueller Mißbrauch erhöht das HIV-Infektionsrisiko

Drei Studien aus den USA belegen unabhängig voneinander, daß homosexuelle Männer, die als Jungen sexuell mißbraucht worden sind, signifikant häufiger »risikoreiche« Sexualpraktiken durchführen als nicht mißbrauchte Männer. Zudem benutzen sie dabei signifikant seltener Kondome. Dementsprechend fand sich bei ihnen eine im Vergleich zu den anderen Befragten deutlich erhöhte Rate von HIV-Infektionen.[25]

In einer der Untersuchungen wurden die Männer nach den Gründen für ihr »risikoreiches« Verhalten befragt. Keiner der Männer führte dabei den sexuellen Mißbrauch als Grund an. Vielmehr äußerten sie, daß sie Kondome nicht mögen, den Partner liebten oder einfach unüberlegt handelten.[26]

Ein wichtiger Grund dafür, daß die sexuell mißbrauchten Männer seltener »Safer Sex« praktizieren, ist offenbar ein durch den sexuellen Mißbrauch mitbedingtes niedriges Selbstwertgefühl. Dies kann bei sexuellen Kontakten dazu führen, sich den sexuellen Wünschen des Partners unterzuordnen, um nicht abgelehnt zu werden. Zudem ist es denkbar, daß die Männer die sexuellen Kontakte benutzen, um ihr Selbstbewußtsein zu stabilisieren. Außerdem entwickeln einige Männer durch den sexuellen Mißbrauch ein »instrumentelles« Verhältnis zu ihrer Sexualität. Sie benutzen ihren Körper, um dafür Liebe und Zuneigung oder auch materielle Gegenleistungen zu bekommen. Schließlich verbergen sich hinter dem »risikoreichen« Sexualverhalten auch autoaggressive Tendenzen. Die Männer denken, daß sie nicht viel wert seien und sowieso alles egal sei. Ohne den sexuellen Mißbrauch zu der Ursache für eine ablehnende Haltung gegenüber »Safer Sex« machen zu wollen, ist es für die AIDS-Prävention wichtig, die Auswirkungen sexueller Gewalt gegen Jungen besser zu begreifen. Bei zukünftigen Untersuchungen zur Frage von »Safer Sex« sollte dieses Problem berücksichtigt werden.

VII

Dirk Bange

AUCH INDIANER KENNEN SCHMERZ

Beratung und Therapie sexuell mißbrauchter Jungen und Männer

Viele Menschen – auch professionelle HelferInnen – haben Angst davor, daß sich ihnen ein sexuell mißbrauchter Junge oder Mann anvertraut. Sie wissen nicht so genau, wie sie sich in einer solchen Situation verhalten sollen und wollen nichts falsch machen. Diese Unsicherheit führt dazu, daß den Hilferufen der betroffenen Jungen und Männer oft nicht genügend Beachtung geschenkt und ihnen die notwendige Unterstützung versagt wird. Um dieser mißlichen Situation ein Ende zu bereiten, beschreibe ich in diesem Kapitel die wichtigsten Grundsätze der Hilfen für männliche Opfer sexueller Gewalt und versuche neue Perspektiven für ihre Beratung zu eröffnen.

Grundlage der Ausführungen bilden Gespräche mit 34 Männern in der Beratungspraxis von ZARTBITTER KÖLN.[1] Von diesen 34 Männern sind etwas mehr als die Hälfte von Familienmitgliedern, meist Vätern oder Stiefvätern, sexuell mißbraucht worden. Dreimal waren ältere Brüder oder Cousins die Täter. Mütter bzw. Stiefmütter wurden ebenfalls dreimal als Täterinnen genannt. Die anderen Männer sind außerhalb der Familie von ihnen bekannten Männern sexuell mißbraucht worden. Der überwiegende Teil der Männer erlebte längerfristigen sexuellen Mißbrauch. In 31 der 34 Fälle kam es mindestens zu genitalen Manipulationen. Die Männer waren zum Zeitpunkt der Gespräche zwischen 17 und 27 Jahre alt.

Da weit über drei Viertel der Männer als Jungen durch erwachsene Männer sexuell mißbraucht wurden, beziehen sich die folgenden Ausführungen vor allem auf diese Konstellation.[2]

SEXUELL MISSBRAUCHTE MÄNNER UND FRAUEN: VIELES IST GLEICH

Viele Probleme betroffener Männer sind die gleichen wie die mißbrauchter Frauen. Da über die Auswirkungen sexuellen Mißbrauchs auf das Leben von Mädchen und Frauen bereits detaillierte Beschreibungen vorliegen,[3] werden die Parallelen zwischen den Geschlechtern zugunsten der Schwerpunktsetzung auf die speziellen Probleme männlicher Opfer sexueller Gewalt vernachlässigt.

DIE BERATUNGSMETHODE GIBT ES NICHT!

Die Beratungs- oder Therapiemethode zu suchen, hat keinen Zweck. Es gibt sie einfach nicht. Vielmehr braucht der eine Mann einen gesprächszentrierten Zugang, während sich ein anderer eher durch Malen, Rollenspiele oder Körperübungen seiner Geschichte nähern kann. Welche Methode dem Klienten hilft, ist von seinen individuellen Bedürfnissen sowie von den Methodenkenntnissen der Berater abhängig.

Viel wichtiger als die Methode ist die Haltung, die der Berater zum sexuellen Mißbrauch an Jungen vermittelt. Für eine sensible Beratung sexuell mißbrauchter Jungen und Männer ist es unerläßlich, sich mit den durch den sexuellen Mißbrauch ausgelösten Gefühlen und Gedanken auseinanderzusetzen. Denn ohne ein solches Wissen sind viele Verhaltensweisen männlicher Mißbrauchsopfer nicht zu verstehen. Zudem hilft es, Blockaden zu vermeiden und eröffnet den Blick auf die zentralen Themen der Beratung. In fast allen Erzählungen sexuell mißbrauchter Männer tauchen übereinstimmend verschiedene Grundgefühle und -gedanken auf. Daraus ergeben sich die jeweils wichtigsten Grundsätze für die Beratung und Therapie.

SPRACHLOSIGKEIT

»Ich habe das damals keinem erzählt, weil ich nicht wußte, wie ich das hätte sagen können. Ich habe zwar richtig darunter gelitten, aber ich kannte keine Worte dafür. Hättest du mich, als ich acht oder neun war, gefragt, wirst du sexuell mißbraucht, hätte ich glatt nein gesagt. Ich kannte diese Begriffe einfach nicht. Außerdem hatte ich große Angst, daß die Leute mich auslachen und für einen Schwächling halten.« (Werner, 24 Jahre)

Jungen sprechen entweder gar nicht oder nur mit großen Hemmungen darüber, daß sie sexuell mißbraucht werden.[4] So hatten auch über zwei Drittel der 34 Männer erst als junge Erwachsene über den sexuellen Mißbrauch mit einem anderen Menschen gesprochen. Dafür sind unter anderem die gleichen Mechanismen verantwortlich, die auch Mädchen davon abhalten, sexuellen Mißbrauch aufzudecken: Viele Täter nutzen die Abhängigkeit und die Loyalität der Kinder aus. Sie erzählen den Kindern, daß es Verrat sei, über »unser kleines Geheimnis« zu sprechen und daß sie dann ganz traurig wären. Oft belügen die Täter die Kinder. Sie erzählen ihnen, daß das alle Väter mit ihren Kindern machen würden. Manchmal versuchen sie, durch Geschenke das Schweigen der Kinder zu erkaufen. In anderen Fällen beginnt der Mißbrauch so früh, daß das Kind noch gar nicht richtig versteht, was mit ihm geschieht. Wenn die Kinder älter werden und die bisherigen Einschüchterungsversuche an Wirkung verlieren, wenden manche Täter auch massive körperliche Gewalt an, um das Geheimhaltungsgebot durchzusetzen.[5]

Zudem löst es Ängste aus, über einen sexuellen Mißbrauch zu sprechen. Die Betroffenen fürchten sich davor, daß man ihnen nicht glaubt oder sie für verrückt gehalten werden. Diese Einschätzung der Jungen und

Männer ist sehr realistisch, denn verschiedene Untersuchungen zeigen, daß den Jungen bisher in den seltensten Fällen geglaubt bzw. ihnen Hilfe angeboten wird.[6]

Besonders reserviert verhalten sich die Erwachsenen offenbar, wenn sich die Anschuldigung gegen einen »honorigen« Bürger richtet. Kann man sich vielleicht noch vorstellen, daß ein verheirateter Mann ein Mädchen sexuell mißbraucht, verläßt viele bei einem Jungen als Opfer der Glaube an den Wahrheitsgehalt der Geschichte. Ein Beispiel aus der praktischen Arbeit zeigt, wie sehr Jungen unter einer solchen Ungläubigkeit leiden:

Ein etwa zehnjähriger Junge wurde von seinem Lehrer sexuell mißbraucht. Als der Junge den Lehrer beschuldigte, glaubten ihm zwar seine Eltern und eine Lehrerin, in der Schule aber brach Entrüstung über diese Anschuldigung aus. Dieser Lehrer, der bei Kindern und Eltern gleichermaßen beliebt war, sollte Jungen mißbrauchen? Ein solch unbescholtener Familienvater? Nein, das könne nicht sein, der Junge habe wohl eine zu rege Phantasie und wohl zuviel Fernsehen geguckt. Der Junge kam daraufhin eines Nachmittags nicht nach Hause. Als ihn seine Eltern abends fanden, sagte er: ›Was soll ich denn hier noch, es glaubt mir ja doch keiner.‹ Der Lehrer ist mittlerweile rechtskräftig verurteilt.

Bei Jungen und Männern kommen neben den beschriebenen einige geschlechtsspezifische Gründe für ihr beharrliches Schweigen über die sexuelle Ausbeutung hinzu:

◆ Sie haben Angst, daß sie als »Schwächlinge« verspottet werden. Denn das gängige Jungen- und Männerbild sieht die Opferrolle für Jungen nicht vor. Die Botschaft lautet unmißverständlich: Ein »richtiger« Junge läßt sich nicht mißbrauchen (Kapitel II).

◆ Außerdem haben viele Jungen Angst, daß sie als Homosexuelle gebrandmarkt werden, wenn sie erzählen, daß es zu sexuellen Handlungen mit einem Mann kam (Kapitel VIII).

◆ Die Begriffe »Vergewaltigung« und »sexueller Mißbrauch« werden von den meisten Menschen mit einer Frau als Opfer und einem Mann als Täter assoziiert. Sexuell mißbrauchte Männer finden sich darin nicht wieder und haben deshalb manchmal Schwierigkeiten, ihre Erfahrungen als Mißbrauch zu benennen. Dazu das Zitat eines betroffenen Mannes:

»*Ein Therapeut sprach zum Ende unseres Gespräches von Vergewalti-gung, nachdem er gehört hatte, daß ein Mann mich zum Oralverkehr gezwungen hat ... Vergewaltigung? Ja, Vergewaltigung. Männer vergewal-tigen Frauen, richtig? Aber was hat das mit mir zu tun.*«[7]

Für Jungen, die von Frauen sexuell mißbraucht werden, bestehen zwei weitere Schwierigkeiten:

◆ Ein solcher Mißbrauch widerspricht einfach allem, was Jungen über das Geschlechterverhältnis lernen. Von einem Mann wird erwartet, daß er gegenüber Frauen der sexuell Aktive ist. Ein Mann sucht sich seine Sexualpartnerinnen und läßt sich auf keinen Fall durch das »schwache Geschlecht« zu sexuellen Handlungen zwingen. Einem Mißbrauch durch eine Frau haftet deshalb für einen Mann doppelte Schande an: erstens, daß er überhaupt mißbraucht wurde und zwei-tens dann auch noch durch eine Frau.

◆ Der sexuelle Mißbrauch durch Frauen – insbesondere durch Mütter – wird noch sehr stark tabuisiert.

Von Frauen sexuell mißbrauchte Jungen und Männer befürchten deshalb nicht zu unrecht, daß sie als Spinner angesehen werden und ihnen kein Wort geglaubt wird, wenn sie über ihre Erlebnisse berichten.

Eine spezialisierte Beratungsstelle wie ZARTBITTER KÖLN bietet hinsicht-lich der Sprachlosigkeit für viele Betroffene einen großen Vorteil: Die Jungen und Männer brauchen beim Anruf und in den ersten Beratungsge-sprächen nicht direkt über ihre eigene Betroffenheit sprechen, da jedem klar ist, daß es bei ZARTBITTER um sexuellen Mißbrauch geht. Die meisten Männer deuteten denn auch bei den ersten Kontakten den sexuel-len Mißbrauch höchstens mit Sätzen wie »Sie wissen ja, worum es geht« an.

Weiter heruntergesetzt wird die Hemmschwelle durch das Zartbitter-Konzept einer Kontakt- und Informationsstelle. So besteht für viele männ-liche Opfer die Möglichkeit, unter Angabe anderer Gründe wie z.B. »Ich muß ein Referat zu dem Thema halten« Kontakt aufzunehmen.

Wer keine spezialisierte Beratungsstelle oder therapeutische Praxis aufsucht, dem fällt es vermutlich schwerer, sich verstanden zu fühlen. Denn er kann nicht voraussetzen, daß der Berater sich mit den Auswirkungen sexueller Gewalt auskennt und gleich weiß, worum es geht, ohne daß der Hilfesuchende den Mißbrauch aufdeckt. Eine Verbesserung der Situation würde in diesen Fällen schon erreicht werden, wenn die BeraterInnen routinemäßig im Eingangsgespräch darauf hinweisen, daß sexueller Mißbrauch an Jungen häufig vorkommt und manchmal eine wichtige Rolle für die Problematik der Männer spielt. So wird dem Klienten signalisiert, daß dieses Thema hier bekannt ist und ernstgenommen wird. Hilfreich kann auch sein, in den Beratungsräumen ein Plakat zum sexuellen Mißbrauch aufzuhängen.

Den Jungen und Männern sollte die Zeit gelassen werden, ihr eigenes Tempo zu finden. Gleichzeitig sollte der Berater betonen, daß er die Problematik kennt und daß es wichtig ist, über den sexuellen Mißbrauch zu sprechen. Nur wenn man diese Punkte beachtet, kann das Geheimhaltungsgebot und die Isolation aufgehoben werden. Dabei ist zu verdeutlichen, daß die Männer nur das zu erzählen brauchen, was sie möchten. Wenn der Klient noch nicht in der Lage ist, über den Mißbrauch zu sprechen, muß dies respektiert werden. Dann ist allerdings der Hinweis wichtig, daß der Klient nach Belieben auf dieses Thema zurückkommen kann. Sinnvoll kann es zudem sein, den Mann zu fragen, ob er damit einverstanden ist, daß der Berater das Thema »sexueller Mißbrauch« später noch einmal anspricht. Falls ein Mann über den sexuellen Mißbrauch sprechen möchte, ihm aber die Worte dafür fehlen, kann der Berater in Absprache mit dem Klienten direkte Fragen stellen. So kann er helfen, die Sprachlosigkeit bezüglich des sexuellen Mißbrauchs zu überwinden. Wenn es für den betroffenen Mann zu schwer ist, die sexuellen Handlungen in Worte zu fassen, kann er sie zum Beispiel auch aufschreiben oder malen.

Im Laufe der Gespräche sollte vorsichtig herausgearbeitet werden, was passiert ist, damit die Realität des Mißbrauchs festgestellt werden kann. Viele Männer befürchten, daß andere Menschen sie ekelig und schmutzig finden, oder sie verachten, wenn sie konkret erzählen, was sie erlebt haben. Spüren sie in der Beratung, daß sie so wie sie sind, geachtet und akzeptiert werden, hilft dies einen Schritt auf dem Weg der Verarbeitung weiter. Allerdings ist es nicht notwendig, jedes einzelne Detail des Mißbrauchs zu rekonstruieren. Bei sehr gewalttätigen Formen sexuellen Mißbrauchs kann es sogar ratsam sein, nicht nach verschütteten Erinnerungen zu suchen, da diese derart verstörend sein können, daß es zu einem psychischen Zusammenbruch kommen kann.[8]

Es muß zudem davor gewarnt werden, zu früh über die Einzelheiten des sexuellen Mißbrauch zu sprechen. Erst wenn sich die Situation des mißbrauchten Mannes stabilisiert und sich ein tragfähiges Vertrauensverhältnis zwischen mißbrauchtem Mann und Berater entwickelt hat, sollte man sich langsam dem Thema nähern.[9]

Den sexuellen Mißbrauch als Realität anzuerkennen, ist als Ich-stützende Maßnahme unbedingt erforderlich. Nimmt der Berater von vornherein an, es handelt sich bei den Schilderungen des sexuellen Mißbrauchs um ein Phantasieprodukt, verlängert er die in den meisten Fällen anzutreffende Verleugnung, falls die sexuelle Ausbeutung wirklich stattfand.[10] Und das ist die Regel. Deshalb muß unmißverständlich klargestellt werden, daß der Berater auf der Seite des Betroffenen steht und von der Wahrhaftigkeit seiner Erzählungen überzeugt ist. Wie wichtig dies ist, belegt das Zitat eines sexuell mißbrauchten Mannes:

»Die Worte, die am meisten zu meiner Heilung beigetragen haben, waren: ›Ich glaube dir.‹«[11]

EXKURS: ZUM KONZEPT DER PARTEILICHKEIT

Sexuell mißbrauchte Jungen und Männer leben mit der Angst, daß ihnen nicht geglaubt und ihnen die Schuld zugeschoben wird, wenn sie über ihren Mißbrauch sprechen. Sie brauchen deshalb einen Ort, wo ihre Interessen im Mittelpunkt stehen. Nur eine solche Atmosphäre ermöglicht es ihnen, sich angenommen zu fühlen und ihre Geschichte zu erzählen. Dem sexuell mißbrauchten Jungen oder Mann, der möglicherweise vom Täter zur Geheimhaltung gezwungen wird, oder der sich schämt, den Mißbrauch zu thematisieren, sollte nicht mit Zweifeln und Kontrollfragen entgegengetreten werden. Ein solches Vorgehen würde ihn erneut darin bestätigen, daß ihm sowieso keiner glaubt und eine Barriere zwischen Berater und Jungen errichten.[12] Außerdem wäre es gegenüber dem Jungen unfair, von ihm Vertrauen zu erwarten, selbst aber mißtrauisch zu sein. In beraterisch-therapeutischen Beziehungen müssen sexuell mißbrauchte Jungen und Männer deshalb als Subjekte mit ihrer eigenen Erfahrung und Wahrheit anerkannt werden. Wenn man es ernst meint mit der Parteilichkeit, »dann sind Zweifel an ihrer Wahrhaftigkeit nicht nur unthematisch, sondern zerstörerisch«.[13]

Damit ist aber keineswegs gesagt, daß es nicht Frage einer Beratung sein kann, ob es sich wirklich so oder nicht doch vielleicht etwas anders abgespielt hat. Jeder Mensch kann sich täuschen, kann etwas für die Wahrheit halten, was sich als falsch herausstellt. Gerade die Opfer sexueller Gewalt vergessen oft wesentliche Details, oder die Kinder und Erwachsenen sind durch den Täter derart verwirrt worden, daß sich ihre Aussagen widersprüchlich anhören.[14] Gerade bei sexuell mißbrauchten Jungen und Männern zeigt die Beratungsarbeit, daß sie – zumindest zu Beginn – meist weniger erzählen, als wirklich passiert ist. Parteilichkeit bedeutet deshalb nicht, jede Silbe eines Betroffenen als objektive Wahrheit zu bewerten, sondern von seiner Wahrhaftigkeit auszugehen. Nur der Betroffene selbst kann den Wirklichkeitsgehalt seiner Erfahrungen darlegen. Nicht der Berater hat das letzte Wort, sondern immer der sexuell mißbrauchte Junge oder Mann.[15]

Mit sehr deutlichen Worten fordert DAVID BECKER eine ähnliche beraterische Haltung für die Arbeit mit Folteropfern bzw. Menschen, denen extreme Traumata zugefügt wurden:

»Wir glauben, daß Neutralität bei Extremtraumatisierungen erstens eine Lüge ist und zweitens im konkreten Sinne ein schwerer Gegenübertragungsfehler. Man kann nicht vor realem Leiden so tun als ob das phantasiert sei, im Gegenteil, man muß es als solches benennen, ihm den Namen geben und man darf sich nicht der Sprachlosigkeit der Folterer und der introjizierten Sprachlosigkeit, die die Folterer sich wünschen, anschließen. Man muß bewußt reden und man muß bewußt nicht neutral sein. Der extrem traumatisierte Patient sagt sich ja, warum soll er einem vertrauen, etwa weil er Therapeut ist oder eine Christenseele hat? Nur wenn der Patient wirklich glauben kann und ihm bewußt wird, daß wir auf einer ähnlichen Seite stehen, daß es eine Dimension gibt, wo es wirklich Sinn hat, mit einem zu reden, kann Therapie erfolgreich sein.«[16]

Bei Opfern sexueller Gewalt ist es zudem wichtig, daß sich der Berater hinterfragen läßt. Schon SANDOR FERENCZI weist 1933 auf den Wert dieser Fähigkeit hin:

»Die Freimachung der Kritik, die Fähigkeit, eigene Fehler einzusehen und zu unterlassen, bringt uns aber das Vertrauen der Patienten.«[17]

Außerdem sollte der Berater als Person Stellung beziehen. Dabei kann man durchaus beispielsweise die Taten des Mißbrauchers als ungerecht, gemein und brutal bewerten. GABRIELE RAMIN beschreibt diese Haltung folgendermaßen:

> »Mein Engagement als Therapeutin ist aktiv, d.h. ich beziehe als Person Stellung und werde mich nicht auf abstinente Deutung allein zurückziehen. Denn mißbrauchte Menschen haben gerade das nicht erlebt, daß sich jemand für ihre Person engagiert, ihre Meinung stützt. Oder daß Meinungen, die sie als Opfer durch Identifizierung mit dem Täter in sich aufgenommen haben (›Ich bin selbst schuld‹), von jemandem zurechtgerückt werden. Hier braucht es jemanden, der engagiert und mit klarer Sprache die Dinge benennt.«[18]

Eine solche Haltung hilft dem Klienten die Realität besser einschätzen zu lernen.[19] Allerdings sollte diese aktive Position des Beraters nur so weit gehen, wie sie für den Klienten hilfreich ist und man sollte aufpassen, daß man sich nicht in parteilicher Identifikation mit dem Klienten verliert.[20] Es sollte beachtet werden, daß man den mißbrauchten Jungen und Männern nicht seine eigene Meinung aufdrückt. Sie sind lange genug bevormundet worden.

VERTRAUENSVERLUST

Die Frage des Vertrauens ist für alle sexuell mißbrauchten Jungen und Männer eine der zentralen Fragen.[21] Die meisten sexuell mißbrauchten Jungen fühlen sich verraten und ausgenutzt. Ein Mensch, den sie gemocht und dem sie vertraut haben, hat ihre Sehnsucht nach Liebe und Geborgenheit benutzt, um seine eigenen Bedürfnisse zu befriedigen. Auch von anderen Menschen (z.B. den Eltern) fühlen sich die Jungen verraten, weil diese den sexuellen Mißbrauch nicht bemerkten oder ihnen zu wenig Zuwendung schenkten.

Dieser tiefgreifende Vertrauensverlust erschwert es natürlich auch, sich Hilfe zu suchen und sich auf einen Berater einzulassen. Denn jede enge Beziehung könnte bedeuten, erneut enttäuscht oder gar mißbraucht zu werden. Deshalb überprüfen die Jungen und Männer immer wieder, ob und wie vertrauenswürdig der Helfer ist. Sie rufen beispielsweise erst mehrfach an, sie kommen zu einem Vortrag, um sich den »Typen« mal anzuschauen oder lassen einen Termin ausfallen, um zu sehen, wie man reagiert. In den ersten Gesprächen achten sie sehr genau darauf, ob man ihnen glaubt und auf der Seite der Betroffenen steht. Die folgenden Beispiele illustrieren dies treffend und zeigen, welche Bedeutung vermeintliche Kleinigkeiten haben können:

Ein sexuell mißbrauchter Mann, der bei uns Hilfe suchte, war mehrere Wochen immer wieder an der Zartbitter-Beratungsstelle vorbeigegangen, um zu gucken, was für Menschen dort ein- und ausgingen. Zudem rief er einige Male an, ohne seinen Namen zu nennen, um zu sehen, wie wir auf seine Berichte reagierten. Erst nach diesen Tests kam er dann zum persönlichen Gespräch.

Ein junger Mann, dem ich am Ende eines Beratungsgesprächs das eben zitierte Buch von Mike Lew als Vertiefung vorschlug, nahm es in die Hand, drehte es um und schaute sich das Bild des Autors an. Nach einigen Sekunden Nachdenkens meinte er dann: »Der sieht vertrauenswürdig aus, das Buch fange ich mal an zu lesen.«

Das Vertrauen in die HelferInnen kann zusätzlich dadurch belastet sein, daß zur Zeit des sexuellen Mißbrauchs keiner der Professionellen (z.B. LehrerInnen, ErzieherInnen, SozialarbeiterInnen, psychologische GutachterInnen) auf die vom Jungen gegebenen Hinweise reagiert hat. Daraus kann sich für den erwachsenen Mann die Frage ergeben: Warum soll ich denen heute vertrauen, wo die mir doch schon einmal nicht geholfen haben?[22] Deshalb ist ein gewisses Maß an Mißtrauen und Vorsicht zu Beginn der Beratung ein prognostisch gutes Zeichen. Denn hier zeigt sich der gesunde Kern des sexuell mißbrauchten Mannes, der aufpaßt, daß er nicht zu schnell Vertrauen faßt und dieses möglicherweise erneut ausgenutzt wird.[23]

Der Aufbau eines Vertrauensverhältnisses mit sexuell mißbrauchten Jungen und Männern ist aus den genannten Gründen häufig schwierig. Deshalb sollte man sich dafür genügend Zeit lassen, geduldig sein und auch Rückschläge einkalkulieren. So kommt es beispielsweise manchmal vor, daß ein Junge im Heim gerade dann »Mist baut«, wenn er Vertrauen zu einem Erzieher gefunden hat. Dahinter könnte sich die Angst verbergen, wieder enttäuscht oder abgelehnt zu werden. Bevor ihm das passiert, zieht er lieber selber die Grenze. In einem solchen Fall mit einem Beziehungsabbruch zu reagieren, weil man als HelferIn enttäuscht ist oder den Jungen bestrafen will, bestätigt seine innere Haltung: »Ich bin nichts wert und Vertrauen tut weh.« Die männlichen Opfer sexueller Gewalt sollten deshalb die Kontrolle über den Prozeß der Annäherung behalten – dies gilt sowohl für das Tempo als auch für die Art und Weise, wie man versucht, das Geschehene aufzuarbeiten.[24]

Ein flexibles Umgehen hinsichtlich der Beratungssituation kann ein wichtiger vertrauensbildender Faktor sein. Denn einige männliche Opfer sexueller Gewalt haben beispielsweise Angst davor, mit einem ihnen unbekannten Mann allein bei geschlossenen Türen in einem Raum zu sitzen. Eine solche Konstellation erinnert sie vielleicht zu sehr an ihren Mißbrauch. Auch da waren sie allein mit einem Mann, dem sie vertrauen sollten und der sie scheinbar ernst nahm. Wenn solche Unsicherheiten beim Klienten zu spüren sind, sollte der Berater dies ansprechen und anbieten, daß die Tür offenbleiben kann, wenn der Mann dies wünscht. Oftmals reicht dieses Angebot schon aus, die Ängste zu mildern bzw. ansprechbar zu machen. Wie bedeutsam das Thema »Vertrauen« ist, faßt ein betroffener Mann mit einem Satz zusammen:

»Warum kann denn niemand diesen Leuten (den Beratern, D.B.) klarmachen, daß man zuallererst das Vertrauen der Opfer gewinnen muß und daß so etwas sehr schwierig sein kann bei denjenigen, die von klein auf gelernt haben, daß anderen nicht zu trauen ist?«[25]

Bei sexuell mißbrauchten Männern, die extreme Traumatisierungen erlitten haben, reicht oftmals eine Stunde Beratung in der Woche nicht aus. Für sie muß mehr Zeit aufgewendet werden. Jedoch sollte nicht mehr versprochen werden, als der Berater hinterher einlösen kann. Sonst besteht die Gefahr, daß sich der betroffene Mann erneut enttäuscht fühlt und sich zurückzieht.

Gelingt es dem Jungen oder dem Mann, Vertrauen zum Berater zu entwickeln, kann dies als erster Schritt zur Verarbeitung des Mißbrauchs angesehen werden. Ein gutes Vertrauensverhältnis ist die wesentliche Voraussetzung für die weitere Beratung und die folgenden Hilfs- oder Therapieangebote.

ZWEIFEL AN DER EIGENEN WAHRNEHMUNG

Fast alle hilfesuchenden Männer wußten, daß da irgend etwas passiert war, was nicht in Ordnung war. Sie äußerten keine Zweifel daran, daß sexuelle Handlungen stattgefunden hatten. Häufig waren sie sich aber unsicher, ob man ihre Erlebnisse als Mißbrauch bezeichnen kann. So sagte beispielsweise ein über Jahre von einem Erwachsenen sexuell mißbrauchter Mann:

»Das, was er bei mir gemacht hat, war mir immer in allen Belangen ekelig und hat mir auch oft wehgetan. So sein stinkiger Penis und als er versucht hat, ihn mir reinzustecken. Ich habe es aber nicht gepackt, ihm das zu sagen. Ich war dabei aber auch manchmal erregt, weil es was Neues und Verbotenes war. Manchmal hat es auch einfach gutgetan, wenn er mich befriedigt hat. Ich war erregt, also fand ich es wohl letztlich schön. Also war das doch kein Mißbrauch.« (Michael, 27 Jahre)

Trotz ihres »ungüten« Gefühls fällt es einigen Männern sehr schwer, ihre Erlebnisse als Mißbrauch zu bewerten. Die negativen Gefühle werden ausgeblendet. Dies ist eine Form der Abspaltung, die durch die Jungensozialistion nahegelegt wird. Jungen hören immer wieder »Ein Indianer kennt keinen Schmerz« und »Ein Junge ist tapfer, der weint nicht«. Diesen Botschaften entsprechend, nehmen sexuell mißbrauchte Jungen ihren Schmerz und ihre Gefühle oftmals nicht mehr wahr. Sie sind wie abgeschnitten von allen Gefühlen, die mit Verletzlichkeit und Schwäche zu tun haben. Dementsprechend erzählen einige Jungen und Männer fließend und ohne sichtbare Erregung über ihren Mißbrauch. Fast so, als ob sie einen sie nicht betreffenden Zeitungsbericht vorlesen. Auf Fortbildungen spiele ich manchmal ein Tonband vor, auf dem ein Mann in einer solchen Art und Weise über seinen sexuellen Mißbrauch berichtet. Bei den ZuhörerInnen löst diese »coole« Art häufig Zweifel an der Wahrheit des Berichts aus. Auch fühlen sich viele emotional nicht angesprochen oder seltsam indifferent. Sie fragen sich, ob er wirklich ein Opfer ist. Man muß jedoch wissen, daß viele Jungen und Männer durch einen solchen Erzählstil versuchen, »den Worten die beängstigende Wirkung des Emotionalen zu nehmen«. Es ist ein Stil, der »den Zuhörer für den Sprechenden in die Ferne rückt«.[26]

Eine verharmlosende bzw. abwertende Darstellung des sexuellen Mißbrauchs ist bei Jungen ebenfalls nicht selten. So werden die eigenen
Gefühle unter Kontrolle gehalten und der Angst begegnet, »daß die
Schleusentore der Emotionen, einmal geöffnet, nicht mehr kontrollierbar
sein und beide, den Sprechenden und den Zuhörenden, fortspülen könnten«.[27] Außerdem wird durch eine solch bagatellisierende Erzählweise das
verletzte Selbst geschützt. Getreu dem Motto »Ich bin nicht das hilflose
Opfer«. Zu sagen, »es war nicht so schlimm«, ist für die Jungen also wie
ein Schmerzmittel und der Versuch, ihre psychische Stabilität zu wahren.

Diese Zusammenhänge zu kennen, ist für HelferInnen sehr wichtig.
Durch ihre Art, über den Mißbrauch zu sprechen, verleiten uns gerade
Jungen und Männer dazu, ihnen nicht zuzuhören oder ihnen nicht zu
glauben. Sie passen nicht in unser Bild von einem Mißbrauchsopfer, das
weinend und in »Sack und Asche« geht.

Etwa ein halbes Dutzend der 34 Männer bewerteten ihre Erfahrungen
als sexuellen Mißbrauch erst nach Gesprächen mit anderen Betroffenen,
oder nachdem sie etwas über sexuelle Gewalt gegen Jungen gehört hatten.
Ein Mann, der sich nur kurz über Therapiemöglichkeiten bei uns erkundigte, sagte beispielsweise:

*»Bis vor ein paar Wochen war ich mir gar nicht im klaren darüber, daß
ich sexuell mißbraucht worden bin. Ein Mann hatte mich zwar als Junge
zu sexuellen Handlungen gezwungen, aber daß das Mißbrauch sein sollte.
Na ja ... Erst als mir eine Freundin erzählte, was ihr als Kind passiert ist,
dachte ich, das kennst du doch. Das war ja genau wie bei mir.«* (Udo, 21
Jahre)

Damit es Jungen und Männer in Zukunft leichter haben, ihre Erfahrungen
einordnen zu können, muß noch viel mehr als bisher über sexuellen
Jungenmißbrauch aufgeklärt werden. Denn die Verunsicherung vieler
Jungen und Männer, ob sie ihren Gefühlen trauen können, spiegelt den
kollektiven Widerstand, Männer als verletzlich bzw. als Opfer anzuerkennen.

VERGESSEN

Auch Männer erinnern sich oft jahrelang nicht daran, sexuell mißbraucht worden zu sein. Mehrere der von ZARTBITTER KÖLN beratenen Männer waren lange Zeit fest davon überzeugt, nicht betroffen zu sein. »*Ich habe mich als Jugendlicher in eine totale Phantasiewelt geflüchtet. So ist mein normales Leben und auch der Mißbrauch langsam immer irrealer geworden. Irgendwann hatte ich ihn dann völlig vergessen. Erst als ich mit 19 Jahren wieder mal in dem Haus war, wo das passiert ist, habe ich mich plötzlich wieder erinnert.*« (Michael, 27 Jahre)

Im Gegensatz zu den bei ZARTBITTER KÖLN hilfesuchenden Männern kommt es nach Aussage verschiedener TherapeutInnen bei nicht spezialisierten Beratungsstellen und in therapeutischen Praxen wesentlich häufiger vor, daß Männer mit unspezifischen Problemen um Hilfe bitten, bei denen sich erst im Verlaufe der Beratung eine zugrundeliegende Mißbrauchsproblematik herauskristallisiert. Ob und welche Unterschiede sich daraus für die Beratung ergeben, ist eine interessante Frage, die weiter erforscht werden sollte.

ISOLATION

»*Als Jugendlicher hatte ich kaum Kontakt zu Gleichaltrigen. Meine Eltern haben mir immer verboten, mit anderen zu spielen. Die wollten wohl verhindern, daß andere was merken. Schließlich konnte ich gar nicht mehr so richtig mit anderen Kindern spielen. Dann habe ich es schließlich gelassen und bin ein Eigenbrötler geworden.*« (Jörg, 23 Jahre)

Die meisten der 34 Männer haben sich mehr oder weniger lange von anderen Menschen isoliert gefühlt. Einerseits wird die Isolation der Jungen von den Tätern forciert. Sie schotten die Kinder beispielsweise von anderen sozialen Kontakten ab, um das Risiko, überführt zu werden, zu minimieren. Andererseits glauben viele Jungen, daß nur ihnen allein so etwas passiert und sie deshalb anders sind als andere Jungen. Sie ziehen sich deshalb von anderen Menschen zurück. Durch die Isolation hat der mißbrauchte Junge keine Möglichkeit, die durch den Täter vermittelten falschen Botschaften wie »Das ist Liebe« oder »Du bist doch selbst schuld daran« zu korrigieren. Er hat keinen Zugang zu anderen Informationsquellen, die deutlich machen, daß er sexuell mißbraucht wird und daß der Erwachsene dafür die alleinige Verantwortung trägt. In der Beratung müssen deshalb die vom Klienten verinnerlichten falschen Botschaften herausgefunden und der Realität gegenübergestellt werden. Nur so kann seine Verwirrung langsam überwunden werden.

SCHAM

In vielen Veröffentlichungen zum sexuellen Mißbrauch wird zwischen Scham und Schuldgefühlen kaum differenziert. Dabei handelt es sich um zu unterscheidende Phänomene:

>*Scham bezieht sich vor allem auf eigenes Versagen, darauf, daß man schwach, fehler- und mangelhaft ist; Schuld richtet sich letztlich auf Verletzung von und Angriff gegen das Recht und Bedürfnis des anderen ... Scham wacht über die Grenze der Privatheit und Intimität, Schuld beschränkt die Ausdehnung der Macht. Scham verdeckt und verhüllt Schwäche, während das Schuldgefühl der Stärke Schranken setzt. Scham schützt ein integrales Selbstbild, während die Schuld die Integrität des anderen schützt.«*[28]

Jungen wird – wie bereits angeführt – in unserer Gesellschaft immer noch ein Männerbild vermittelt, das von ihnen Stärke, Überlegenheit und Durchsetzungsvermögen verlangt. Dieses ursprünglich durch äußere Repräsentanten wie die Eltern an die Jungen herangetragene Idealbild wird von ihnen verinnerlicht. Die Jungen vergleichen ihre Handlungen nun einerseits für sich selbst mit diesem Idealbild und überlegen andererseits, wie ihr Auftreten auf andere wirkt. Daraus ergeben sich die zwei Pole der Scham: Man schämt sich für etwas und man schämt sich vor dem Gegenüber. Ein Beispiel: Ein kleiner Junge ist hingefallen und weint. Sein Vater sieht dies, mißbilligt sein Weinen und verspottet ihn als Mädchen. Der Junge schämt sich vor dem Vater. Im Laufe der Zeit verinnerlicht der Junge die durch den Vater repräsentierte Botschaft »Ein Junge weint doch nicht«. Fällt er dann erneut und weint, schämt er sich nun auch vor sich

selbst, weil er die Kontrolle verloren hat und damit seinem eigenen Idealbild nicht entspricht.

Die folgende Auflistung der Schaminhalte sexuell mißbrauchter Jungen
und Männer zeigt, wie sehr das gängige Männerbild die tiefen Schamgefühle männlicher Mißbrauchsopfer mitprägt:

Forderungen an Jungen	Schaminhalte
Ein Junge läßt sich nicht mißbrauchen.	Ich bin gegen meinen Willen zu sexuellen Handlungen gezwungen worden, deshalb bin ich kein »richtiger« Junge.
Ein Junge wehrt sich gegen jeden und alles, sonst ist er kein »richtiger« Junge.	Ich habe mich nicht richtig gewehrt, sonst wäre ich nicht mißbraucht worden.
Ein Junge hat alles unter Kontrolle.	Ich habe die Kontrolle verloren. Ich habe sogar Erregung gespürt.
Ein Junge ist ein strahlender Held.	Ich bin dreckig, schmutzig, zu klein, homosexuell usw., denn sonst wäre es mir nicht passiert.
Ein Junge weint nicht.	Ich habe geweint, weil es so weh getan hat.
Ein Junge hat keine Angst.	Ich habe Angst, daß es wieder passiert. Ich habe Angst, daß mir keiner glaubt.
Ein Junge ist unabhängig.	Ich bekomme mein Leben nicht in den Griff, deshalb bin ich ein Verlierer ...

Durch die Scham versuchen die Jungen und Männer, weitere Verletzungen zu vermeiden. Sie verstecken sich hinter »der Maske der Scham«, um ihr Inneres vor zudringlichen Blicken zu schützen. So beugen sie weiterer Demütigung und Zurückweisung vor, die sie erwarten, wenn sie über den Mißbrauch sprechen. Wohl aufgrund dieser wichtigen innerpsychischen Funktion verändert sich dieses Gefühl innerhalb des Beratungsprozesses oft nur sehr langsam. Dieser Widerstand kann den Berater dazu verleiten, zu dozieren und zu belehren. Dadurch kann das Gefühl der eigenen Unzulänglichkeit des Klienten verstärkt werden. Deshalb sollte in der Beratung darauf geachtet werden, die Schamgefühle der Betroffenen nicht abzuwerten.

Neben der Scham über die eigene Persönlichkeit schämten sich einige der 34 Männer quasi auch stellvertretend für ihre Eltern. Sie identifizierten sich beispielsweise mit dem elterlichen Wunsch, ihr Sohn solle sich niemals homosexuell verhalten. Nun war es mit einem Mann zu sexuellen Handlungen gekommen. Sie hatten ihren Eltern nach dieser Logik folglich Schande bereitet.

Ein besonders starkes Schamgefühl besteht oft auch, wenn der Mann anal vergewaltigt wurde. Zum einen wirkt sich hier negativ aus, daß Analverkehr vielfach als Perversion betrachtet wird, die vor allem von homosexuellen Männern ausgeübt wird. Zum anderen verursacht eine anale Vergewaltigung starke Schmerzen und stellt für die Jungen die größtmögliche Erniedrigung dar. In ihren Augen werden sie quasi »wie eine Frau« benutzt.

Der sexuelle Mißbrauch löste bei den 34 Männern zudem fast immer starken Ekel aus. Gerade Männer, die orale und anale Vergewaltigungen erlebten oder auf denen sich der Täter befriedigte, fühlten sich beschmutzt.

Schließlich schämten sich fast alle 34 Männer für die von ihnen entwickelten Überlebensstrategien. Die meisten dieser Männer versuchten deshalb, ihre Symptome vor den Augen ihrer Mitmenschen zu verbergen. Ein Mann, der von seiner Stiefmutter sexuell mißbraucht wurde, sagte beispielsweise:

»Ich schäme mich nicht nur dafür, daß sie das mit mir gemacht hat, sondern ich schäme mich auch dafür, harte Drogen genommen zu haben, um nichts mehr zu merken.« (Heiner, 19 Jahre)

Aus diesen Ausführungen ergibt sich für die beraterische Haltung, daß den Jungen und Männern kontinuierlich vermittelt wird:

◆ Auch wenn du fühlst und denkst, du müßtest dich dafür schämen, ist es doch der Täter, der die alleinige Verantwortung trägt.

◆ Deine psychischen und sozialen Probleme sind verständliche Reaktionen auf eine verrückt machende Situation, für die du dich nicht schämen mußt.

◆ Trotzdem ist es auch nach langer Zeit und vielen Gesprächen in Ordnung, wenn du noch Scham empfindest.

SCHULDGEFÜHLE

Schuld ist ein weiteres Gefühl, das viele der Männer beschrieben. Sie fühlen sich zum Beispiel mitschuldig, weil sie zum Täter in die Wohnung mitgekommen sind oder sich bei ihm angekuschelt haben. Von den Tätern wird dieses Gefühl oftmals bewußt verstärkt, um die Jungen am Sprechen zu hindern. »Du hast es doch selbst so gewollt, sonst wärst du doch nicht mitgekommen« oder »Es hat dir doch auch großen Spaß gemacht, sonst hättest du doch keine Erektion bekommen« sind entsprechende Versuche. Einerseits nährt das die Zweifel des Jungen an seiner eigenen Wahrnehmung, andererseits werden die Schuldgefühle des Jungen dadurch größer.

Die Selbstbezichtigung der Jungen und Männer kann als Schutz gegen das Gefühl des Verrats und der Ohnmacht dienen. Die Jungen erhalten sich so die Illusion, sie hätten die Situation zumindest ein wenig kontrolliert. »Die Vorstellung, man hätte es besser machen können, ist unter Umständen leichter erträglich, als sich der Tatsache absoluter Ohnmacht zu stellen.«[29] Einen Jungen im Beratungsgespräch z.B. zu fragen, ob er nicht hätte weglaufen können, ist deshalb schlichtweg falsch. Denn so verstärkt man die Schuldgefühle und die Scham und treibt ihn tiefer in die Isolation hinein.

Jungen und Mädchen verstehen nicht, warum sie sexuell mißbraucht werden. Sie suchen deshalb verzweifelt nach Gründen, die es ihnen ermöglichen, einen Sinn darin sehen zu können. Da sie in den meisten Fällen auf die Beziehung zum Täter emotional angewiesen sind, können die Kinder die naheliegende Schlußfolgerung, daß der Täter gestört oder niederträchtig ist, nicht ziehen. Sie suchen deshalb nach Erklärungen für ihr Schicksal, die die Täter von Schuld und Verantwortung freisprechen. Sich selbst die Schuld zu geben, drängt sich als Lösung geradezu auf. »Ich bin böse, also habe ich es auch verdient« sind die entsprechenden Gedanken und Gefühle. Von den Tätern werden diese Vorstellungen der Kinder häufig noch gefördert, um die Kinder am Sprechen zu hindern.

Bei der Frage der Schuld darf nicht übersehen werden, daß einige sexuell mißbrauchte Männer ihre Verletzungen durch (sexuell) aggressives Verhalten zu überwinden suchen. Für ein solches Verhalten tragen die Männer natürlich die Verantwortung. Man muß deshalb zwischen den Schuldgefühlen unterscheiden, die der mißbrauchte Junge vom Täter übernimmt und der Schuld, die der Mann gegenüber seinen eigenen Opfern spürt.[30]

Diese Komplexität der Schuldgefühle verhindert es, daß die Schuld »durch eine schlichte Generalabsolution bewältigt werden kann«.[31] In der Beratung müssen die spezifischen Gründe, die der einzelne Mann für seine Selbstvorwürfe hat, herausgefunden und einzeln betrachtet werden. Nur so kann das tiefgreifende Gefühl der Mitschuld nach und nach der Erkenntnis weichen, daß die Verantwortung für den Mißbrauch einzig und allein beim Täter liegt.

WIDERSTAND DER JUNGEN

Wenn man mit männlichen Mißbrauchsopfern über die Frage der Verantwortung spricht und einen Blick hinter die »Maske der Scham« wirft, zeigt sich immer wieder, daß die Männer der festen Überzeugung sind, sie hätten sich nicht genügend gewehrt.

Im Verlauf der Beratungsgespräche erzähle ich den Männern oft, wie andere Jungen ihre Ablehnung gegen die sexuellen Übergriffe ausgedrückt haben (z.B. mehrere Unterhosen übereinander anziehen, Teddys als Schutz ums Bett stellen). Allen Jungen und Männern fielen dann ähnliche Situationen ein. Einer ging zum Beispiel nicht mehr zum Sportverein (der Trainer war der Täter), ein anderer sorgte immer dafür, nicht mit dem Täter allein zu sein ... Viele von ihnen äußerten aber einschränkend, daß dies keine »richtige« Gegenwehr gewesen sei, weil der Mißbrauch dadurch nicht gestoppt wurde. Dabei bedenken sie nicht, daß ein kleiner Junge einen erwachsenen Mann letztlich nicht davon abhalten kann, ihn zu mißbrauchen. Ein Mann, der immer wieder beteuerte, er hätte sich nicht gewehrt, sagte beispielsweise:

»Ja, ich habe immer die Beine zusammengepreßt, damit er nicht an meinen Pimmel konnte. Ich habe auch immer »Nein« gesagt, aber das war zu leise. Das war mehr in meinem Kopf. Und einmal habe ich dabei ins Bett gekotzt. Aber das hat alles nichts geholfen. Der ist doch immer wiedergekommen.« (Klaus, 26 Jahre)

Da es ein tief verinnerlichtes Bild vieler Jungen und Männer ist, daß Widerstand nur zählt, wenn man dadurch den Mißbrauch verhindert, ist folgende Botschaft wichtig:

◆ Jedes Kind zeigt dem Täter auf seine Art, daß es den sexuellen Mißbrauch nicht möchte. Wenn du darüber nachdenkst, fallen auch dir
  Situationen ein, in denen du deine Ablehnung gezeigt hast. Dies ist
  kindliche Gegenwehr. Egal, ob der Täter wiedergekommen ist oder
  nicht, mehr als sich drei Unterhosen anzuziehen, mehr als zum Schutz
  seine Teddys um sein Bett zu stellen oder sich während des sexuellen
  Mißbrauchs zu übergeben, kann ein Kind an Widerstand nicht leisten.

Es hat sich in der Beratung als hilfreich erwiesen, daß man mit den Männern darüber spricht, wie zielgerichtet sich die Täter ihre Opfer suchen und den Widerstand der Kinder schwächen. Dies entlastet sie von den Schuldgefühlen.[32]

Wenn man in der Frage des Widerstandes Männer und Frauen vergleicht, scheint es so zu sein, daß Männer sich eher an Gegenwehr erinnern als Frauen. Dies könnte durch die geschlechtsspezifische Sozialisation bedingt sein, die von Männern Widerstand verlangt, Frauen dagegen nahelegt, sich nicht zu wehren. Männern wird gleichzeitig beigebracht, daß Widerstand nur Widerstand bedeutet, wenn der Mißbrauch abgewehrt wird. Obwohl sie sich an Gegenwehr erinnern, sehen sie sie deshalb häufig nicht als Widerstand an. Von weiblichen Widerstandsformen wird im Gegensatz dazu nicht unbedingt erwartet, daß sie erfolgreich sind. Ihnen fällt es deshalb vermutlich leichter, wenn sie sich an ihre Gegenwehr erinnern, sie entsprechend einzuordnen.

SEXUELLE ERREGUNG

Kann man überhaupt von sexuellem Mißbrauch sprechen, wenn man durch die sexuellen Handlungen erregt wurde? Viele sexuell mißbrauchte Jungen und Männer stellen sich diese Frage und fühlen sich mitschuldig, weil sie durch die sexuellen Handlungen sexuell erregt wurden. Außerdem wird von vielen Männern die sexuelle Erregung als Indiz für Homosexualität gewertet. Denn der Mythos besagt, daß nur homosexuelle Männer durch sexuelle Handlungen eines Mannes erregt werden. Deshalb ist es sehr wichtig, die Klienten darüber aufzuklären, daß es zum einen für Jungen und Männer nicht ungewöhnlich ist, auch in emotional belastenden Situationen wie extremer Angst oder Wut sexuell erregt zu werden. Sexuelle Erregung kann durch körperliche Reizung auch gegen den Willen eines Menschen ausgelöst werden. Der Körper reagiert manchmal einfach anders als das Gefühl. Daraus ergibt sich bei den Jungen und Männern Frust und Wut auf den eigenen Körper, der anders reagiert hat, als das gewollt wurde. Dies könnte zu der bei einigen sexuell mißbrauchten Jungen und Männer zu beobachtenden negativen Haltung ihrem Körper gegenüber beitragen. Ein von seiner Lehrerin sexuell mißbrauchter Mann bringt diesen Zusammenhang mit folgenden Worten zum Ausdruck:

»Als ich fünfzehn war, habe ich in den Gedanken nicht zugelassen, es nicht gewollt zu haben. Ich schämte mich, und meine Wut war auf mich selbst gerichtet anstatt auf Thea. Viele Gefühle von Ohnmacht. Wie hatte ich in einer solchen Situation einen Steifen bekommen können? Mein Körper hat das Entgegengesetzte getan, was ich wollte.«[33]

Dazu eine sehr gute Analogie:

»›Sie lachen doch auch, wenn Sie gekitzelt werden?‹ ... ›Sie lachen aber nicht, weil Sie das komisch finden, oder weil Sie Spaß daran haben, oder wünschen, daß Sie weiter gekitzelt werden. Sie lachen, weil Sie nicht anders können. Das Lachen ist eine Reaktion Ihres Körpers, ungeachtet, wie Sie darüber fühlen und denken. Die Erektion während eines sexuellen Mißbrauchs ist wie Ihr Lachen, wenn Sie gekitzelt werden. Das kommt gelegentlich vor, heißt aber nicht, daß Sie den Mißbrauch wünschten oder ausgelöst haben‹.«[34]

Von einigen Jungen werden Teile der sexuellen Handlungen als angenehm empfunden. So erzählten mehrere der beratenen Männer, daß ihnen manche Sachen, die der Mann mit ihnen gemacht hat, gefallen haben. Dies wurde vor allem von Männern geäußert, die auf die emotionale und soziale Unterstützung durch den Täter angewiesen waren. Außerdem wurden diese sexuellen Handlungen laut den Schilderungen der Männer nicht mit körperlicher Gewalt durchgesetzt. Diese angenehmen Gefühle bedeuteten keineswegs, daß die Männer die sexuellen Handlungen wünschten. Sie erhofften sich vielmehr Zuwendung und Aufmerksamkeit. Zudem erleben die meisten Männer diese Lustgefühle nicht als solche, bei denen man sich fallen lassen kann. Die folgende Beschreibung verdeutlicht dies:

»*Ich empfand eine abgrundtiefe Abscheu. Mein Körper kannte ein Geheimnis, von dem niemand etwas wissen durfte. Dennoch fühlte ich trotz des Ekelgefühls kurzzeitig Lust und Erregung. Es verwirrte und quälte mich ungemein, gleichzeitig und aus demselben Grund Lust und Abscheu zu empfinden. Wenn ich das, was zwischen meiner Mutter und mir geschah, haßte, wie konnte mein Körper dann so reagieren? Die Erregung, die ich erlebte, schlug urplötzlich in Scham und Ekel um. Ich haßte meinen Körper, weil er mir in einer so ekelerregenden Situation Lustgefühle vermittelte.*«[35]

Außerdem stellt der sexuelle Mißbrauch für viele sexuell mißbrauchte Jungen das erste nicht autoerotische sexuelle Erlebnis dar. Sie haben also keine Vergleichsmöglichkeit und übernehmen deshalb die Sichtweise der Täter, die ihnen vorlügen, daß das Lust oder Ausdruck von Liebe sei. Dadurch sind viele Jungen über die Bedeutung von Sexualität verwirrt. So setzen sie beispielsweise Sexualität mit sexuellem Mißbrauch gleich oder sie glauben, daß Zuneigung nur durch Sexualität ausgedrückt werden kann. In der Beratung sollte deshalb auch über grundsätzliche Fragen der Sexualität gesprochen werden, damit solch verzerrte Sichtweisen sich verändern können.

Für einen Teil der 34 Männer war dies die erste Gelegenheit, über ihre sexuellen Probleme und Ängste zu sprechen. Diese Gespräche wurden von ihnen deshalb meist als sehr wichtig erlebt. Damit über sexuelle Probleme in einer offenen Atmosphäre gesprochen werden kann, ist es natürlich unerläßlich, daß sich der Berater mit dieser Thematik auseinandergesetzt hat.[36]

Daß die sexuelle Erregung für männliche Mißbrauchsopfer offenbar schneller im Vordergrund steht bzw. einen größeren Raum einnimmt als bei Frauen, könnte damit zusammenhängen, daß sich eine Erektion nicht verbergen läßt. Ein betroffener Mann formulierte dies wie folgt:

»*Als mein Penis steif wurde, war das deutlich sichtbar. Ich konnte mir nicht einreden, da wäre keine Erregung gewesen. Ich sah mit meinen eigenen Augen, wie er steif wurde. Der Täter sagte dann auch sofort:* ›*Siehst du, wie gut dir das tut. Du bist doch so ein richtig scharfer Junge.*‹« *(Jupp, 25 Jahre)*

AMBIVALENZ

»*Irgendwie bin ich auch gerne zu ihm gegangen. Mir fällt es auch heute noch schwer, ihn als Täter oder gar als Kinderschänder zu bezeichnen. Er hat mir zwar weh getan, aber auch einige gute Sachen mit mir gemacht. Und die brauchte ich damals unbedingt.*« *(Wilfried, 22 Jahre)*

Von den 34 Männern äußerten fast alle ambivalente Gefühle gegenüber dem Täter. Dabei muß man sich vor Augen halten, daß die meisten Täter auch schöne Sachen mit den Kindern machen. An diese Dinge klammern sich die Jungen, um sich nicht völlig verraten zu fühlen. Selbst wenn ein Kind täglich nur Gewalt erlebt, versucht es durch »psychische Anpassungsmanöver«, die ursprüngliche Bindung an den Täter aufrechtzuerhalten, um nicht ins Leere zu fallen.[37] Die Ambivalenz der Opfer wird in kürzester Form durch den Romantitel »Die liebe Angst« von LIANE DIRKS auf den Punkt gebracht.

Zu wenig beachtet wurde bislang in der Diskussion über Krisenintervention und Therapie bei innerfamilialem Mißbrauch die bei fast allen Kindern bestehende besondere Bindung an die Eltern. Selbst wenn die Eltern ihr Kind sexuell mißbraucht, es mißhandelt und vernachlässigt haben, möchte kaum ein Kind den Kontakt zu ihnen völlig abbrechen. Dementsprechend berichten HeimerzieherInnen häufig davon, daß die Kinder trotz allem lieber zurück nach Hause möchten. Sehr eindrücklich schildert dies RICHARD BERENDZEN in seiner Autobiographie:

»*Die Liebe und das Vertrauen zu meiner Mutter waren mir noch nicht ganz verlorengegangen, denn ich hatte nicht vergessen, wie sie mich während meiner Krankheit umsorgt hatte. Damals war sie alles gewesen, was ich gehabt hatte, und ohne sie wäre ich vielleicht gestorben, dachte ich. Meinen Vater hielt ich immer noch für einen guten Menschen, der hart arbeitete, um uns zu versorgen. Viel weiter ging meine Einsicht in diesem Alter nicht. Wenn du ein Kind bist, dann sind deine Eltern dein Boot, das dich über das Meer trägt. Es mag vielleicht nicht das beste oder stabilste sein, aber es ist das einzige, das dich vor den Gefahren des Meeres schützt. Ich wollte dieses Boot nicht verlieren.*«[38]

Für die Beratung heißt dies, daß auch den positiven Gefühlen und Erlebnissen, die die Jungen und Männer erfuhren, Raum gegeben werden muß. Nur wenn neben dem Mißbrauch auch diese Seite beleuchtet wird, kann der mißbrauchte Mann eine klare Haltung gegenüber dem Täter und seinen Eltern entwickeln.[39]

Als Berater muß man also den Jungen und Männern die Möglichkeit eröffnen, positive und negative Gefühle gegenüber dem Täter zulassen zu können. Die Ambivalenz der Männer gegenüber den Tätern spiegelt sich aber auch in der Beziehung zum Helfer wider. Es gibt im Beratungsverlauf Phasen, in denen der Klient im Berater beispielsweise den »versorgenden Vater« sieht, der alles wieder gutmachen soll. Zu anderen Zeitpunkten bekommt der Berater die Wut ab. Mit diesen Problemen müssen sich die Helfer intensiv auseinandersetzen, damit es nicht ihrerseits zu unkontrollierten Gegenübertragungen kommt.

ÄNGSTE

Ängste bestimmen den Alltag der sexuell mißbrauchten Männer. Sie haben Angst, man könne ihnen ansehen, daß sie mißbraucht wurden. Sie haben Angst, daß sie homosexuell sein oder werden könnten und man sie als »Schwule« beschimpft, wenn der sexuelle Mißbrauch aufgedeckt wird. Sie fürchten sich davor, erneut ausgenutzt und gegen ihren Willen angefaßt zu werden. Die verschiedenen Ängste haben eines gemeinsam: Sie haben die Funktion, vor erneuten Verletzungen zu schützen.

Angst ist für Männer ein Gefühl, das nicht zu ihrer Rolle als Mann paßt. Jungen hören tagein, tagaus die Botschaften »Ein Junge kennt keine Angst« und »Wenn ein Junge Angst hat, dann zeigt er sie zumindest nicht«. Deshalb entwickeln sexuell mißbrauchte Jungen bestimmte Strategien, um ihre Ängste zu unterdrücken. So treten sie beispielsweise besonders männlich auf und äußern sich besonders abfällig über Homosexuelle, um ihre eigenen Ängste, kein »richtiger« Junge oder homosexuell zu sein, zu mildern. Eine andere Strategie ist es, sich zu isolieren, um Situationen zu vermeiden, die Angst auslösen könnten. Ein Mann berichtete beispielsweise, daß er nach dem Sport immer so lange getrödelt hat, bis er allein unter der Dusche war. Denn er hatte Angst, er könne eine Erektion bekommen und würde dann als Homosexueller verspottet.

Sexuelle Gewalt und sexuelle Orientierung sind jedoch zwei völlig unterschiedliche Dinge. MIKE LEW bringt in seinem Buch »Als Junge mißbraucht« in diesem Zusammenhang eine treffende Analogie:

»Wenn du jemanden mit einer Bratpfanne auf den Kopf haust, würdest du das auch nicht Kochen nennen.«[40]

TRAUER

Für sexuell mißbrauchte Männer stellt es ein noch größeres Problem dar als für Frauen, Trauer zuzulassen. Denn zu den gesellschaftlich vermittelten Bildern von Männlichkeit paßt es nicht, daß Männer über die ihnen zugefügten Verletzungen trauern. »Hart wie Kruppstahl sollen sie sein«. Dabei gibt es so vieles, was durch einen sexuellen Mißbrauch verlorengehen kann: die Vorstellung einer gerechten Welt, das Gefühl von Sicherheit und Vertrauen in sich selbst und andere, der Verlust einer positiven Beziehung zum eigenen Körper, der fehlende Schutz durch die Eltern usw. Für die Genesung ist es deshalb notwendig, die einzelnen Verluste zu erkennen, sich ihnen anzunähern, den durch sie ausgelösten Schmerz zu empfinden und sie letztlich im sicheren Rahmen zu betrauern. Dieser Trauerprozeß nimmt in der Therapie einen zentralen Raum ein.[41]

»*Ich habe als Junge immer gedacht, mir kann doch keiner was. Als ich dann mißbraucht wurde, war ich total hilflos. Ich war wie erstarrt und habe es über mich ergehen lassen. Ich fühlte mich wie eine Maus in der Falle. Wenn es dann vorbei war, hinterher, dann habe ich immer phantasiert, wie ich mich gewehrt habe. Als ich älter wurde, bin ich jeder Situation ausgewichen, wo ich hätte unterliegen können. Das setzt sich eigentlich bis heute fort. Ich kann es nicht aushalten, der Schwächere zu sein.*«
(Jens, 21 Jahre)

Durch den sexuellen Mißbrauch werden bei Jungen und Männern extreme Hilflosigkeits- und Ohnmachtsgefühle ausgelöst. Sie fühlen sich überwältigt und sehen keine Möglichkeit, den Mißbrauch zu beenden, da der Täter ihren Widerstand ignoriert und systematisch schwächt. Dieses Gefühl der Ohnmacht und der Unterlegenheit läuft konträr zum Idealbild eines Jungen.

In der Beratungssituation ist es deshalb wichtig, die Jungen bzw. Männer nicht nur auf den sexuellen Mißbrauch zu reduzieren. Sie sind neben und trotz der erlittenen Gewalt nicht nur Opfer. Es gilt, auch andere Themen und Erfahrungen in die Beratung einzubeziehen. Wenn der Klient beispielsweise vor einem lebenspraktischen Problem steht, kann in der Beratung über seine Handlungsmöglichkeiten nachgedacht und diese gegebenenfalls eingeübt werden. So können die Jungen und Männer erfahren, daß sie selbständig handeln und ihre aktuellen Probleme aus einer starken und aktiven Position angehen können. Solche Erfahrungen helfen, das bei fast allen männlichen Opfern bestehende negative Selbstwertgefühl zu verändern. Dabei muß natürlich darauf geachtet werden, daß vernünftige und erreichbare Ziele gesteckt werden. Sonst drohen erneute Enttäuschungen, die die Minderwertigkeitsgefühle der Männer verstärken.

Fast alle Menschen, die sexuell mißbraucht wurden, berichten, daß jemand oder etwas für sie da war, der/die/das ihnen geholfen hat, den Mißbrauch zu überstehen. Bei dem einen ist dies ein Haustier, bei anderen die Oma oder ein Lehrer, bei außerfamilial mißbrauchten Jungen manchmal auch die Eltern. Häufig haben die sexuell mißbrauchten Männer diese

Quellen der Kraft vergessen. Sie in der Beratung wieder bewußt zu machen, kann ein Weg sein, Energie für den Verarbeitungsprozeß zu gewinnen.[42]

WUT UND HASS

Im Beratungsprozeß können Männer, die sexuell mißbraucht wurden, manchmal eher ihre Wut und ihren Haß auf sich selbst, auf ihre Eltern und auf den Täter äußern, als ihre Trauer über die ihnen zugefügten Verletzungen. Auch dies dürfte mit der Jungensozialisation zusammen-hängen, die es Männern eher nahelegt, Verletzungen durch aggressives Verhalten auszuagieren. Manchmal äußern die Männer dann sehr deut-lich den Wunsch nach Rache. Ein Mann, der von seiner Stiefmutter auf extreme Art sexuell mißbraucht wurde, sagte beispielsweise:

» Wenn ich die jetzt in die Hände kriegen würde, würde ich die auf der Stelle platt machen. Der müßte man die Kehle durchschneiden. Die hat eigentlich kein Recht mehr, sich Mutter zu nennen. Die ist ein Monster. Aber ich stelle mir das eigentlich nur vor, ich möchte ja auch nicht noch wegen der im Knast landen. Die hat mir genug angetan.« (Leo, 26 Jahre)

Manche Männer haben Angst vor ihrer Wut. Sie befürchten, sie könnte sich unkontrolliert Bahn brechen. Deshalb sollte über dieses Thema ausführlich gesprochen werden. Dabei muß verdeutlicht werden, daß Wut eine natürliche Reaktion auf einen sexuellen Mißbrauch darstellt. Es muß aber auch klar sein, daß ein gewalttätiges Ausagieren der Wut gegen sich selbst oder andere Personen nicht in Ordnung ist. Nur ein adäquates Ausleben der Wut kann den Heilungsprozeß voranbringen. So kann das Schreiben eines »Wutbriefes«, das Malen eines »Wutbildes«, das Schlagen mit einem Schläger auf eine Matratze oder das symbolische Raus-schmeißen des Täters das eigene Selbstwertgefühl stärken und helfen, den Kontakt zum Täter abzubrechen.

Jungen und Männer äußern aus ihrer Wut heraus manchmal sehr schnell den Wunsch, den Täter zu konfrontieren. Dabei spielen Rachegelüste, aber auch die Hoffnung, daß sich der Täter entschuldigt, eine große Rolle. Damit die Konfrontation nicht zum Rückschlag wird, muß sie sehr gut und in Ruhe vorbereitet werden. Der mißbrauchte Junge bzw. Mann muß für sich vorher folgende Fragen klären und abwägen:

◆ Warum die Konfrontation zum jetzigen Zeitpunkt,
◆ was erwarte ich mir davon,
◆ wie wird der Täter reagieren,
◆ wie wird meine Familie reagieren,
◆ wer kann mich unterstützen,
◆ wo soll sie stattfinden und
◆ was passiert hinterher?[43]

EXKURS: SEXUELL MISSBRAUCHTE JUNGEN: VOM OPFER ZUM TÄTER?

»Ich habe mir bis vor einigen Jahren öfters so zehnjährige Mädchen als Brieffreundinnen gesucht. Wenn ich dann Briefe von denen bekommen habe, habe ich mir die Mädchen vorgestellt und mir vorgestellt, wie ich Sex mit ihnen mache.«(Frank, 23 Jahre)

Mehrere der Männer äußerten in den Beratungsgesprächen, daß sie Angst davor hatten oder haben, selbst sexuelle Gewalt anzuwenden. Andere berichteten von sexuellen Phantasien mit Kindern. Einige waren auch schon als Täter in Erscheinung getreten. Es ist im Laufe des Beratungsprozesses notwendig, dieses Thema anzusprechen, um mit den Männern über die Gründe für diese Angst zu sprechen, und um mögliche Übergriffe zu verhindern. Wenn ein Junge oder Mann aktiver Täter ist, muß der Berater ihm seinen Möglichkeiten entsprechend Grenzen setzen. Es kann für sexuell mißbrauchte Jungen und Männer ein entscheidender Lernschritt sein, wenn sie erleben, daß ihre Grenzen respektiert werden, sie aber auch die Grenzen anderer achten müssen. Letztlich kann der am eigenen Leib erfahrene sexuelle Mißbrauch nur bewältigt werden, wenn der Mann es nicht mehr nötig hat, seine Verletzungen gewalttätig auszuagieren. Die »Identifikation mit dem Aggressor« und verzerrte Sichtweisen wie »Sexualität und Mißbrauch sind das gleiche« müssen überwunden werden, um sich seiner eigenen Geschichte realistisch nähern zu können.

Für den Berater kann es schwer sein, Opfer und Täter in einer Person verkörpert zu sehen. Auf der einen Seite können ihn die Täteranteile dazu verleiten, die Verletzungen des Mannes aus den Augen zu verlieren. Auf der anderen Seite kann eine einseitige Konzentration auf die Opferanteile den Blick auf die Täteranteile verstellen.

In den Beratungsgesprächen fällt bei einigen Männern auf, daß es ihnen leichter fällt, über ihre eigenen Täteranteile zu sprechen als über ihr Opfersein. Dies könnte der Versuch sein, die viel tiefersitzende Scham, selbst mißbraucht worden zu sein, abzuwehren. Sich mit dem »Aggressor zu identifizieren« und als Täter in Erscheinung zu treten, ermöglicht es, die nicht zur männlichen Rolle passenden Gefühle wie Ohnmacht und Angst zu reduzieren. Es kann so aber auch gleichzeitig die eigene Wertlosigkeit und die eigene Schuld vertieft werden.

Die bisherigen Ausführungen stützen scheinbar die häufig in den Medien und auch auf Fortbildungen verbreitete Meinung, sexuell mißbrauchte Jungen seien eine der ganz großen Risikogruppen, aus denen die Täter von morgen kommen. Deshalb erscheint es an dieser Stelle notwendig, einen klärenden Blick auf die vorliegenden Untersuchungsergebnisse zu werfen:

Die ausländischen Studien belegen, daß sich unter TäterInnen eine erhöhte Rate von Mißbrauchsopfern findet. Es ist aber keineswegs so, daß der überwiegende Teil der TäterInnen selbst Opfer sexuellen Kindesmißbrauchs ist. So kommen LINDA WILLIAMS und DAVID FINKELHOR bei einem Vergleich von sechs neueren Studien über sexuell mißbrauchende Väter zu der Einschätzung, daß »nur« etwa ein Viertel der Täter selbst Opfer sexueller Gewalt sind.[44] Unter jugendlichen Tätern sind zumindest nach den mir vorliegenden Studien auch nicht sehr viel mehr Opfer sexueller Gewalt zu finden. Die Studie von TONI JOHNSON legt allerdings den Schluß nahe, daß Kinder, die andere Kinder zu sexuellen Handlungen zwingen, sehr häufig selbst betroffen sind (Tabelle 2).

Studie	Art und Umfang der Stichprobe	sexuell mißbraucht
Fehrenbach u.a. 1986	305 jugendliche Täter	19%
Becker 1988	139 jugendliche Täter	19%
Awad/Saunders 1989	29 jugendliche Täter	26%
Johnson 1988	49 Kinder	49%

Es ist also übertrieben, männliche Mißbrauchsopfer als »eine der großen Mißhandlergruppen von morgen« zu bezeichnen. Bei sexuell mißbrauchten Jungen und Männern gleich darauf zu schielen, ob sie nicht Täter sind, verstellt den Blick auf ihr Opfersein. Sexuell mißbrauchte Jungen sind zunächst einmal Opfer und haben das Recht, Hilfe zu bekommen, weil sie verletzt worden sind und nicht weil sie irgendwann einmal Täter werden könnten. Anders zu argumentieren, ist aus den folgenden Gründen sogar kontraproduktiv:

1) Das Tabu um den sexuellen Mißbrauch von Jungen wird dadurch verstärkt. Die Jungen könnten Angst haben, sich zu öffnen, weil sie gleich als »kleine« Täter gesehen werden.

2) Durch eine stärkere Tabuisierung wird es für die Jungen schwerer, sich Hilfe zu suchen.

3) Es besteht die Gefahr, daß die Erwartung, daß sexuell mißbrauchte Jungen zu Tätern werden, zu einer sich selbst erfüllenden Prophezeihung wird.

4) Die Beratungsangebote für männliche Opfer könnten zu sehr darauf abzielen, zukünftiges Täterverhalten zu verhindern. Die Bedürfnisse der sexuell mißbrauchten Jungen könnten so aus dem Blickfeld geraten.

5) Der Aufbau eines Vertrauensverhältnisses zu den HelferInnen könnte erschwert werden. Denn auf seiten der BeraterInnen könnten Gefühle von Widerstand und Antipathie gegenüber dem Klienten bestehen, weil sie meinen, es mit einem potentiellen oder künftigen Täter zu tun zu haben. Der mißbrauchte Junge könnte dementsprechend die Befürchtung hegen, die Helfer sähen in ihm nur den potentiellen Täter und stigmatisierten ihn deswegen. Beides schadet der beraterisch-therapeutischen Arbeit.

6) Schließlich ist es schlicht und einfach eine ungerechte Vorabbeschuldigung, alle sexuell mißbrauchten Jungen zu verdächtigen, später zu Tätern zu werden. Die überwiegende Zahl sexuell mißbrauchter Männer (gerade aufgrund ihres eigenen Mißbrauchs) wird nicht zu Tätern.[45]

Ein Mann, der jahrelang von seinem Vater sexuell mißbraucht wurde, brachte diese Haltung mit folgenden Worten auf den Punkt:

»Ich habe zwar manchmal Angst, daß ich ein Kind mißbrauchen könnte. Doch wenn ich dies täte, würde ich mich in nichts von meinem Vater unterscheiden. Ich würde dem Kind die Schmerzen zufügen, die mein Vater mir gemacht hat. Weil keinem Kind so weh getan werden darf wie mir, und weil ich mir geschworen habe, nie so zu werden wie mein Vater, würde ich es niemals tun.« (Heinz, 25 Jahre)

Längst nicht alle sexuell mißbrauchten Jungen versuchen, ihre Männlichkeit durch die »Übererfüllung vermeintlich männlicher Standards« unter Beweis zu stellen. Etliche der bei ZARTBITTER KÖLN beratenen Männer versuchten ihren Mißbrauch zu verarbeiten, indem sie sich von der traditionellen Männerrolle distanzierten. Wieder andere orientierten sich in ihrer Lebensführung an Normalitätsstandards. Getreu dem Motto »Bloß nicht auffallen«.[46] Ein Mann formulierte dies wie folgt:

»Für mich war es schlimm, als ich den Film ›Herr der Gezeiten‹ sah. Ich kämpfte lange mit mir darum, nicht zu weinen. Ich konnte meine Tränen kaum zurückhalten. Ich hatte Angst, jemand könne das bemerken. Denn ich habe immer versucht, so normal wie nur eben möglich zu sein. Ich habe mich an alles angepaßt und bin immer im Strom mitgeschwommen, damit ich nie im Mittelpunkt stand.« (Christian, 24 Jahre)

Nicht selten ist es auch, daß sexuell mißbrauchte Männer in helfenden Berufen arbeiten. So können sie ihr Bedürfnis ausleben, fürsorglich zu sein. Sie geben anderen den Schutz, den sie selbst nicht bekommen haben.[47] Wie häufig dies ist, zeigt eine im Auftrag des BUNDESMINISTERIUMS FÜR FAMILIE UND SENIOREN durchgeführte Studie. Von 134 Beratungsstellenleitern gaben 21 (15,7%) an, als Jungen sexuell mißbraucht worden zu sein. Von den 121 befragten Jugendamtsmitarbeitern bezeichneten sich 15 (12,4%) als Opfer sexueller Gewalt.[48]

Schließlich darf nicht vergessen werden, daß es auch sexuell-mißbrauchte Männer gibt, die immer wieder ausgenutzt und ausgebeutet werden. Darauf finden sich mit wenigen Ausnahmen in der Literatur keine Hinweise. Wahrscheinlich liegt dies daran, daß eine »Opferkarriere« überhaupt nicht zu dem gängigen Bild vom Mann paßt.[49]

GEFÜHLE

Viele sexuell mißbrauchte Menschen fürchten sich davor, zu fühlen. Sie haben Angst, die Kontrolle über ihre Gefühle zu verlieren. Sie befürchten, daß sie nicht mehr aufhören können zu weinen oder in ihrer Wut Unheil anzurichten. Dies kann zu einer nahezu vollkommenen Unterdrückung der mit dem Mißbrauch zusammenhängenden Gefühle führen und auch andere Bereiche des Lebens einschließen. RICHARD BERENDZEN beschreibt dies sehr eindrücklich:

»Aber ich kannte nur eine Therapie: Ich unterdrückte meine Gefühle und arbeitete. Immer mehr bürdete ich mir auf, dadurch fühlte ich mich sicher. Arbeit war ein wunderbares Heilmittel! Ich schaffte viele Dinge, und gleichzeitig verblaßten meine unangenehmen Gefühle. Drängten sie erneut an die Oberfläche, hatte ich eben nicht hart genug gearbeitet.«[50]

Männer, die lernen ihre Probleme vor allem kognitiv zu lösen, finden besonders schwer Zugang zu ihren Gefühlen. Männer glauben oftmals, daß Gefühle einfach weggedacht werden können. Doch ist »affektloses Erinnern ... fast immer wirkungslos«.[51] Damit sexuell mißbrauchte Männer ihre Ängste vor Gefühlen abbauen können, muß ein sicheres Umfeld gegeben sein. Ihnen muß in der Beratung vermittelt werden, daß es in

Ordnung ist zu fühlen und daß die auftauchenden Gefühle zwar sehr weh tun können, aber auf lange Sicht zur Heilung notwendig sind.[52]

HEILUNG BRAUCHT ZEIT

Mehrere der Männer, die zur Beratung von ZARTBITTER KÖLN kamen, warfen sich vor, erst jetzt, nach so vielen Jahren, darüber zu reden. Andere setzten sich selbst unter Druck, sich nun an alles so schnell wie möglich erinnern zu wollen. Wieder andere wollten den Mißbrauch so schnell wie möglich durcharbeiten. Manchmal wurde auch die Erwartung geäußert, die Beratung könne den Mißbrauch quasi ungeschehen machen. In solchen Situationen sind die folgenden Botschaften wichtig, um zu hohe Erwartungen der Männer an sich selbst und an die Beratung zu relativieren:

◆ Du hättest dir nicht früher Hilfe holen können. Es gab gute Gründe für dich, damit zu warten (z.B. du hattest Angst, es war nicht der richtige Mensch da, dem du es erzählen konntest, der Mißbrauch war zeitlich noch zu nah).

◆ Erinnerungen werden nicht grundlos abgeblockt. Sich an verwirrende und schmerzliche Abschnitte oder Erlebnisse seines Lebens nicht zu erinnern, hilft, gerade mit so viel fertig zu werden, wie du aushalten kannst. Es ist deshalb nicht ratsam, »auf Teufel komm raus« Erinnerungen freizulegen. Wenn du genügend Schutz und Kraft hast, kommen die Erinnerungen von selbst.

◆ Es ist auch nach langer Zeit und vielen Gesprächen in Ordnung, wenn du noch Schmerz, Verzweiflung, Scham und Schuld empfindest.

◆ Heilung braucht Zeit. Versuch' nicht, es schnell zu bewältigen. Es ist kein Problem, daß du in ein paar Tagen oder Wochen lösen kannst.

◆ Der Mißbrauch kann nicht ungeschehen gemacht werden. Er kann aber, wenn du dir genügend Schutz und Hilfe suchst, in deine Lebensbiographie integriert werden. Dennoch kann es in deinem Leben – in Phasen größerer Belastung – unter Umständen Momente geben, wo sich erneut Symptome zeigen.[53]

KÖRPERKONTAKT/BERÜHRUNGEN

Die verständliche Angst von sexuell mißbrauchten Jungen und Männern, erneut gegen ihren Willen angefaßt zu werden, sollte sehr ernstgenommen werden. Der Warnung von MIKE LEW, daß sich sexuell mißbrauchte Männer vor jeder Therapie hüten sollten, bei der es erforderlich ist, sich berühren zu lassen, ist deshalb zuzustimmen.[54] Und für Berührungen im Rahmen der Beratung gilt: Auf keinen Fall Körperkontakt ohne ausdrückliche Erlaubnis seitens des mißbrauchten Jungen oder Mann aufnehmen! Das sollte sogar für das Händeschütteln gelten.

Dennoch können »weiche« Formen des Körperkontakts (z.B. stützendes Halten) für die Genesung sehr wichtig sein. Denn sehr viele sexuell mißbrauchte Jungen und Männer sind verwirrt, was gute, komische und unangenehme Berührungen sind. Ihnen im sicheren Rahmen einer Beratung zu zeigen, daß es angemessenen und respektvollen Körperkontakt gibt, kann helfen, diese Verwirrung abzubauen.[55]

LEBENSUMFELD STABILISIEREN

In bestimmten Phasen der Beratung kann es notwendig sein, nicht am sexuellen Mißbrauch zu arbeiten, sondern das Lebensumfeld der Männer zu stabilisieren. Denn es kann gerade bei schweren Traumatisierungen erforderlich sein, neben der Beratung ein soziales Netz aufzubauen, daß den Männern Sicherheit bietet und die Möglichkeit eröffnet, sich auch von anderer Seite Unterstützung zu holen. Zudem kann so die bei einigen sexuell mißbrauchten Jungen und Männern bestehende Isolation gemildert werden. Die Rolle von PartnerInnen und FreundInnen bei der Heilung darf angesichts von Beratung und Therapie nicht unterschätzt werden. JUDITH HERMAN relativiert in diesem Zusammenhang sehr treffend die oftmals überschätzte Bedeutung des Beraters:

>*Die Beziehung zwischen Opfer und Therapeut ist nur eine unter vielen. Sie ist keineswegs der einzige Kontakt und oft nicht einmal die Beziehung, die am meisten zur Genesung des Opfers beiträgt.«*[56]

Wichtig ist weiterhin, daß nicht nur an die PartnerInnen und an Familienangehörige gedacht wird.

»*Zur ersten Exploration des Opfers gehört auch eine sorgfältige Überprüfung der wichtigsten Beziehungen in seinem Leben, da der Therapeut
u.a. wissen muß, an wen sich ein Klient wenden kann, wenn er Schutz,
emotionale Unterstützung oder praktische Hilfe braucht und wer für ihn
möglicherweise eine Gefahr darstellt.*«[57]

SOZIALARBEIT

Vielfach ist es auch notwendig, in die Rolle eines Sozialarbeiters zu
schlüpfen. So kann es beispielsweise erforderlich sein, einen Mann zum
Sozialamt zu begleiten, damit er wieder krankenversichert ist oder Wohn-
geld bekommt. Dies ist wichtig, um überhaupt die Voraussetzungen für
eine längerfristige Beratung oder Therapie zu schaffen. Hinzu kommt, daß
solche sozialarbeiterischen Hilfen auch therapeutisch sein können. Sie
zeigen dem Klienten beispielsweise, daß sich der Helfer für ihn einsetzt,
und zwar über den engen Rahmen des Beratungszimmers hinaus.[58]

Vor allem für die Arbeit mit jugendlichen Jungen ist es dringend geboten, daß sich die Therapeuten mehr auf die Jungen zubewegen. Es ist ein
fast hoffnungsloses Unterfangen, in gut eingerichteten Beratungsräumen
darauf zu warten, daß ein Junge von selbst vorbeikommt. In eine Beratungsstelle zu gehen, widerspricht so ziemlich in allem dem Bild eines
»richtigen« Jungen (Kapitel II). Um mit Jungen in Kontakt zu kommen
und bei ihnen bestehende Vorurteile über Beratung abzubauen, eignen
sich beispielsweise sexualpädagogische Projekte in Schulen oder Jugend-
zentren. So lernen die Jungen den Berater kennen, sie sehen, daß »Psychologen« keinen weißen Kittel tragen, sie können vorsichtig testen, wie man
auf ihre Probleme reagiert usw. Wiederholt überwanden Jungen nach
solchen Veranstaltungen ihre Angst vor einer Beratung und nahmen
Kontakt zu ZARTBITTER KÖLN auf.

FOKUS ERWEITERN

»*Wir waren zu Hause fünf Kinder. So im Alter von sechs bis fünfzehn. Der
Kerl hat sich aber gerade mich herausgepickt. Ich glaube heute, der hat
damals gemerkt, daß ich in unserer Familie unter den Tisch gefallen bin.*

Ich war dadurch dankbar, daß der sich um mich gekümmert hat und konnte mich wohl auch deshalb nicht so gut wehren. Heute bin ich immer noch traurig darüber, daß meine Eltern mich damals ein Stück allein gelassen haben.« (Walter, 24 Jahre)

Die Untersuchungsergebnisse und die Erfahrungen der meisten Praktiker zeigen, daß es vor allem emotional und sozial vernachlässigte Jungen sind, die Opfer sexueller Gewalt werden.[59] Deshalb sollten in der Beratung nicht nur die aus dem sexuellen Mißbrauch resultierenden Verletzungen bearbeitet werden. Auch die durch Vernachlässigung, körperliche Mißhandlung oder Trennung der Eltern ausgelösten Gefühle und Enttäuschungen brauchen ihren Raum.

Dementsprechend sollten bei Kindern und Jugendlichen entweder beide Eltern oder bei innerfamilialem sexuellen Mißbrauch durch einen Vater oder eine Mutter der nicht mißbrauchende Elternteil in die Beratung einbezogen werden. Denn häufig machen sich die Eltern selbst den Vorwurf, nicht genügend Zeit für ihr Kind gehabt und es nicht genügend über mögliche Gefahren aufgeklärt zu haben. Wenn das Kind ihnen gegenüber schon früher angedeutet hat, daß es sexuell mißbraucht wird, sind sie ärgerlich auf sich selbst, weil sie nicht zugehört und gehandelt haben. Einige Eltern schimpfen ihre Kinder aus, weil sie beispielsweise ohne Erlaubnis das Haus verlassen haben. Oft äußern sich die Eltern enttäuscht, weil ihr Kind ihnen nicht sofort erzählt hat, was passiert ist. Manche Eltern haben Angst vor dem Gerede der Nachbarschaft. Sehr häufig befürchten Eltern, daß ihr Kind ein Leben lang unter den Folgen des Mißbrauchs zu leiden habe. Bei Eltern, deren Jungen sexuell mißbraucht wurden, zeigen sich zwei spezielle Reaktionen: Zum einen haben sie sehr häufig Angst, daß ihr Sohn homosexuell wird. Zum anderen fragen Eltern Jungen häufiger als Mädchen, ob sie sich nicht gewehrt haben.

CARL M. ROGER und TREMAINE TERRY fanden bei ihrer Untersuchung denn auch heraus, daß aufgrund der beschriebenen Ängste zwar bei fast allen Eltern zumindest eine Tendenz zu erkennen war, den Mißbrauch zu leugnen oder seine Folgen zu minimieren, doch neigten die Eltern von Jungen noch häufiger als die von Mädchen zu solchen Reaktionen.[60] Durch ein solches Verhalten der Eltern können die Folgen des Mißbrauchs für die Kinder verschlimmert werden und mögliche Fortschritte der

Jungen in der Beratung wieder verlorengehen. Damit die Eltern ihre Ängste nicht auf die Jungen projizieren und ihnen die notwendige Unterstützung geben können, müssen sie ermutigt werden, über diese Ängste zu sprechen. Interessant wäre es in diesem Zusammenhang zu untersuchen, ob sich die Reaktionen von Müttern und Vätern unterscheiden.

Ähnliche Bedeutung kann es bei Männern haben, daß auch ihre PartnerInnen Unterstützung bekommen. Das Buch »Verbündete« von LAURA DAVIS bietet für PartnerInnen von Betroffenen eine Reihe einfühlsamer Hilfestellungen.

Eine zu starke Fokussierung auf den sexuellen Mißbrauch als Ursache allen Leidens der KlientInnen ist zu vermeiden. JANICE HAAKEN und ASTRID SCHLAPS warnen beispielsweise davor, daß andere einschneidende Lebensereignisse, die mit dem sexuellen Mißbrauch einhergingen oder diesen ermöglichten, vernachlässigt werden.[61] TOM LEVOLD warnt sogar vor einer »Betonierung der Opferrolle«. Er befürchtet, daß wenn die aktuelle Lebenssituation nicht beachtet und für alle Probleme der sexuelle Mißbrauch verantwortlich gemacht wird, sich eine »Opferidentität« herausbilden kann. Eine solche Identität sei zwar zuerst entlastend, führe aber letztlich in die Sackgasse.

Der stetige Blick zurück verhindere, sich seiner Ressourcen bewußt zu werden und vereitele eine auf die Zukunft gerichtete Planung: »Bildlich gesprochen, gleicht diese Wahrnehmungshaltung derjenigen eines Menschen, der rückwärts durch einen langen Tunnel geht und den Blick auf den Einsturz gerichtet hat, der hinter ihm liegt, aber das Licht am Ende des Tunnels, die Zukunft, nicht wahrnehmen kann.«[62]

GESCHLECHT DES BERATERS

Ein Teil der 34 Männer, mit denen ich sprach, wollte unbedingt von einem Mann beraten werden. Dies war besonders häufig, wenn eine Frau die Täterin war. Als Erklärungen für dieses Phänomen führten die Männer an, daß Frauen ihnen dies nicht glauben und den Mißbrauch durch Frauen verharmlosen würden. Als zweites Motiv beschrieben sie ihre Angst, als »Schlappschwanz« vor einer Frau dazustehen. Außerdem meinten sie, ein Mann könne ihre Gefühle besser verstehen. Die beiden letzten Punkte wurden unabhängig vom Geschlecht der Täter angegeben.

Einige Männer äußerten dagegen, eine Frau als Beraterin vorzuziehen. Dies resultiert zum einen sicher daraus, daß auf Jungen, die von einem Mann mißbraucht wurden, Männer bedrohlich wirken. Die Beratungssituation hat aus Sicht der Jungen Ähnlichkeiten mit der Mißbrauchssituation. Wieder ist da ein Mann, der ihr Vertrauen gewinnen will. Wieder sind sie mit ihm allein in einem Raum. Die folgenden Sätze eines betroffenen Mannes illustrieren dies:

»*Während ich bei Mary lebte, fing ich an, zu einem Therapeuten zu gehen. Er war sehr freundlich, sehr fürsorglich. Das einzige Problem war sein Mannsein. Er versprach mir, daß er niemals versuchen würde, mich in irgendeiner Weise sexuell zu verletzen. Wie sollte ich ihm das glauben können? Ich war verletzt worden, sehr schlimm verletzt worden von zwei Männern, denen ich vertraut hatte. Ich konnte diesem Therapeuten nicht vertrauen, zumindest nicht, bis er es verdient hatte.*«[63]

MICHAEL MYERS führt zwei weitere Gründe für die Wahl einer Frau als Beraterin an: Erstens würden manche mißbrauchte Männer einer Therapeutin mehr Empathie und Verständnis zutrauen. Diese Annahme beruhe auf der Vermutung, daß die meisten Frauen wüßten, was es heißt, mißbraucht zu werden. Zweitens würde durch eine Therapeutin die Heterosexualität des Mannes wiederhergestellt, da die Beratung eine Mann-Frau-Beziehung darstelle. Diese Konstellation sei besonders wichtig für Männer, die durch den sexuellen Mißbrauch massive Probleme mit ihrer Geschlechtsidentität und ihrer sexuellen Orientierung haben.[64]

Die Forderung, daß sexuell mißbrauchte Jungen immer von Männern beraten werden sollten, ist deshalb zurückzuweisen. Es ist zwar wünschenswert, daß gerade Jungen, die von Männern mißbraucht wurden, ein positives Männerbild vermittelt wird, doch sollte eine Beratungsstelle sich nach den Bedürfnissen der Hilfesuchenden und weniger nach ideologischen Vorgaben richten. Jungen und Männern ist also zu signalisieren:

◆ Wenn du dich mit einem Mann oder einer Frau als Therapeutin wohler fühlst, dann triff unbedingt die dementsprechende Wahl.

Leider ist dies für sexuell mißbrauchte Männer nicht so einfach. Denn es gibt immer noch kaum männliche Therapeuten, die sich mit dem Problem des sexuellen Jungenmißbrauchs beschäftigen. Viele Männer, die eigentlich mit einem Therapeuten arbeiten möchten, müssen deshalb mit einer Therapeutin vorliebnehmen.

WAS BEDEUTET DIE BERATUNG SEXUELL MISSBRAUCHTER MÄNNER FÜR DIE HELFER?

Die in einer Beratung mit sexuell mißbrauchten Jungen und Männern aufkommenden Gefühle und Gedanken, Übertragungen und Gegenübertragungen fordern vom Berater eine hohe Professionalität. Sehr häufig werden die Helfer zu Beginn einer Beratung vom Klienten idealisiert. Endlich ist da ein Mensch, der ihnen zuhört und ihre Geschichte ernst nimmt. Nicht selten kommen BeraterInnen in eine idealisierte »Mutter- oder Vaterrolle«. Er soll das wiedergutmachen bzw. ausgleichen, was die wirklichen Eltern versäumt oder kaputtgemacht haben. In dieser Zeit werden oft hohe Anforderungen an den Berater gestellt. Der Klient möchte beispielsweise mehr und längere Gespräche. In dieser Phase gilt es, den Klienten geduldig zu begleiten. Dabei muß aufgepaßt werden, daß die Grenzen einer beraterisch-therapeutischen Beziehung gewahrt bleiben. Denn zu viele Hilfsangebote können die Hilflosigkeits- und Ohnmachtsgefühle des Klienten verstärken. Ein Helfer kann einem Jungen oder Mann nicht die Eltern ersetzen. Hier gilt es, realistisch zu bleiben und nicht in Retterphantasien abzugleiten.[65]

Mit der Zeit entwickeln sich meist auch negative Übertragungen. Der Mann ist wütend auf den Berater, der in seinen Augen nicht genügend Zeit aufwendet, in einer schwierigen Phase in Urlaub fährt oder sich falsch verhält. Diese Wut löst beim Therapeuten natürlich ebenfalls Gefühle aus. Er ist wütend auf den Klienten, hat Angst, daß er sich etwas antun könnte oder fühlt sich schuldig, weil er nicht mehr Zeit aufbringen kann. In dieser Situation kommt es bei einigen Männern zu selbstdestruktivem Verhalten oder zu einem Rückfall in eine längst überwunden geglaubte Symptomatik. Dies kann beim Therapeuten Ohnmacht, Wut oder Enttäuschung auslösen. Es besteht dann die Gefahr, den Klienten zu belehren, ihn loswerden zu wollen oder ihn als unheilbar zu betrachten. Diese Gefühle sollten bei passender Gelegenheit sehr vorsichtig verbalisiert werden, da sexuell mißbrauchte Männer sehr sensibel für solch unterschwellige Gefühle sind und sie ohnehin merken, daß etwas nicht stimmt. Es kann für sie wichtig sein, den Berater von seinem »Sockel zu stoßen«, da hierdurch eine realistischere Sicht von anderen Menschen entstehen kann, die auch auf die Beziehung zum Täter übertragbar ist.[66]

Diese Ausführungen zeigen, daß eine intensive persönliche Auseinandersetzung mit den Themen Gewalt, Sexualität, dem eigenen Jungen- und Männerbild und mit den eigenen Verletzungen wichtig ist. Geschieht dies nicht, besteht die Gefahr, daß eigene »dunkle Flecken« die Beratung behindern. Wer Beratung und Therapie für männliche Mißbrauchsopfer anbieten möchte, sollte genau überlegen, ob er/sie es aushalten kann, mit dem Schmerz und den Gefühlen sexuell mißbrauchter Jungen konfrontiert zu werden. Denn oft – auch bei einer bewußten Entscheidung – ist es schwer, sich die Geschichten der Betroffenen anzuhören. Im Zuhörer kommen unweigerlich Gefühle wie Trauer oder Wut hoch. Dabei muß sehr genau darauf geachtet werden, daß man diese Gefühle nicht auch von den Betroffenen erwartet.

Für die Arbeit mit sexuell mißbrauchten Jungen und Männern ist deshalb Supervision unerläßlich. Zudem sollte jedem Berater bewußt sein, daß kein Mensch allein ein schweres Trauma behandeln kann. Es ist wichtig, in seinem beruflichen Umfeld mit Verständnis und Unterstützung rechnen zu können. Außerdem muß der Berater auch darauf achten, daß seine beruflichen und privaten Bedürfnisse ausgewogen sind. Sonst kommt es auf Dauer zur Erschöpfung.[67]

Literaturempfehlungen:
Herman, Judith Lewis (1994): Die Narben der Gewalt. Traumatische Erfahrungen verstehen und überwinden. München 1994
Lew, Mike (1993): Als Junge mißbraucht. Wie Männer sexuelle Ausbeutung in der Kindheit verarbeiten können. München 1993

»VON DER FEUERKUGEL
INS BUNTE LEBEN«
Bilder einer Heilung

von Uwe

Diese Bildreihe ist ein Teil meiner therapeutischen Auseinandersetzung mit dem Mißbrauch durch meinen Vater und meine Mutter. Teilweise sind sie explosiv und schnell entstanden, manche benötigten viel Geduld.

Es ist der Verlauf einer Geschichte, die mit Verzweiflung und Unklarheit beginnt.

»Ohne Titel«

Am Anfang steht die Zerreißprobe. Ein
Zustand der Verzweiflung, Unklarheit,
Sprengung und puren Leidens. Ich spüre
die Unstimmigkeit und das Entgleisen
meines Lebens. Es ist mir noch unklar,
daß sich dahinter mein Mißbrauch verbirgt.

»Opferung«

Genauso wie der Haß auf meinen Vater
als Mißbraucher immer in mir aufflammt,
opfere ich mich erneut eines unbeschreib-
baren Schmerzes. Ich stehe fortwährend
zwischen vorgetäuschter heiler Welt und
grausamer Grenzüberschreitung. Meine Sinne
sind verstummt, stillgelegt, erloschen.

»Abstößig«

In diesem Zustand ist mir jede Zuwendung,
egal welcher Art, zu eng. Ich weiß nicht,
wo mich mein Weg hinführt, aber ich muß
einfach nur weg. Jedes Zuviel oder auch
Zuwenig an Zuwendung ist für mich abstößig.
Eine Phase, in der ich Lust zum Suizid
verspüre, oder auch den Schritt in eine
große Veränderung wage.

»Zerstörung«

Ein Bild, das mir heute noch große
Angst bereitet. Der Mißbrauch mit
Tränen aus Blut und die Zerstörung, die
er in meinem Körper hinterließ, steckt
mir noch heute in den Knochen.
Mein Erzeuger zeugte wahrscheinlich von
teuflischer Energie. Mit Zeugen.

»Nicht nur Fesseln«

Eine Todesangst, Grausamkeit, Hilflosigkeit, Atemnot, Schrei, Sprachlosigkeit.
Ein Zustand, nach dem ich lerne, mich mit
aller Kraft aus den Fesseln zu befreien.

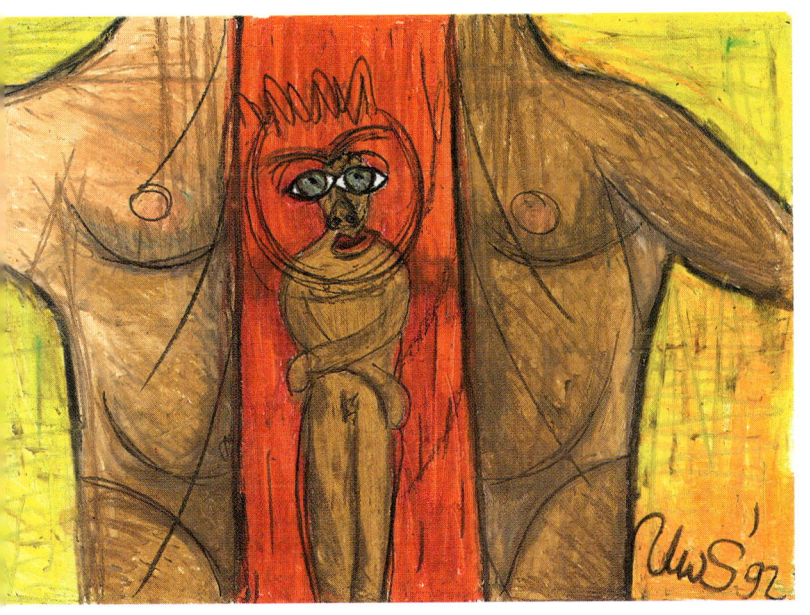

»Spiegel der Lust«

Ein prägendes männliches Erscheinungsbild
ist mein Vater. Mit jedem Blick in den
Spiegel hasse ich jedes Merkmal, das an
ihn erinnert. Meine eigene »Lust« macht
mir Angst, ist mir verteufelt, macht mich
krank.

»Der Samtrock«

Mir wird immer mehr bewußt, wie sehr
meine Mutter ihre Energie für das »Ver-
decken«, »Bereinigen«, »Aufrechterhalten«
verschwendet hat. Es wird klar,
wie wenig ihr das gelingt. Sie schaffte
eine Situation, in der meine sexuelle
Ausbeutung erst stattfinden konnte.

VIII

»Abgrundtief«

Wie sehr habe ich immer das Gefühl
genossen, anders zu sein. Nicht nur
mein Schwulsein war Anlaß für Haß und
Gewalt, sondern auch meine Offenheit,
den Mißbrauch in der Familie zu thematisieren.

»Ausbluten«

Nur die Therapie hat mir vorerst einen
kleinen Abstand zu allem Übel ermöglicht.
Das Leid kann mir keiner ersparen, und
doch hat das Ausbluten eine sehr heilende
Wirkung, denn mit dem Fließen wird etwas
sehr Grausames beendet.

»Die Befreiung«

Für mich eines der positivsten Ereignisse
in der Verarbeitung. Der Schritt ins eigene
Leben. Die Leichtigkeit und das Beenden
einer langen Leidensphase. Der Mißbrauch ist
unauslöschbar, die Kerben, die mein Vater
und meine Mutter in mir hinterließen, werden
immer bleiben. Aber mit aller Energie werde
ich versuchen, die Narben so zu pflegen,
wie es ihnen guttut.

Der Schritt ins »eigene Leben« ist jedoch mit besonderem Dank verbunden an meine Schwester Elke, an Juliane v. Wyk für die therapeutischen Gespräche, an Uschi Stahl für den aufrechten Gang, an Ursula für die Liebe, an Heiko für die Freundschaft und an Elmar.

VIII

Dirk Bange

ÄNGSTE, VORURTEILE UND MISSVERSTÄNDNISSE
Homosexualität und sexuelle Gewalt gegen Jungen

»*Als der sexuelle Mißbrauch anfing, war ich so zehn, elf Jahre. Der Typ hat mich ganz geschickt in diese Sache reingezogen. Er hat mir zugehört, hat mir Knete zum Flippern geschenkt und ist irgendwie auf meine Probleme eingegangen, was meine Alten damals nicht getan haben. Da fand ich den Typ natürlich toll und war ganz happy. So ganz langsam hat er dann aber mit dem Sex angefangen. Erst so 'n bißchen balgen und so. Dann mehr. Mir waren viele der sexuellen Sachen total unangenehm. Besonders wenn ich ihn anfassen mußte. Aber ein paar Sachen haben mich auch sexuell erregt. Ja, und da habe ich gedacht: ›Sex mit einem Mann und dann auch noch 'ne Latte, da bist du doch nicht normal, da bist du doch schwul.‹ Und weil alle Welt über Schwule herzog, habe ich mich auch nicht getraut, was zu erzählen. Ich dachte, die verspotten mich dann und geben mir die Schuld. Was wußte ich als Junge schon über Homosexualität und sexuellen Mißbrauch.« (Gerd, 23 Jahre)*

In Beratungsgesprächen sind diese und ähnliche Äußerungen von sexuell mißbrauchten Jungen und Männern nicht selten. Die Angst männlicher Mißbrauchsopfer entsteht aufgrund eines Mißverständnisses: Die betroffenen Jungen und Männer setzen – ebenso wie breite Teile der (Fach-) Öffentlichkeit – den sexuellen Mißbrauch mit Homosexualität gleich. Sexuelle Gewalt gegen Jungen hat jedoch mit Homosexualität so wenig zu tun wie die Vergewaltigung eines Mädchens mit Heterosexualität. Beides ist schlicht und einfach sexuelle Gewalt. Verschiedene Studien belegen dementsprechend, daß homosexuelle Männer nicht häufiger als heterosexuelle Männer Kinder sexuell mißbrauchen. Außerdem vergehen sich nicht wenige Täter an Mädchen und an Jungen.[1] Die Angst der männlichen Opfer resultiert zudem aus der in unserer Gesellschaft noch immer starken Ablehnung und Diskriminierung der Homosexuellen. Es gilt immer noch als Makel, homosexuell zu sein und viele sehen es als »abartig« an. »Schwule Sau« ist nach wie vor eines der schlimmsten Schimpfworte unter Jungen, obwohl die wenigsten von ihnen wirklich wissen, was Homosexualität eigentlich bedeutet. Ähnliche Ängste wie die Jungen – wenn auch meist weniger deutlich – formulieren ebenso häufig deren Eltern in Beratungsgesprächen. Und auf Fortbildungen fragen die TeilnehmerInnen immer wieder nach dem Zusammenhang von sexuellem Jungenmißbrauch und Homosexualität.

Die meisten dieser Ängste und Fragen resultieren aus einer großen Unkenntnis über die männliche Homosexualität und aus der weitverbreiteten Angst vor ihr. Um diese zu ergründen und ein realistisches Bild über homosexuelle Männer zu zeichnen, müssen die herrschenden Vorurteile als solche entlarvt werden. Im Zusammenhang mit der sexuellen Gewalt gegen Jungen muß außerdem gesondert der Frage nachgegangen werden, ob und wie sich ein sexueller Mißbrauch auf die sexuelle Identität der Betroffenen auswirkt, und welche besonderen Probleme homosexuelle Jugendliche und Männer haben, die als Kinder sexuell mißbraucht wurden. Diese Themen werden im folgenden ausführlich diskutiert, um einerseits zu zeigen, daß es »nichts Schlimmes« ist, homosexuell zu sein und um andererseits klarzumachen, daß die Angst sexuell mißbrauchter Jungen, homosexuell zu sein bzw. zu werden, meist völlig unbegründet ist.

SCHWUL, BI ODER HETERO?! WIE ES IST, IST ES OKAY

Im Gegensatz zu Rassismus oder Sexismus wird die Ablehnung von Homosexuellen von vielen Menschen auch heute noch offen eingestanden. In einer Untersuchung über die Einstellungen der BundesbürgerInnen zu homosexuellen Männern gaben noch 1991 etwa zwei Drittel der Befragten an, daß sie soziale Kontakte mit homosexuellen Männern meiden würden.[2] Selbst in Gruppen, die sich als »aufgeklärt« verstehen, finden sich diese Haltungen, beispielsweise bei den PsychoanalytikerInnen. 1974 konnten sich von mehr als 10.000 AnalytikerInnen nur 58% dazu durchringen, Homosexualität aus der Liste der psychischen Störungen zu streichen.[3] Eine Befragung der in Deutschland, Österreich und der Schweiz existierenden psychoanalytischen Ausbildungsinstitute förderte 1992 ähnlich erschreckende Ergebnisse zutage: Von den 35 teilnehmenden Instituten gaben nur sechs eindeutig an, daß sie Kandidaten nicht von vornherein wegen ihrer Homosexualität ablehnen.[4] Als Grund für diese Diskriminierung homosexueller Menschen führen die AnalytikerInnen meist an, daß »alle Homosexuellen an derart drastischen und frühen Entwicklungsstörungen leiden, daß sie keine guten Analytiker werden können«.[5] Selbst der Vater der Psychoanalyse, SIGMUND FREUD, vertrat eine deutlich liberalere Meinung. In seinem berühmten »Brief an eine amerikanische Mutter«, deren Sohn homosexuell war, schrieb er 1935:

> »Homosexualität ist gewiß kein Vorzug, aber es ist nicht etwas, dessen man sich schämen muß, kein Laster, keine Erniedrigung und kann nicht als Krankheit bezeichnet werden.«[6]

Die Gründe für diese starke Abwehr der Liebe unter Männern ergeben sich unter anderem aus der Jungensozialisation. Jungen müssen ihre weiblichen Eigenschaften verleugnen, um zu »richtigen« Männern zu werden (Kapitel II). Da die Homosexualität zumeist mit Passivität und Weiblichkeit gleichgesetzt wird, eignet sich der Haß auf sie, um sich seiner eigenen Männlichkeit zu versichern. Über Homosexuelle zu lachen, sie zu erniedrigen oder gar körperlich zu attackieren, soll die eigenen Verunsicherungen hinsichtlich der Männerrolle mindern und das eigene Selbstbewußtsein erhöhen.[7] Entsprechend den Schwierigkeiten vieler Jungen, in der Pubertät eine sichere männliche Identität zu entwickeln, sind es denn auch vor allem junge Männer im Alter von 17 – 25 Jahren, die Gewalt gegen schwule Männer ausüben. Daß nach verschiedenen Untersuchungen in Deutschland etwa jeder dritte bis vierte schwule Mann einmal wegen seiner Homosexualität verbal oder körperlich attackiert wird, dürfte deshalb mit auf die Krise der Männlichkeit zurückzuführen sein.[8]

Paradoxerweise könnte auch die mittlerweile selbstbewußtere Haltung vieler schwuler Männer einer der Auslöser für die Gewalt sein. Früher war es kaum denkbar, daß Männer Hand in Hand zum Einkaufsbummel gingen. Heute gehört dies zwar immer noch nicht zum alltäglichen Bild in unseren Straßen, doch zumindest in den Großstädten stellt es auch keine exotische Ausnahme mehr dar. Das an solchen »Kleinigkeiten« sich zeigende gesteigerte Selbstbewußtsein homosexueller Menschen reizt offenbar ihre Gegner. Sie denken: »Jetzt zeigen sich diese Perversen auch schon offen auf der Straße. Nun müssen wir da mal draufhauen.« In einer Rundfunksendung zum Thema »Schwulenklatschen«[9] äußerten sich etwa die Hälfte der befragten Passanten wie folgt:

»Finde ich in Ordnung, weil ich da kein Verständnis für habe, für Homosexuelle.« (Eine Frau)

»Ach, die müssen nicht gleich verprügelt werden, man sollte sie in Ruhe lassen. Ich kann aber verstehen, daß Leute sich darüber aufregen.« (Eine Frau)

»Kann ich mir nicht vorstellen, weil Schwule sind keine Gegner, die sind Opfer.« (Ein Mann)

»Denen soll man ruhig den Hals abschneiden, was haben wir mit den Kerlen zu tun. Von Homosexuellen halte ich gar nichts. Einsperren, wie sie das beim Adolf gemacht haben oder in ein Arbeitslager stecken, damit sie mal auf andere Gedanken kommen.« (Ein Mann)

Wie sehr es bei der Angst vor der Homosexualität um die eigene Identität als Mann geht, zeigt sich weiterhin daran, daß »Tunten« besonders diskriminiert werden. Selbst ein großer Teil der schwulen Männer lehnt »weibliches« Verhalten bei Schwulen ab. In manchen Kontaktanzeigen in Zeitschriften und Magazinen für homosexuelle Männer findet sich sogar extra der Hinweis »Tunten zwecklos«.[10] Die Abwehr und Ablehnung von Passivität und Weiblichkeit tritt hier am deutlichsten zutage. Während der

»aktive« Part sich seine Männlichkeit weitgehend bewahrt, verliert der Unterlegene seine Männlichkeit. Er wird zur »Frau«. Dies muß unter allen Umständen verhindert werden.

In seinem Roman »Shella« beschreibt der anerkannte Krimiautor und Rechtsanwalt für mißbrauchte Kinder ANDREW VACHSS, wie der Antiheld John im Heim zum Mörder wird, um nicht durch einen älteren Jungen vergewaltigt zu werden. So rettet er seine Identität als Junge und wird fortan geachtet und gefürchtet.[11]

In Heimen und Gefängnissen ist es nicht selten, daß ältere bzw. stärkere Insassen schwächere zu sexuellen Handlungen zwingen, ohne dadurch ihren Status als Mann zu verlieren. Demnach geht es bei der Homophobie nicht in erster Linie um die Ablehnung der Homosexualität, sondern vielmehr darum, sich seine Männlichkeit zu beweisen.

Viele Jungen verspüren eine Sehnsucht nach Nähe und auch nach Zärtlichkeit mit anderen Jungen. Diesen Impulsen nachzugeben, können sie sich aber nur in streng reglementierten Situationen erlauben, sonst steht die eigene Männlichkeit in Frage. Nur im geheimen oder in unverdächtigen Situationen, wie z.B. nach einem Torerfolg beim Fußball, nimmt man sich gegenseitig in den Arm. Zeigt man in anderen Situationen zu viel Nähe zu Männern, droht die offene Diskriminierung. Deshalb muß diesen Wünschen nach außen offensiv entgegengetreten, müssen sie abgelehnt und unterdrückt werden. In der Angst vor der Homosexualität spiegelt sich also auch die Unterdrückung eigener homosexueller Anteile. Die Möglichkeiten wirklicher Freundschaften unter Männern werden so erheblich eingeschränkt.[12] Indirekt tradiert sie damit althergebrachte Strukturen unseres Wirtschaftssystems, das u.a. auf der Konkurrenz unter Männern fußt. Nicht Solidarität, sondern das Gegeneinander, der Wettkampf, die Ellenbogen führen bekanntermaßen zum Erfolg (Kapitel II).

Gleichgeschlechtliche Partnerschaften stellen zudem einen Angriff auf die herkömmliche Rollenhierarchie in der Kleinfamilie dar. Denn die Dominanz des einen Partners und die Unterlegenheit des anderen lassen sich in homosexuellen Beziehungen nicht mehr am Geschlecht festmachen. Vielmehr müssen die Rechte und Pflichten individuell ausgehandelt werden. Diese Situation bereitet natürlich in erster Linie den heterosexuellen Männern Probleme: Sie sehen ihre Privilegien bedroht. Dies dürfte auch einer der Gründe für die im Vergleich mit Frauen höheren antihomosexuellen Tendenzen bei Männern sein.[13]

Damit Heterosexualität – und damit untrennbar verbunden die »traditionelle« Männlichkeit – als das einzig Wahre erscheint, muß die Homosexualität folglich als Negativ zur Heterosexualität herhalten. Jungen lernen durch eine zweifache Negation, »richtige« Männer zu werden: Sie dürfen weder weiblich noch homosexuell sein.

VORURTEILE GEGENÜBER HOMOSEXUELLEN MÄNNERN

Vorurteile schüren die Angst vor der Homosexualität und tragen zur Diskriminierung der Homosexuellen bei. Doch nur durch einen realistischen Blick auf das Leben homosexueller Männer kann man dem entgegentreten. Sexuell mißbrauchten Jungen und Männern könnte durch eine Entdiskriminierung der Homosexualität die Angst, sich anderen Menschen anzuvertrauen, genommen werden.

VORURTEIL: ES GIBT NUR WENIG HOMOSEXUELLE

Ähnlich wie beim sexuellen Mißbrauch sind aufgrund von Definitionsproblemen exakte Zahlenangaben zur Häufigkeit männlicher Homosexualität schwierig. Zählt man beispielsweise nur solche Männer dazu, die sich ausschließlich homosexuell verhalten oder gehören auch Männer dazu, die sich homosexuell fühlen, aber mit einer Frau verheiratet sind und im Jahr nur ein oder zwei sexuelle Kontakte mit Männern haben? Die folgenden Untersuchungsergebnisse sind daher mit einer gewissen Vorsicht zu betrachten.

Bei einer neueren Studie von ROBERT MICHAEL u.a. schätzten sich 2,8% der befragten Männer selbst als homosexuell ein. Etwa sechs Prozent gaben an, sich zu Männern hingezogen zu fühlen und fünf Prozent hatten seit dem 18. Lebensjahr Geschlechtsverkehr mit einem anderen Mann.[14] Bei der berühmten Studie von ALFRED KINSEY u.a. gaben vier Prozent der teilnehmenden Männer an, seit ihrer Jugend ausschließlich sexuelle Kontakte mit Männern gehabt zu haben. Wesentlich mehr Männer hatten aber als Jugendliche sexuelle Kontakte zu anderen Jungen.[15] Von den 7.000 von SHERE HITE befragten Männern hatten 43% in ihrer Jugend sexuelle Kontakte zum gleichen Geschlecht.[16] Bei ALFRED KINSEY u.a.

gaben 37% der Männer an, sich schon einmal homosexuell verhalten zu haben.[17] Die Studien zeigen, daß gleichgeschlechtliche Kontakte unter Jungen und Männern keine Seltenheit sind.

VORURTEIL: HOMOSEXUALITÄT IST ERBLICH

Durch den deutschen »Blätterwald« geistert mit schöner Regelmäßigkeit die Schlagzeile: »Homosexualität ist erblich.« Meist berufen sich die JournalistInnen auf irgendwelche Wissenschaftler, die endlich das Gen für Homosexualität gefunden haben wollen. Bisher wurden jedoch all diese Theorien schnell widerlegt. Außerdem spricht gegen die Vererbungstheorie, daß fast alle Eltern von Homosexuellen sich nicht als solche fühlen und daß die Kinder von Homosexuellen nicht häufiger als andere Kinder auch homosexuell werden.[18]

Vielmehr besitzt jeder Mensch das Potential, sich homosexuell zu verhalten. Selbst sich als absolut heterosexuell einschätzende Männer suchen in bestimmten Situationen – beispielsweise im Gefängnis – sexuelle Kontakte zu anderen Männern. Zudem kann sich die sexuelle Orientierung im Laufe eines Lebens verändern. Die homosexuelle Komponente ist bei den Menschen unterschiedlich stark ausgeprägt. Viele verhalten sich ausschließlich heterosexuell, andere haben mal mehr, mal weniger sexuellen Kontakt zu beiden Geschlechtern, und wieder andere sind ausschließlich an Männern interessiert. Bis heute sind die Gründe für die jeweilige sexuelle Orientierung trotz aller Forschungen unbekannt. Vielmehr muß gar vor den Versuchen, die Ursachen für die Homosexualität zu finden, gewarnt werden. Denn in einer homosexuellen-feindlichen Gesellschaft werden diese Ergebnisse immer gegen die Homosexuellen verwendet. »Denn wo Entstehungsursachen bekannt zu sein scheinen oder vermutet werden, sind Wege zur ›Therapie‹ oder Beseitigung der Homosexuellen nicht weit.«[19]

VORURTEIL: HOMOSEXUELLE SIND NICHT ZU LANGEN BEZIEHUNGEN FÄHIG

Alle bisher durchgeführten Untersuchungen zeigen, daß sehr viele Homosexuelle fest befreundet sind oder zumindest den Wunsch nach einer festen Beziehung haben. So stellte sich beispielsweise bei der Befragung von homosexuellen Männern durch MARTIN DANNECKER und REIMUT REICHE heraus, daß 58% der 789 teilnehmenden Männer zum Zeitpunkt der Untersuchung fest befreundet waren. Unter den 36 – 40jährigen lebte nahezu jeder Zweite seit fünf Jahren in einer festen Beziehung, bei den 31 – 35jährigen etwa jeder Vierte.[20] Diese Zahlen würden vermutlich noch höher liegen, wenn homosexuelle Partnerschaften nicht diskriminiert würden. Denn wie sollen Beziehungen dauerhaft halten, wenn sie nur im verborgenen gelebt werden dürfen? Es gibt natürlich auch homosexuelle Männer, die sich – wie Heterosexuelle auch – bewußt dafür entscheiden, als Singles zu leben. Doch zu behaupten, homosexuelle Männer seien bindungsschwach oder -unfähig, hat mit der Wirklichkeit nichts gemein.

VORURTEIL: ALLE HOMOSEXUELLEN MÄNNER SIND WEIBISCH

Es gibt genauso wenig **den** Homosexuellen, wie es **den** Heterosexuellen gibt. Sicherlich verhält sich ein Teil der homosexuellen Männer »tuntig«, doch die allermeisten Homosexuellen kann man nicht an ihrer Gestik und Mimik erkennen. Die Mehrheit von ihnen lebt und verhält sich völlig unauffällig. Nur durch diese Tatsache konnte die »Outing-Kampagne« von Rosa von Praunheim solches Interesse erregen. Denn wenn man jeden Schwulen auf den ersten Blick erkennen könnte, gäbe es nichts zum »outen«. Zudem ist sowohl das »tuntige« Verhalten von homosexuellen Männern wie auch das durch Lederkultur und Bodybuilding gepflegte »Übermann-Image« in Gesellschaften, in denen sie nicht diskriminiert werden, kaum zu beobachten. Dies könnte durch ein interessantes Ergebnis der Vorurteilsforschung erklärt werden, wonach diskriminierte Minderheiten oftmals spezielle Formen der Clownerie entwickeln und die von ihnen erwarteten Eigenschaften grotesk überzeichnen. In Gesellschaften, in denen man Homosexuelle akzeptiert, haben sie es dementsprechend einfach nicht nötig, den »Hofnarren« zu spielen. Es könnte aber auch damit zusammenhängen, daß homosexuellen Männern vielfach ihre Männlichkeit abgesprochen wird. »Tuntiges« Verhalten kann da als ein Protest gegen die herkömmliche Männerrolle interpretiert werden. Gilt Homosexualität als normal, ist ein solches Verhalten überflüssig.[21]

VORURTEIL: HOMOSEXUELLE MÄNNER EKELN SICH VOR FRAUEN

Viele homosexuelle Männer pflegen vertrauensvolle und freundschaftliche Beziehungen zu Frauen. Dies dürfte auch damit zusammenhängen, daß sie seltener von Frauen diskriminiert werden. Betrachtet man die gesellschaftliche Situation, so sitzen Frauen und homosexuelle Männer teilweise im selben Boot. Es erstaunt deshalb nicht, daß man von Frauen immer wieder hört, wie gut sie sich mit Schwulen verstehen und wie gern sie auf deren Parties gehen. Dort genießen Frauen die Sicherheit, nicht »dumm« angemacht zu werden, wie dies manchmal auf anderen Feten passiert. Außerdem erklären Frauen ihre guten Beziehungen zu schwulen Männern oft damit, daß sie sie als sensibler und einfühlsamer erleben als heterosexuelle Männer. Selbstverständlich gibt es aber auch Homosexuelle, die mit Frauen wenig zu tun haben. Das bedeutet aber nicht, daß sie Frauen ablehnen. »In Wirklichkeit ist es so: Schwule sind schwul, nicht weil sie sich vor Frauen ekeln, sondern weil sie Männer lieben.«[22]

VORURTEIL: WIE IN DER EHE – BEI HOMOSEXUELLEN PÄRCHEN SPIELT EINER DIE FRAU UND EINER DEN MANN

Natürlich werden in homosexuellen Beziehungen die Rollen unterschiedlich verteilt. Der eine Mann kann besser kochen, der andere geht versierter mit geschäftlichen Dingen um. Da legt schon der Alltag eine gewisse Rollenverteilung nahe. Doch bieten gerade schwule Beziehungen die große Chance, die starren Rollenzuschreibungen zu überwinden, die den Alltag heterosexueller Ehen oftmals bestimmen. So findet sich denn auch in vielen homosexuellen Beziehungen – ähnlich wie bei fortschrittlichen Heteros – eine Rollenverteilung, die die traditionelle Mann-Frau-Rolle aufweicht (s.o.).

VORURTEIL: HOMOSEXUELLE MÄNNER SIND PSYCHISCH LABILER ALS
HETEROSEXUELLE MÄNNER

Bei homosexuellen Männern findet sich keine größere oder kleinere
Anlage für psychische Probleme als bei jedem anderen auch. Daß bei
ihnen möglicherweise bestimmte psychische Probleme häufiger oder
anders akzentuiert auftreten, ist Folge ihrer Diskriminierung. Denn die
immer noch weitverbreitete Ächtung der Homosexualität kann zu Selbstzweifeln, Ängsten und Einsamkeit führen. Folglich muß die Ursache der
besonderen psychischen Streßsituation nicht in der homosexuellen Neigung, sondern einzig und allein in ihrer Diskriminierung gesehen
werden.[23]

VORURTEIL: HOMOSEXUELLE MÄNNER SIND SO FASZINIEREND

Es gibt jede Menge schwuler Männer, die genauso durchschnittlich sind
wie viele heterosexuelle Männer. Die besondere Kreativität einiger homosexueller Männer könnte durch das weniger starre Männlichkeitskonzept
der homosexuellen Subkultur entstehen. Es bietet einfach einen größeren
Freiraum, um mit der Männerrolle experimentieren zu können und so
einige bei heterosexuellen Männern brachliegende kreative Potentiale zu
fördern. Hinzu kommt, daß ein Teil der besonderen wissenschaftlichen
und künstlerischen Leistungen homosexueller Männer aus dem Bemühen
resultiert, die fehlende gesellschaftliche Akzeptanz zu erlangen.[24] Daß sich
selbst hinter diesem scheinbaren Kompliment diskriminierende Elemente
verbergen, zeigt sich auch daran, daß homosexuellen Frauen die künstle-
rische Ader nicht nachgesagt wird. Bernd, ein 32jähriger schwuler Mann,
beschreibt treffend, aus welchem Motiv heraus dieses Vorurteil entstanden ist:

»*Exzentrisch ›bis-zum-geht-nicht-mehr‹ können die Heteros sich uns
vorstellen. Nur als ganz normale Menschen nicht, denn dann würden sie
sich ja von uns nicht mehr unterscheiden.*«[25]

Vorurteil: Homosexuelle Männer möchten am liebsten alle homosexuell machen

An heterosexuellen Männern als (Sexual-)Partnern sind Homosexuelle meist weniger interessiert, weil ein heterosexueller Mann zwar lieb und sexuell attraktiv sein mag, doch solange er »keinen Bock« auf homosexuelle Kontakte hat, bleibt jede Beziehung zu ihm für einen Homosexuellen auf Dauer frustrierend.[26]

Vorurteil: Homosexuelle Männer verführen »kleine« Jungen

Das Vorurteil »Die Täter sind schwul« resultiert daraus, daß sexueller Mißbrauch an Jungen durch Männer fälschlicherweise oftmals mit homosexuellem Verhalten gleichgesetzt wird. Außerdem beweisen Studien, daß homosexuelle Männer nicht häufiger als heterosexuelle Männer Kinder sexuell mißbrauchen (s.o). Dieses Vorurteil stellt einen weiteren Versuch dar, Homosexuelle zu diskriminieren und von den wahren Ursachen sexueller Gewalt abzulenken.

Vorurteil: Homosexualität ist eine Krankheit

Homosexualität ist eine sexuelle Vorliebe und als solche keinesfalls eine negative Folge sexuellen Mißbrauchs, die es zu therapieren gilt. Da homosexuelle Männer nicht an ihrer Homosexualität leiden, sondern nur unter ihrer Diskriminierung, scheitern auch alle Versuche, aus einem Homosexuellen einen Heterosexuellen zu machen. THOMAS GROSSMANN stellt dazu fest:

> »In der gesamten seriösen wissenschaftlichen Literatur findet sich kein einziger Fall von umfassender Änderung der sexuellen Vorliebe.«[27]

Und der Psychoanalytiker RICHARD ISAY warnt sogar eindringlich vor den Folgen einer solchen Therapie:

> »Wird dieses Konzept, daß es möglich und auch wünschenswert sei, aus einem Homosexuellen einen Heterosexuellen zu machen, therapeutisch angewendet, so kann eine Reihe ernster Symptome entstehen, vor allem

Depression und Angst als Resultat der Untergrabung des Selbstwertgefühls.«[28]

SEXUELLER MISSBRAUCH UND DIE ENTWICKLUNG DER SEXUELLEN IDENTITÄT

An ZARTBITTER KÖLN hat sich bisher kein einziger sexuell mißbrauchter Junge oder Mann gewendet, der unter seiner sexuellen Orientierung litt. Probleme haben die Klienten fast ausschließlich mit der oftmals bestehenden Verwirrung und Unsicherheit darüber, ob sie hetero-, homo- oder bisexuell sind. Die meisten der betroffenen Jungen und Männer befürchteten, daß sie homosexuell seien oder durch den Mißbrauch werden könnten. Als Grund für diese Angst führen sie zum einen an, daß der Täter homosexuell sei, was sich unzweifelhaft daran zeige, daß er durch die sexuellen Handlungen zum Orgasmus kam. Zum anderen nannten sie als Grund, daß sie selbst durch die sexuellen Handlungen sexuell erregt wurden. Beide Ängste beruhen auf Mißverständnissen bzw. Unwissenheit:

◆ Männer, die Jungen sexuell mißbrauchen, verhalten sich nicht homosexuell, sondern sie üben sexuelle Gewalt aus (s.o).

◆ Sexuelle Erregung kann auch gegen den Willen eines Menschen ausgelöst werden. Der Körper reagiert in bestimmten Situationen einfach anders als das Gefühl. Manchmal genießen Jungen auch die mit den sexuellen Handlungen einhergehende Erregung. Eine solche Reaktion findet sich vor allem bei Jungen, die auf emotionale und soziale Unterstützung angewiesen sind. Sie lassen sich auf die sexuellen Handlungen ein, um überhaupt Zuwendung und Liebe zu bekommen (Kapitel VII). Ein sexuell mißbrauchter Mann, der als Elfjähriger auf den Strich ging, dazu:

»Ich wollte halt Wärme, mal kuscheln oder so. Die Wärme, die hat mir immer gefehlt, deswegen habe ich das immer mitgemacht. Ich kann mich nicht erinnern, daß meine Mutter oder mein Vater mich je umarmt haben.« (Markus, 23 Jahre)

Die während eines sexuellen Mißbrauchs auftretende sexuelle Erregung bedeutet deshalb nicht, daß der Betroffene für die sexuelle Gewalt verantwortlich ist. Die Verantwortung liegt einzig und allein beim Erwachsenen.

Es ist seine Aufgabe und nicht die des Kindes oder Jugendlichen, die Grenze zu ziehen. Ebensowenig ist die sexuelle Erregung aus den genannten Gründen ein untrügliches Zeichen für Homosexualität.[29]

SEXUELLER MISSBRAUCH FÜHRT ZUR ABLEHNUNG GLEICHGESCHLECHTLICHER SEXUALITÄT

Entgegen der landläufigen Meinung, daß Jungen durch sexuellen Mißbrauch homosexuell werden, erzählt ein Teil der betroffenen Männer genau das Gegenteil: Der sexuelle Mißbrauch durch einen Mann hat ihnen das für viele Jungen in der Pubertät nicht ungewöhnliche Interesse daran genommen, einmal sexuelle Handlungen mit anderen Jungen auszuprobieren. Ein 22jähriger Mann drückte dies in einem Beratungsgespräch folgendermaßen aus:

»Daß ich sexuell kein Interesse an Jungen und Männern habe, liegt wahrscheinlich daran, daß der Umgang mit dem Täter mir einfach in allen Belangen ekelig war. Von daher, denke ich, konnte ich einfach kein Interesse an den schönen Seiten der Homosexualität entwickeln.« (Michael, 27 Jahre)

Wie dieser Mann drückten mehrere der bei ZARTBITTER KÖLN hilfesuchenden Männer die Vermutung aus, daß die Entscheidung für ihre gegenwärtige sexuelle Orientierung auch als Gegenreaktion auf den sexuellen Mißbrauch anzusehen ist. Einige der Männer äußerten in diesem Zusammenhang, daß sie, durch den sexuellen Mißbrauch bedingt, ihren eigenen Körper ablehnen oder ekelig finden. Da andere männliche Körper ihrem eigenen ähneln, könnten sie sich niemals vorstellen, einen anderen Mann zu begehren. Außerdem würde sie allein ein solches Begehren immer wieder an den Mißbrauch erinnern.

Der Beratungsalltag zeigt allerdings auch völlig andere Reaktionsweisen:

SEXUELLER MISSBRAUCH ERSCHWERT DAS »COMING OUT«

Manchen Männern wird es durch den sexuellen Mißbrauch erschwert, zu ihrer eigentlich homosexuellen Orientierung zu finden. Obwohl sie den Wunsch nach Sexualität mit Männern haben, schrecken sie davor zurück, weil sie sie mit Schmerz, Ekel und Angst in Verbindung bringen. Die folgenden Sätze eines 24jährigen Homosexuellen sind typisch für diese Problematik:

»Ich habe den Gedanken, mit Jungen zusammenzusein, eigentlich immer ganz toll gefunden. Manchmal habe ich mir Klassenkameraden nackt vorgestellt und fand das ziemlich erregend. Als das dann mit dem Mißbrauch war, hörten diese Phantasien auf. Ich konnte mir Sex mit Männern nicht mehr schön vorstellen. Irgendwie hat es dadurch, glaube ich, länger gebraucht, bis ich mein ›Coming out‹ hatte.« (Manfred, 24 Jahre)

SEXUELLER MISSBRAUCH FÜHRT ZU EINEM FRÜHEREN »COMING OUT«

In einer amerikanischen Studie wurden 1.001 homo- und bisexuelle Männer aus drei Kliniken für Geschlechtskrankheiten nach sexuellem Mißbrauch befragt. Bei den 343 betroffenen Männern zeigte sich eine im Vergleich zu den nicht betroffenen deutlich abweichende Entwicklung hinsichtlich ihrer sexuellen Identität. Allerdings verhält es sich dort so, daß die sexuell mißbrauchten Männer sich deutlich früher als homosexuell einschätzten und ihr »Coming out« zwei bis drei Jahre früher hatten als die nicht mißbrauchten.[30]

SEXUELLER MISSBRAUCH ERSCHWERT EINE HETEROSEXUELLE ENTWICKLUNG

Doch nicht nur den Jungen, die sich homosexuell fühlen, wird es durch sexuellen Mißbrauch erschwert, ihre sexuelle Identität zu finden. Auch

eine heterosexuelle Grundorientierung kann durch den sexuellen Mißbrauch verschüttet werden. Ein interessantes Beispiel dafür bringt WENDY
MALTZ: Ein Mann, der als Kind von seiner Mutter und später von einem
jungen Mann mißbraucht wurde, berichtet folgendes:

>>*Als ich heranwuchs, war meine sexuelle Einstellung die eines kleinen
Jungen, der die Liebe sucht, die ihm seine Mutter nie gegeben hat. Ich war
sexuell sehr passiv und hatte Angst vor Frauen. Ich hatte Frauen gegenüber dasselbe Gefühl wie bei meiner Mutter: daß ich kein erwachsener
Mensch war.*

*Nach dem Mißbrauchserlebnis mit dem Jungen aus der Nachbarschaft
hielt ich mich vorübergehend für schwul, weil es mir gefallen hatte.
Deshalb hatte ich eine Zeitlang homosexuelle Beziehungen, obwohl mich
Männer gar nicht anzogen.*

*Rückblickend war es, glaube ich, leichter für mich, diese schwule Phase
durchzumachen, als mich mit meinen Ängsten und unklaren Gefühlen
gegenüber Frauen auseinanderzusetzen, obwohl ich mich zu ihnen hingezogen fühlte. Jetzt bin ich verheiratet, aber manchmal lasse ich mich beim
Sex mit meiner Frau von schwulen Phantasien anregen. Ich sehe das als
eine Art Schutz vor wirklicher Nähe zu ihr. Jetzt, da ich den Ursprung
dieser Phantasievorstellung erkannt habe, brauche ich sie seltener.*<<[31]

Besondere Probleme in dieser Hinsicht scheinen Jungen zu entwickeln, die
von Frauen sexuell mißbraucht werden. Sie äußern nicht selten die Angst,
homosexuell zu sein. Denn Jungen hören überall, es sei für einen Mann
das höchste, sexuelle Kontakte mit einer Frau zu haben. Viele der von
einer Frau sexuell mißbrauchten Jungen erleben die sexuellen Handlungen jedoch als ekelig und beängstigend. Dies paßt aber überhaupt nicht zu
dem, was sie gelernt haben. Sie glauben deshalb, daß etwas mit ihnen
nicht stimme. Ein Jugendlicher erklärte dies in einem Beratungsgespräch
folgendermaßen:

>>*Jeder labert doch davon, daß Sex mit Frauen total geil ist. Mir haben
aber die Sachen, die meine Tante mit mir gemacht hat, überhaupt nicht
gefallen. Wenn ich daran denke, wird mir heute noch schlecht. Damals
habe ich mich geekelt und geschämt. Ich dachte, ich wäre irgendwie
gestört. Wenn die anderen Jungen über* >>*Blasen*<< *und* >>*Ficken*<< *gesprochen haben, bin ich schnell abgezogen oder hab' das Thema gewechselt.
Schließlich dachte ich mir, ich wäre schwul.*<< *(Fritz, 17 Jahre)*

Außerdem klagen sie darüber, daß der Mißbrauch ihnen ihre Unbefangenheit gegenüber Mädchen und Frauen genommen hat und sie in gewisser Weise Angst vor »weiblicher« Sexualität entwickelt haben.

Ergänzend zu diesen durch sexuellen Mißbrauch bei Jungen ausgelösten Identitätsproblemen lassen sich bei homosexuellen Männern, die als Kinder sexuell mißbraucht wurden, zwei Reaktionen beobachten: Ein Teil der Männer weist einen Zusammenhang zwischen dem Mißbrauch und ihrer sexuellen Orientierung zurück. Der andere Teil meint, sexuell mißbraucht worden zu sein, weil sie homosexuell waren. Die beiden folgenden Aussagen zweier Männer illustrieren dies:

»Ich bin eigentlich immer schwul gewesen. Das wäre auch ohne ihn oder mit ihm nicht anders gekommen. Ich kann nicht sagen, daß er schuld daran ist, daß ich schwul bin.« (Markus, 23 Jahre)

»Jahre später bekam ich zu hören: Durch das, was vorgefallen ist, bist du homosexuell geworden. Aber ich drehe es um. Wenn ich diese homosexuellen Gefühle nicht gehabt hätte, wäre es nicht passiert.«[32]

Das letzte Zitat enthält eine der typischen Formen, sich selbst für den Mißbrauch verantwortlich zu machen. Und zwar, daß der Betroffene durch das, was er ist – homosexuell, klein, bedürftig, schwach –, den Mißbrauch auf sich gezogen hat (Kapitel VII).

HOMOSEXUALITÄT – EINE FOLGE SEXUELLEN MISSBRAUCHS?

Auch zu der Frage, ob sexueller Mißbrauch zur Homosexualität führt, gibt es – wie so oft beim Thema »sexueller Mißbrauch an Jungen« – nur wenige Untersuchungen. Die Studienergebnisse zeigen trotz deutlicher Unterschiede beim festgestellten Ausmaß, daß der überwiegende Teil der homosexuellen Männer als Kind nicht sexuell mißbraucht wurde.

◆ Von den homosexuellen Männern, die an der Studie von MARTIN BELL u.a. teilnahmen, gaben nur wenige an, daß sie ihren ersten gleichgeschlechtlichen Kontakt mit deutlich älteren Männern hatten.[33]

◆ Bei der bereits erwähnten Studie von BRADFORD BARTHOLOW u.a. gaben 37% der 1001 befragten Männer an, daß sie als Jungen von einer älteren oder mächtigeren Person zu sexuellen Handlungen überredet oder gezwungen wurden.[34]

Die große Differenz der Ergebnisse könnte durch methodische Unterschiede bedingt sein. In der Studie von ALAN BELL u.a. wurde beispielsweise nur indirekt nach sexuellem Mißbrauch gefragt, während die Untersuchung von BRADFORD BARTHOLOW u.a. auf einer nicht repräsentativen Stichprobe beruht. Außerdem wurde Anfang der siebziger Jahre, als die Befragung von ALAN BELL u.a. durchgeführt wurde, über sexuellen Mißbrauch an Jungen noch kaum gesprochen. Den befragten Männern fiel es damals sicher noch wesentlich schwerer als heute, sich als sexuell mißbraucht anzusehen und dies auch anzugeben. Schließlich wurde in dieser Erhebung auch nicht nach sexuellen Übergriffen durch Jugendliche und Frauen gefragt.

Trotz der methodischen Einschränkungen legt die Untersuchung von BRADFORD BARTHOLOW u.a. den Schluß nahe, daß homosexuelle Männer häufiger als der Durchschnitt der Männer sexuell mißbraucht werden. Doch sei hier vor monokausalen Erklärungen gewarnt. Denn sich homosexuell fühlende Jungen verhalten sich aufgrund ihrer Diskriminierung häufig weniger selbstbewußt und isolieren sich. So fühlten sich von den über 2.000 im New Yorker »INSTITUTE FOR THE PROTECTION OF LESBIAN AND GAY YOUTH« beratenen Jugendlichen 95% einsam.[35] Für Täter könnten sie deshalb bevorzugte Opfer sein. Denn den Jungen scheinbar verstehend gegenüberzutreten und mit ihnen ein »gemeinsames« Bündnis gegen die feindliche Umwelt zu bilden, ist eine wirkungsvolle Täterstrategie. Eine homosexuelle Orientierung von Jungen könnte aufgrund der Auswirkungen der Diskriminierung der Homosexualität folglich ein Risikofaktor sein, Opfer sexueller Gewalt zu werden.

Eine weitere Erklärung für ein solch erhöhtes Risiko könnte sich daraus ableiten, daß schwule Männer vielfach berichten, sie seien als Jungen sanfter als die »normalen« Jungen gewesen.[36] Dies könnte wiederum bestimmte Tätergruppen ansprechen. Zumindest deuten die Ergebnisse einer Studie aus den USA in diese Richtung. Denn von den in dieser Untersuchung befragten und wegen Jungenmißbrauchs inhaftierten Männern gaben fast alle an, daß sie sich durch die feminine Ausstrahlung sexuell unreifer Jungen angezogen fühlen.[37]

Ein weiterer Grund für eine erhöhte Gefährdung könnte sein, daß homosexuelle Jugendliche sich aus Angst vor Diskriminierung nicht offen zeigen können. Sie versuchen deshalb möglicherweise »auf der Klappe« Homosexuelle kennenzulernen. Dort werden sie dann von Männern abgeschleppt, die sie als Sexobjekte benutzen.

Diese Ausführungen bestätigen auf den ersten Blick das von einigen sexuell mißbrauchten Jungen und Männern geäußerte Gefühl, bestimmte persönliche Eigenschaften hätten den Mißbrauch provoziert (s.o.). Jedoch werden hier auf zwei Ebenen Ursache und Wirkung verwechselt: Zum einen liegt die Verantwortung für den sexuellen Mißbrauch einzig und allein beim Täter. Ein Kind wird nur sexuell mißbraucht, weil ein Täter dies will. Zum anderen werden homosexuelle Jungen vor allem durch ihre Diskriminierung in die Isolation und Einsamkeit getrieben. Ein Täter, der dies ausnutzt, nutzt die Folgen der Diskriminierung aus.

Die Eingangsfrage, ob sexueller Mißbrauch zur Homosexualität führen kann, ist so nicht zu beantworten. Erstens zeigen die Ausführungen zu den Folgen sexuellen Mißbrauchs auf die Entwicklung der sexuellen Identität, daß eine solch einfache Frage der Komplexität sexueller Gewalt nicht entspricht. Zweitens gibt zwar in den Studien ein Teil der befragten homosexuellen Männer an, sexuell mißbraucht worden zu sein, doch ergibt sich daraus nicht unbedingt ein ursächlicher Zusammenhang. Denn einige der Männer fühlten sich schon vor dem sexuellen Mißbrauch homosexuell und sahen keinerlei Zusammenhang zwischen ihrer Homosexualität und dem Mißbrauch. Drittens gibt es ernst zu nehmende Hinweise darauf, daß eine homosexuelle Orientierung aufgrund der Diskriminierung der Homosexualität das Risiko erhöht, Opfer sexueller Gewalt zu werden. Viertens sind keine Aussagen von homosexuellen Männern bekannt, die besagen, daß sie durch einen sexuellen Mißbrauch homosexuell geworden sind. Es spricht also alles gegen die These, daß sexueller Mißbrauch zur Homosexualität führt.

SPEZIFISCHE PROBLEME VON HOMOSEXUELLEN MÄNNERN, DIE SEXUELL MISSBRAUCHT WURDEN

In Beratungsgesprächen äußern junge Homosexuelle immer wieder, daß der sexuelle Mißbrauch es ihnen erschwert hat, sich in der homosexuellen Szene wohl zu fühlen. Sie kamen zumindest zu Anfang mit der teilweise starken Sexualisierung dort nicht zurecht. Erinnerungen an den Mißbrauch wurden wach, wie die folgenden zwei Schilderungen eindrücklich zeigen:

»Ich hatte immer Angst, daß sie nur das eine von mir wollten, aber ich habe es trotzdem immer wieder gemacht. Irgendwie wollte ich es selbst. Nachher hatte ich immer das schlechte Gefühl, daß die mich immer nur für das wollten und dabei suchte ich nur Freundschaft ... Deswegen blieb nachher immer das Gefühl, daß du benutzt wurdest und sie dich nur als Objekt gesehen haben, mit dem sie es treiben konnten.« (Markus, 23 Jahre)

»Zuerst war's Neugier. Aber als er dann küssen wollte, wurde es mir ekelig. Ich habe dann nichts mehr gemacht und bin ganz steif geworden. Der Mann hat dann einfach weitergemacht und sich auf mir befriedigt. Ich war wie benommen. Draußen mußte ich mich übergeben. Ihm zu sagen, daß ich das nicht möchte, habe ich nicht geschafft.« (Uwe, 17 Jahre)

In Anlaufstellen für Jugendliche, die homosexuell sind oder sich im »Coming out« befinden, sollte sexueller Mißbrauch als Thema deshalb sehr ernstgenommen werden. Außerdem sollten in Beratungsstellen und Zentren für homosexuelle Männer sowie in Erziehungsberatungsstellen, bei Pro familia und ähnlichen Einrichtungen Gruppen für Jugendliche angeboten werden, die ihr »Coming out« haben. Dort sollten sie gestärkt und über ihr Recht aufgeklärt werden, sexuelle Kontakte abzulehnen. Denn meist sind sich Jungen in dieser für sie schwierigen Situation nicht darüber im klaren, wie sie sich in der für sie fremden Subkultur verhalten und ihre Interessen vertreten sollen. Sie lassen sich dann oft aus Einsamkeit oder in der Hoffnung, als ganze Person akzeptiert zu werden, auf sexuelle Kontakte ein. Nachher sind sie dann enttäuscht und fühlen sich mißbraucht, wenn sich diese Hoffnungen nicht erfüllen.

Für sexuell mißbrauchte Jungen kann dies besonders wichtig sein, da sie sich durch solche Erlebnisse an ihren Mißbrauch erinnert fühlen. Ihr möglicherweise angeschlagenes Selbstbewußtsein wird dadurch weiter beschädigt. So äußerte in einem Beratungsgespräch ein Mann im Rückblick auf seine ersten Erfahrungen in der Subkultur:

»*Ich hatte damals immer das Gefühl wie in der Mißbrauchssituation: Du wirst immer nur als Sexualobjekt ausgenutzt, obwohl ich eigentlich auf der Suche nach Liebe und Anerkennung war.*« *(Markus, 23 Jahre)*

Die starke Sexualisierung und der Jugendkult der homosexuellen Subkultur bereitet aber offensichtlich nicht nur sexuell mißbrauchten Jugendlichen erhebliche Probleme. In THOMAS GROSSMANNs Interview mit Schwulen und Lesben aus der Schülergruppe Hannover wird dies ebenfalls mit deutlichen Worten problematisiert:

»*Andrea: ... Was ich auch noch mitbekommen habe, ist dieser Subkultur-Mechanismus, das Abschleppen von jüngeren Leuten, die in eine Gruppe kommen. Bei den Schwulen scheint so ein Jugendwahn zu bestehen. Alle haben Angst vorm Älterwerden und Angst davor, dann keine Freunde und Partner mehr zu finden. Außerdem haben viele den Wunsch, möglichst junge Leute als Freunde zu haben. Der Wunsch besteht natürlich auch in den Schwulengruppen ..., so daß die Jüngeren, die in die Gruppe kamen, sofort von Älteren mit Beschlag belegt wurden und gar keine Möglichkeit hatten, eigenen Bedürfnissen nachzugehen. Sie wurden regelrecht abgeschleppt ...*

Mike: Ich habe mich damals abschleppen lassen, weil ich einfach mehr Leute kennenlernen wollte und mir erhofft habe, daß sich vielleicht mit dem einen oder anderen eine festere Beziehung ergibt. Leider war das nicht der Fall. Sie haben sehr schnell das Interesse an mir verloren – aus welchen Gründen, weiß ich nicht. Irgendwie haben sie mich benutzt ...

Thomas: Könnte das nicht auch mit Gleichaltrigen passieren?

Bernhard: Das ist dann aber nicht so ein ungleiches Verhältnis ... Dann ist das nicht so, daß der andere von vornherein der Stärkere ist, der sich jemanden angelt ...

Hilmar: *Genau, du hast ein anderes Gesprächsniveau, eine ganz andere Ausdrucksweise, eine ganz andere Lebensweise, ganz andere Themen, ob du nun dreißig oder zwanzig oder fünfzehn bist.*

Mike: *Und der Ältere hat die dicke Erfahrung.«*[38]

Es darf allerdings nicht die einzige Maßnahme bleiben, daß Beratungsstellen Gruppen für homosexuelle Jugendliche anbieten, um ihnen ihr »Coming out« zu erleichtern und ihr Selbstbewußtsein zu stärken. Damit homosexuelle Mädchen und Jungen sich in Zukunft in unserer Gesellschaft gleichberechtigt fühlen können, erscheint es von besonderer Bedeutung, daß z.B. die Schulen das Thema Homosexualität aufgreifen. Es muß endlich mit den vielen Vorurteilen gegenüber homosexuellen Menschen aufgeräumt werden. Dazu könnten Männer und Frauen aus den zumindest in den Großstädten existierenden Schwulen- und Lesbenprojekten in den Unterricht eingeladen werden. KollegInnen aus dem Kölner »Schwulen und Lesbenzentrum« (SCHULZ), die solche Schulbesuche durchgeführt haben, berichten jedenfalls über positive Erfahrungen. Bei den meisten SchülerInnen würde man damit auf offene Ohren stoßen. Denn eine kürzlich in Berlin durchgeführte Untersuchung ergab, daß sich mehr als zwei Drittel der befragten Mädchen und Jungen wünschen, daß über schwule und lesbische Lebensweisen häufiger und ausführlicher im Unterricht gesprochen wird.[39]

Literaturempfehlungen:
Grossmann, Thomas (1991): Schwul – na und? Reinbek bei Hamburg 1991
Isay, Richard (1993): Schwul sein. Die psychologische Entwicklung des Homosexuellen. München 1993

Ursula Enders

DER VERRAT AM KIND
Porträt des Pädophilen

Die Folgen sexueller Gewalttaten für betroffene Jungen und Männer werden nach wie vor bagatellisiert. Dies ist nicht zuletzt auf die noch immer gegebene starke Einflußnahme von pädophilenfreundlichen Wissenschaftlern auf die aktuelle Fachdiskussion zurückzuführen, die z.B. bis zum heutigen Tage behaupten, Jungen würden die »SEXUELLE FÖRDERUNG DURCH KNABENLIEBHABER« als »SINNLICHE FREUDE ERLEBEN«.[1]

In Auswertung von Forschungsergebnissen und Täteraussagen wird in diesem Kapitel das Porträt des Pädophilen gezeichnet. Die zusammengestellten Fakten können betroffenen Männern (Frauen) helfen, die Systematik des an ihnen verübten Verbrechens, und damit sich selbst besser zu verstehen. Sie sollen den Vertrauenspersonen der Opfer und anderen die Augen öffnen, damit die Hinweise auf sexuelle Gewaltdelikte endlich wahrgenommen werden und das Leid betroffener Jungen (Mädchen) nicht weiter bagatellisiert wird.

PÄDOPHILIE: EINE FORM MÄNNLICHER HOMOSEXUALITÄT?

»Pädophilie« – ein Begriff, um den sich zahlreiche Mythen ranken. Im Duden wird der aus dem Griechischen abgeleitete Terminus »pädophil« als die (sexuelle) Zuneigung Erwachsener zu Kindern und Jugendlichen beiderlei Geschlechts definiert. Obgleich er die Formen der heterosexuellen Ausbeutung von Kindern und homosexuelle Gewalt von Frauen an Mädchen einschließt, wird Pädophilie bis heute fälschlicherweise häufig als eine Form männlicher Homosexualität dargestellt. Diese Begriffseinengung mag u.a. darin begründet sein, daß im Griechischen das Wort »paidos« sowohl für Kind als auch Knabe steht. Die Pädophilenszene als auch ihr nahestehende Wissenschaftler differenzieren zwischen »Knabenliebhabern«, »Mädchenfreunden«[2] und pädophilen Frauen, deren exponiertesten Vertreterinnen, die Frauen der »Indianer Kommune« (Nürnberg und Ostberlin), sich selbst als »Kanalratten« bezeichnen.

Über pädophile Täterinnen gibt es bis heute im deutschsprachigen Raum keine wissenschaftlichen Erkenntnisse. Auch die Erfahrungen im Beratungsalltag sind noch relativ begrenzt. Dementsprechend beziehen sich die folgenden Ausführungen über das Porträt des Pädophilen vorrangig auf männliche Täter. Ohne Gewalt von Frauen leugnen zu wollen, wird die Entscheidung für die weitere vorrangige Verwendung der männlichen Sprachform zudem der Tatsache gerecht, daß bei aller Offenheit für die Problematik dennoch das Ausmaß der sexuellen Gewalt durch pädophile Frauen mit dem der sexuellen Gewalt durch Männer nicht gleichgesetzt werden darf.

DEN PÄDOPHILEN GIBT ES NICHT!

Bis heute berufen sich »bekennende Pädophile« in ihrem Bemühen um die Legalisierung der von ihnen verübten sexuellen Ausbeutung von Kindern oftmals auf die Tradition der »Knabenliebe« im antiken Griechenland. In ihrer Argumentation leugnen sie das Machtgefälle zwischen den Generationen und ignorieren, daß die alten Griechen unter »KNABEN-LIEBE« nicht sexuelle Beziehungen von Männern und Knaben (männlichen Kindern) verstanden, sondern die Kontakte zu geschlechtsreifen männlichen Heranwachsenden – also eine Form der Päderastie (Kapitel I). Gesellschaftlich angesehene Griechen übten sich seinerzeit als Erastes, als Erzieher und Liebhaber männlicher Jugendlicher ab dem 12. bis zum 20. Lebensjahr, »SOLANGE IHRE KÖRPER NOCH WEICH UND GLATT BLIEBEN UND SICH KEIN BART« zeigte.[3] Der Ältere hatte den Jüngeren in allen Bereichen des Lebens zu fördern. Den sexuellen Aktivitäten sollte ein Ehrenkodex Grenzen setzen: Der »LIEBHABER« durfte nur sich selbst, jedoch nicht den Jüngeren erregen.

Bis heute wird in Pädophilenkreisen die Päderastie des antiken Griechenlandes romantisiert und z.B. geleugnet, daß der männliche Jugendliche schon damals für seinen Eintritt in die gehobene Gesellschaft mit seinem Körper bezahlen mußte – ein klassisches Beispiel für die Verletzung der körperlichen und seelischen Unversehrtheit von Jungen.

Die Tradition der sexuellen Ausbeutung von Jungen und Mädchen durch angesehene Persönlichkeiten der Gesellschaft hat sich bis in unsere Zeit gehalten. Während sich z.B. in der breiten (Fach-) Öffentlichkeit nach wie vor das Bild des Pädophilen als »nicht ernstzunehmender Kindskopp« bzw. auf Spielplätzen und in Schwimmbädern aktiver »Schmierfink« hält, entwerfen Kenner der Szene ein gänzlich anderes Porträt der »KINDER-FREUNDE«. EDWARD BRONGERSMA z.B. ist in mehrfacher Hinsicht »Experte«: Der Jurist saß nach eigenen Angaben von 1946 bis 1950 als Volksvertreter in der Ersten Kammer des Niederländischen Parlaments, als seine »BEZIEHUNG« zu einem Minderjährigen öffentlich wurde. Der Politiker mußte sein Mandat niederlegen und eine vom Gericht verhängte Haftstrafe verbüßen. Doch der »BEKENNENDE PÄDOPHILE« gab nicht auf und schaffte 1963 erneut den Sprung ins Parlament. Dort fungierte er als Vorsitzender des Justizausschusses, als 1971 der § 248 aus dem Strafgesetzbuch gestrichen wurde. Diese gesetzliche Neuregelung gewährt heute in den Niederlanden die Straffreiheit für sexuelle Kontakte von Erwachsenen zu Minderjährigen ab dem 12. Lebensjahr.[4]

Nicht nur die Lebensgeschichte Brongersmas widerspricht dem Bild des Pädophilen als gesellschaftlich wenig erfolgreichen Außenseiters, auch die Erfahrungen des Niederländers als einer der Hauptakteure im internationalen Netzwerk der Pädophilenbewegung enttarnen das gängige Klischee als Mythos.

»Wenn ich es mit dem der über 500 praktizierenden Jungenliebhabern vergleiche, die ich persönlich kenne oder mit denen ich korrespondiere, dann habe ich vor mir: Geistliche verschiedener Konfessionen, Psychologen, Schriftsteller, Universitätsprofessoren, Wirtschaftsprüfer, Lehrer, Ärzte, Journalisten, Sozialhelfer, Jugendführer, bildende Künstler und Maler, Musiker, Dichter, Offiziere der Streitkräfte, Notare, Rechtsanwälte, Beamte, Arbeiter, Geschäftsführer, Schauspieler, Verleger, Angestellte, Diplomaten, Fotografen, Mathematiker, Börsenmakler, Bankiers, Bibliothekare, Gutsbesitzer, Mitglieder des Landadels, Bauern, Ingenieure, Psychiater, Hausmeister, Architekten. Einige sind qualifizierte Arbeitskräfte in Tätigkeiten der unteren sozialen Schichten, viele haben wichtige oder bedeutende Stellungen inne und gelten als Persönlichkeiten von hervorragendem Charakter. Unter ihnen befinden sich Angehörige der verschiedensten Nationalitäten, Taugenichtse und Nutznießer der Gesellschaft wie hochintelligente Männer in exponierten Stellungen. Einige sind quälend und langweilig, andere lebendig und fesselnd in der Unterhaltung, einige scheu und sonderbar, andere eigensinnig und draufgängerisch; einige sind sehr religiös, andere Freidenker; ihr Alter variiert zwischen 17 und 80, die Häufigkeit ihrer Sexualkontakte mit Jungen von fast niemals bis täglich; einige führen ein monogames Dasein, andere wechseln ihre Partner ständig; einige haben mit zahllosen Jungen verkehrt, ohne jemals Schwierigkeiten mit der Polizei gehabt zu haben, andere wurden schon beim ersten Kontakt gefasst und bestraft; es gibt Verheiratete unter ihnen und Junggesellen.«[5]

JUNGEN, MÄDCHEN, FRAUEN ODER MÄNNER?
SEXUELLE PRÄFERENZEN PÄDOPHILER TÄTER

Eine Gerichtsszene im Jahre 1990:

B., bereits wegen sexuellen Mißbrauchs an Jungen vorbestraft, steht wegen sexueller Handlungen an einem elfjährigen Mädchen vor Gericht. Laut Anklageschrift hat der Mißbrauch kurz nach Stabilisierung der Beziehung zur Kindesmutter begonnen. Eine vom Gericht bestellte Gutachterin bewertet die Aussage der kindlichen Zeugin als glaubwürdig. Das Gericht spricht den Angeklagten dennoch frei. In seiner Urteilsbegründung bezieht es sich auf das von der Verteidigung eingebrachte Gutachten eines renommierten Lehrstuhlinhabers für Sexualtherapie, der die These vertritt, Pädophile seien stets auf ein Geschlecht fixiert – der Angeklagte auf Jungen.[6]

Eine Gerichtsszene im Jahre 1991:

Die drei minderjährigen Kinder der Familie F. werden per einstweiliger Verfügung des Vormundschaftsgerichtes im Heim untergebracht. Die neunjährige Tochter hatte sich einer Freundin anvertraut: Der Kindesvater habe sie mißbraucht. Im Heim machen die zwei Töchter und der Sohn der Familie zahlreiche Andeutungen auf sexuelle Gewalterfahrungen, jedoch keine konkreten Angaben. Herr F. telefonierte mit seinen Kindern fast täglich und erkundigte sich, was die jeweils anderen erzählen. Einige Monate später werden die drei Kinder wieder in die Familie rückgeführt. Ein vom Gericht bestellter Gutachter vertrat die These, der Vater – bereits wegen sexuellen Mißbrauchs an Jungen vorbestraft – könne aufgrund seiner sexuellen Fixierung kein sexuelles Interesse an den Töchtern haben. Zudem habe er offen über seine damaligen Taten gesprochen und glaubhaft bekundet, daß er seine Neigungen nicht mehr lebe. Auch pflege der Kindesvater eine aktive sexuelle Beziehung zu seiner Frau.[7]

Bis heute hält sich der Glaube, »PÄDOPHILES BEGEHREN« sei stets auf ein Geschlecht gerichtet und meist eine Form männlicher Homosexualität. Dem ist nicht so. Nach Ansicht FREUDs war schon den alten Griechen klar, »daß nicht der männliche Charakter des Knaben, sondern seine körperliche Annäherung an das Weib sowie seine weiblichen seelischen Eigenschaften, Schüchternheit, Zurückhaltung, Lern- und Hilfsbedürftigkeit die Liebe des Mannes entzünden. Sobald der Knabe ein Mann wird, hört er auf, ein Sexualobjekt für den Mann zu sein ... Das Sexualobjekt ist also in diesem Falle ... nicht das gleiche Geschlecht, sondern die Vereinigung beider Geschlechtscharaktere, der Kompromiß etwa zwischen einer Regung, die nach dem Manne und einer, die nach dem Weibe verlangt, mit der festgehaltenen Bindung der Männlichkeit des Körpers (der Genitalien), sozusagen die Spiegelung der eigenen bisexuellen Natur.«[8]

Die von Freud beschriebene Dynamik macht die Grenzen der pädophilen Fixierung auf Geschlecht und Altersstufe verständlich. Der Psychologe FRITS BERNARD, selbst »BEKENNENDER PÄDOPHILER«, kennt aus seiner Beratungsarbeit Pädophile, DIE MIT JEDEM INS BETT GEHEN, MIT KLEINEN KINDERN, ERWACHSENEN UND ALTEN MENSCHEN BEIDERLEI GESCHLECHTS.[9] Der Bremer Universitätsprofessor RÜDIGER LAUTMANN beschreibt die »VIELSEITIGKEIT« einiger »KINDERFREUNDE«.[10]

»FÜR MICH GIBT ES EIGENTLICH KEINE UNTERSCHIEDE. ICH SEHE NACKTE MÄNNER OFTMALS GENAUSO GERN WIE NACKTE FRAUEN. JEDER HAT SO SEINE EIGENEN BEDÜRFNISSE UND SEINE BESTIMMTEN MENSCHENTYPEN. DAS BEZIEHT SICH BEI MIR AUF MÄNNER GENAUSO WIE AUF FRAUEN, AUF JUNGEN GENAUSO WIE AUF MÄDCHEN. ES KANN MIR ALSO AUS ALLEN VIER GRUPPEN JEMAND BEGEGNEN, DER ÄUSSERLICH ENORM SYMPATHISCH IST.«[11]

Der pädophilenfreundliche Wissenschaftler LAUTMANN beobachtet, daß in der »EXPERIMENTIERPHASE« zu Beginn der meist in der Pubertät beginnenden Täterkarriere und im »NOTFALL« Pädophile »AUF EIN KIND DES EIGENTLICH NICHT GEWÜNSCHTEN GESCHLECHTS« ausweichen.[12]

Ein Pädophiler, der vorrangig Mädchen sexuell ausbeutet, berichtet:

»ES KOMMT MAL VOR, WENN ES ECHT KNAPP WIRD, WENN IRGENDWO EINE SPANNUNG ENTSTEHT. DANN SETZ ICH MICH AUCH MAL MIT EINEM JUNGEN ZUSAMMEN.«[13]

Auch die Studien von GROTH/BIRNBAUM und ABEL/ROULEAU belegen, daß sich nicht wenige Täter an Jungen **und** Mädchen vergehen und daß homosexuelle Männer nicht häufiger als heterosexuelle Männer sexuelle Gewalt gegen Kinder und Jugendliche verüben.[14]

Nach »NOTPRÄFERENZEN« unter Erwachsenen befragt, nennen selbst »KNABENLIEBHABER« eher Frauen als Männer.[15] Bei vielen von ihnen tauch die pädophile Neigung ohnehin kombiniert mit heterosexuellen Wünschen auf. Dabei scheint es selbst bei denjenigen, die jugendliche Jungen sexuell ausbeuten (Päderasten), nicht ungewöhnlich zu sein, sich genauso zu Frauen hingezogen zu fühlen.[16]

»SEX MIT EINER ERWACHSENEN FRAU IST AUCH GANZ TOLL. ICH HABE NOCH VOR DREI WOCHEN MIT MEINER GESCHIEDENEN. UND BEI KINDERN GEHT'S MIR NICHT DARUM, DASS ICH SEXUELL BEFRIEDIGT WERDE; DA IST EBEN DER AUGENBLICK SCHÖN. MIT EINER FRAU LÄUFT DAS AUF BEFRIE-DIGUNG HINAUS.«[17]

Die skizzierten Beobachtungen der Kenner der Pädophilenszene widerlegen die in Fachkreisen weitverbreitete Hypothese, Pädophile seien aufgrund ihrer infantilen Sexualität in der Regel zu sexuellen Beziehungen mit Erwachsenen nicht in der Lage. Nachvollziehbar wird auch, warum »EINIGE FRAUEN NICHT DIE BLASSESTE AHNUNG HABEN«, daß ihre Ehemänner Jungen und Mädchen mißbrauchen: Das aktive eheliche Sexualleben gibt ihnen keinen Anlaß zu Mißtrauen.[18]

Für einige Pädophile, insbesondere für diejenigen, die kleinen Kindern sexuelle Gewalt zufügen, hat das Geschlecht des Opfers weniger Bedeutung als das Alter.[19] BEGEHRT WIRD – SO LAUTMANN – »EIN BÜNDEL KÖRPERLICH-CHARAKTERLICHER EIGENSCHAFTEN«. Das Kind besitze »EINE URSPRÜNGLICHE ART, DIE ES LIEBENSWERTER MACHT, ALS JE EIN ERWACHSENER SEIN KÖNNTE«.[20]

Andere suchen jeweils »typische« Eigenschaften der Geschlechter. Jungen werden von »KNABENLIEBHABERN« eher aufgrund ihres Verhaltens gewählt (»SPRING-INS-FELD«, »BENGEL«), während Mädchen von den »MÄDCHENFREUNDEN« vorrangig nach ihrem Äußeren beurteilt werden (»HÜBSCH«, »NIEDLICH«, »SÜSS«).[21] Demnach erhöht eine traditionell geschlechtsspezifische Erziehung die Gefahr für Mädchen und Jungen, Opfer pädophiler Ausbeutung zu werden.

Für »FIXIERTE KNABENLIEBHABER« besitzen hauptsächlich Jungen in einer bestimmten Altersstufe eine erotische Anziehungskraft. Häufig ist nicht das Lebensalter, sondern die Entwicklung der Körperbehaarung das entscheidende Kriterium für das Ende des pädophilen Interesses. (Um ihre Attraktivität für Pädophile zu steigern, rasieren viele jugendliche Stricher die Schamhaare.)

Oftmals werden vom Opfer pornographische Aufnahmen gemacht, der sich entwickelnde Körper im Bild festgehalten. Im Jahre 1994 wurde z.B. in Krefeld ein pädophiler Pastor verurteilt, in dessen Pfarrhaus und Klosterzelle die Polizei über 40.000 (pornographische) Aufnahmen von Jungen und 700 Videofilme fand (Kapitel XI).

Nicht jeder Kindesmißbraucher sammelt Kinder-Pornographie, aber ein Mann, der diese Art der Pornographie besitzt oder sammelt, ist vermutlich pädophil und mißbraucht wahrscheinlich auch Kinder.[22] Viele Täter nutzen Kinderpornographie, um ihre sexuellen Phantasien zu stimulieren. »Sie masturbieren zu Bildern von Kindern in Zeitschriften, auf Fotos oder in Videos und zu Phantasien früherer Straftaten ... Sie sammeln Bücher, Artikel aus Zeitschriften, Zeitungen, Fotos, Dias, Filme, Zeichnungen, Kassetten, Audiokassetten, Videokassetten, private Briefe, Tagebücher, Kleidung, Andenken, Spielzeug, Spiele, Bilder. Im Gefängnis benutzen sie oft Urlaubskataloge und Naturisten-Zeitschriften wegen der Photographien von Kindern.«[23]

Viele Täter mißbrauchen mehrere Jungen nacheinander bzw. parallel. Der englische Tätertherapeut RAY WYRE berichtet von einem Kindertherapeuten, der mehr als 2.000 Straftaten gestand.[24] BRONGERSMA geht davon aus, daß »EIN ENERGISCHER, TÜCHTIGER, AKTIVER MANN« MIT EINER »UNGEHEUREN ZAHL JUNGEN VERKEHREN KÖNNE«.[25] Diese These untermauert er mit dem Bericht über einen alten deutschen Jugendleiter, der behaupte, »ETWA 800 JUNGEN NACHTS IN SEINEM BETT GEHABT« zu haben. Ein Australier habe »ALL SEINE SEXKONTAKTE MIT 2.500 JUNGEN« notiert.[26] Im Rahmen einer amerikanischen Untersuchung gaben 403 Täter an, daß sie insgesamt 67.000 Kinder mißbraucht haben. 63 % der Opfer waren männlichen Geschlechts. Die »KNABENLIEBHABER« hatten im Durchschnitt 283 Jungen sexuell ausgebeutet.[27] Ohne Nennung seines Namens bestätigt ein Pädophiler die Vielzahl der Opfer vieler Täter: »IN DER TAT, VIELE SEXUELL AUSGEHUNGERTE PÄDOPHILE ›VERBRAUCHEN‹ EINEN JUNGEN NACH DEM ANDEREN, OHNE SICH UM FREUNDSCHAFT ODER GAR LIEBE ZU KÜMMERN.«[28]

Mögen die Aussagen pädophiler Täter über die hohe Anzahl ihrer Opfer auf dem ersten Blick als »Prahlerei« erscheinen, so werden sie nachvollziehbar, wenn man sich den Verlauf der »klassischen Täterkarriere« und die Formen pädophiler Opfersuche vor Augen führt (Kapitel IV).

PÄDOPHILE VÄTER

Im Gegensatz zu den Erfahrungen von ZARTBITTER KÖLN kommt es nach HELMUT KENTLER nur extrem selten vor, daß Väter ihre Söhne mißbrauchen.

»VÄTER MIT HOMOSEXUELLER, PÄDOPHILER ODER PÄDERASTISCHER ORIENTIERUNG SUCHEN IHRE SEXUELLE BEFRIEDIGUNG IM ALLGEMEINEN AUSSERHALB DER EIGENEN FAMILIE: SIE SUCHEN KONTAKTE MIT STRICHERN UND SIND MEHR ODER WENIGER HÄUFIGE BESUCHER VON EINSCHLÄGIGEN LOKALEN, SIE SIND AUF KLAPPEN (ÖFFENTLICHEN TOILETTEN, DIE FÜR ANONYMEN ›RASCHEN SEX‹ BEKANNT SIND) UND AUF BESTIMMTEN PARKPLÄTZEN AN AUTOBAHNEN ZU FINDEN.«[29]

Mißbrauchen Väter ihre eigenen Söhne dennoch, so sieht KENTLER die Tat mehr oder weniger in einer pathologischen Störung des Mannes begründet (z.B. Schizophrenie oder sadistische Neigungen).[30] Dem ist nicht so. ZARTBITTER KÖLN hat in den letzten Jahren nicht nur in Einzelfällen betroffene Jungen, Mädchen und Männer beraten, die von pädophilen Vätern mißbraucht wurden. Einige der inzestuösen Väter waren bereits wegen Pädophilie/Päderastie verurteilt. Mehrfach beuteten die Väter parallel zum eigenen Sohn/zur eigenen Tochter weitere Kinder aus. Auch BRONGERSMA zitiert einen männlichen Jugendlichen, dessen Vater eindeutig pädophil ist:

»Als kleiner Junge pflegte ich immer mit meinem Vater zu duschen. Wir waren zärtlich zueinander, und seit meinem elften Jahr wurden unsere Liebkosungen regelrecht sexuell. Es kam zu Geschlechtsverkehr in verschiedenen Formen. ... Wir haben das jahrelang fortgesetzt, bis es in den letzten Monaten allmählich erloschen ist. Ich wurde zu alt, zu männlich für den erotischen Geschmack meines Vaters ... Ich suche jetzt einen jüngeren Freund, der meine Stelle bei meinem Vater einnehmen könnte. Der braucht das unbedingt, und ich möchte alles tun, um ihm zu helfen.« (Bernhard, 17 Jahre)[31]

PÄDOPHILIE UND SEXTOURISMUS

Sextourismus praktizieren u.a. finanziell besser gestellte Pädophile, die in besonderem Maße auf ihre Sicherheit bedacht sind. ALEXANDER ZIEGLER berichtet z.b. über den Geschäftsführer eines Reiseunternehmens, der zweimal im Monat mit seinem 13jährigen Freund ins europäische Ausland fliegt – in ein Land, in dem das Schutzalter bei 12 Jahren liegt.[32]

Ebenso reist ein Schweizer Manager – nach Berichten aus der Szene – einmal wöchentlich als Sextourist in eine deutsche Großstadt »UND WIRD BEREITS AM FLUGHAFEN VON EINEM ATTRAKTIVEN JUNGEN ZWISCHEN 14 UND 16 JAHREN ERWARTET«. Die Organisation der Reise liegt in den Händen eines auf den Verkauf von halbwüchsigen Knaben spezialisierten Zuhälters.[33]

RON O'GRADY, Koordinator der in Bangkok beheimateten »KAMPAGNE ZUR BEENDIGUNG DER KINDERPROSTITUTION IM ASIATISCHEN TOURISMUS«, beobachtet die starke Zunahme der sexuellen Ausbeutung von Kindern in der Dritten Welt.[34]

Vor allem die Zahl der pädophilen Sextouristen erhöht sich von Jahr zu Jahr. Mitglieder pädophiler Clubs und Organisationen koordinieren ihre Aktivitäten in einem gut durchorganisierten Netzwerk und bauen gemeinsam Zentren auf.

Pädophile erwerben kleine Hotels, Ferienhäuser oder Gästehäuser in ruhigen Ferienzentren in verschiedenen Ländern Asiens. Dort werden die Sextouristen, den jeweiligen Wünschen entsprechend, mit einer »AUSWAHL VON JUNGEN UND MÄDCHEN VERSORGT«. Oftmals liefert das »Reiseunternehmen« vorab Photos und Beschreibungen der Kinder, ehe die Täter ihre Reise überhaupt angetreten haben.[35]

Als weiteres Phänomen nennt RON O'GRADY die zunehmende Zahl pädophiler Täter aus Westeuropa, die Sri Lanka und die Philippinen als Altersruhesitz wählen.[36]

Zum Schutz der Täter verteilen die Pädophilenorganisationen »SICHERHEITSMAPPEN«, »denen der Pädophile genaue Instruktionen und Informationen darüber entnehmen kann, was für ihn in diesem fremden Land möglich ist und was nicht. Es ist außerdem bekannt, daß es sogenannte ›SICHERHEITSHÄUSER‹ in Colombo, Bangkok und Manila gibt, in die der

Pädophile sich zurückziehen kann, sollte er mit der Polizei oder empörten Einheimischen in Schwierigkeiten geraten.«[37]

In den letzten Jahren werden zunehmend weibliche Sextouristen beobachtet. Zunächst praktizierten in den siebziger Jahren allein oder in kleinen Gruppen reisende Amerikanerinnen diese Form der sexuellen Ausbeutung, suchten sich z.b. an den Stränden der Dritten Welt sogenannte »BEACH-BOYS« als »REISEBEGLEITER«. Inzwischen beobachtet die »KAMPAGNE ZUR BEENDIGUNG DER KINDERPROSTITUTION IM ASIATISCHEN TOURISMUS« eine zunehmende Zahl pädophiler Täterinnen aus Westeuropa, die üblicherweise zu zweit reisen. Eine organisierte Infra- und Servicestruktur gibt es – anders als bei männlichen Pädophilen – bei den Frauen bis heute erst in Ansätzen. Die Täterinnen schließen daher ihre Kontakte auf der Straße.

Die pädophile Ausbeutung durch Sextouristinnen bietet für vorpubertäre Jungen neben den bekannten noch zusätzliche Risiken: »Um der Frau die gewünschte Befriedigung geben zu können, ist es notwendig, Hormone oder ähnliche Medikamente in die Geschlechtsorgane des Kindes zu injizieren. Je stärker diese Dosen sind, desto größer die Wahrscheinlichkeit, daß das Kind eine dauerhafte Schädigung davontragen wird. ... Sozialarbeiter aus Sri Lanka haben berichtet, daß eine Reihe pädophiler Frauen aus Deutschland und der Schweiz Medikamente mitbrachten, die sie ihren kindlichen Sexualpartnern injizierten.«[38] Eine Ärztin berichtet von grausamen Vergrößerungen der männlichen Geschlechtsteile und der Lebensgefahr für die betroffenen Jungen nach nur fünf bis sechs Injektionen.[39]

Während die sexuelle Ausbeutung von Jungen und Mädchen in der Dritten Welt durch europäische Touristen inzwischen in vielen Heimatstaaten der Täter und Täterinnen unter Strafe steht, beschreibt der ehemalige Abgeordnete im niederländischen Parlament EDWARD BRONGERSMA Kinderprostitution als »ganz normale« Dienstleistung. WENN DER JUNGE SEINEN FREIER NICHT MÖGE UND DER SEX MIT DIESEM IHN NICHT REIZE, SO SEI DIES »DIE SCHATTENSEITE EINES JOBS, DEN ER AUS FREIEN STÜCKEN ÜBERNOMMEN« HABE. DAMIT MÜSSE DER JUNGE SICH ABFINDEN; ER SEI »NICHT SCHLECHTER DRAN, ALS MANCHE LEHRLINGE, DIE SICH TÄGLICH MIT EINEM UNSYMPATHISCHEN CHEF HERUMSCHLAGEN« MÜSSTEN.[40]

Auch kann der ehemalige niederländische Volksvertreter den Zorn von »TERRE DES HOMMES« über die Kinderprostitution in Manila nicht teilen, denn seiner Meinung nach WIRD DER JUNGE FÜR »EINE STUNDE EROTISCHER LUST« – FÜR »ABENTEUER UND VERGNÜGEN« – MIT »EINER SCHÖNEN DUSCHE, NEUEN KLEIDERN UND EINER GUTEN MAHLZEIT BELOHNT«.[41]

Mit seiner Ignoranz gegenüber dem Leid der Opfer befindet sich EDWARD BRONGERSMA in »bester Gesellschaft«: Auch Prof. Dr. ERNEST BORNEMAN sieht in seinem häufig zitierten »Lexikon der Liebe« die weite Verbreitung der Kinderprostitution darin begründet, DASS KINDER VON SEHR FRÜHEM ALTER AN ERWACHSENE AUS FINANZIELLEN INTERESSEN ZU VERFÜHREN VERSUCHTEN.[42] Die gewerbliche sexuelle Ausbeutung von Jungen und Mädchen ist nach Ansicht des äußerst populären Wissenschaftlers »EINE DER BELIEBTESTEN FORMEN DER PROSTITUTION, WEIL ES FÜR DEN PÄDOPHILEN VIEL SCHWIERIGER ALS FÜR DEN NORMALEN MENSCHEN« SEI, »EINEN GESCHLECHTSPARTNER ZU FINDEN, UND HIER NUR INZEST UND PROSTITUTION ABHILFE« böte – so die kinderfeindliche Position des »Sexualexperten«.

Literaturempfehlung:
O'Grady, Ron: Gebrochene Rosen. Kinderprostitution und Tourismus in Asien. Unkel/Rhein 1992

PÄDOPHILIE: EINE FORM DER GEWALT

»FREIWILLIG EINGEGANGENE KONTAKTE, OHNE GEWALT, SIND IM WESEN UNSCHÄDLICH. KINDESMISSHANDLUNG IST NICHT DIE DOMÄNE DER PÄDOPHILEN.«[43] So und ähnlich lauten die Statements von »BEKENNENDEN PÄDOPHILEN« und pädophilenfreundlichen Wissenschaftlern. Doch zahlreiche Berichte von Opfern pädophiler Ausbeutung belegen das Gegenteil. Daher greifen die Pädophilenlobbyisten zu einer Argumentation, die Spreu vom Weizen zu trennen vorgibt, und unterscheiden zwischen »ECHTEN PÄDOPHILEN« und »PÄDOPHILEN MIT EINGESCHRÄNKTER PÄDOPHILER HANDLUNGSKOMPETENZ«.[44]

Übereinstimmend bescheinigen sie »ECHTEN PÄDOPHILEN« EINE GEWALTFREIE SEXUALITÄT MIT JUNGEN UND MÄDCHEN.[45] Diese sind angeblich »KEINE SCHÄDIGER ODER GAR SCHÄNDER«.[46] Ein Hauptvertreter dieser These ist HELMUT KENTLER. Er versteigt sich in einem von KATHARINA RUTSCHKY und dem Kinderschützer Prof. Dr. REINHART WOLFF herausgegebenen Buch mit dem doppeldeutigen Titel »Handbuch sexueller Mißbrauch« sogar zu der Behauptung: »EBENSO WIE SADISTEN, DIE IHREN SADISMUS BEJAHEN UND BEWUSST AUSLEBEN, HOCHSENSIBEL GEGEN AGGRESSION, GEGEN GEWALT UND ZWANG SIND, SO SIND ECHTE PÄDOPHILE HOCHSENSIBEL GEGEN SCHÄDIGUNGEN VON KINDERN.«[47] DER »ECHTE PÄDERAST« braucht – folgt man den Ausführungen des Professors der Psychologie – dann auch »IM ALLGEMEINEN KEINE GEWALT, AUCH NICHT IM SINNE STRUKTURELLER GEWALT, ANZUWENDEN, UM MIT MÄNNLICHEN JUGENDLICHEN SEXUELLE KONTAKTE HERZUSTELLEN UND AUFRECHTZUERHALTEN«.[48] Auch sexuelle Kontakte zu Kindern können nach KENTLER gewaltfrei gestaltet werden. Zwar erkennt der renommierte Sexualwissenschaftler richtigerweise, daß Kinder die sexuelle Erregtheit eines Erwachsenen nicht nachempfinden, bestimmte Äußerungen des Älteren nicht als sexuell identifizieren und die allmähliche Erotisierung und Sexualisierung einer Situation nicht erkennen können.[49] Doch gleichzeitig spricht er einigen Erwachsenen die Fähigkeit zu, dieses Ungleichgewicht ausgleichen zu können:

»SEXUELLE BEZIEHUNGEN ZWISCHEN ERWACHSENEN UND KINDERN, DIE NICHT DURCH GEWALTTATEN GEZWUNGEN SIND, DIE KEINE VERGEWALTIGUNGEN SIND, SETZEN BEIM ERWACHSENEN VORAUS, DASS ER SICH KINDLICH VERHÄLT.

DAS LEISTEN ERWACHSENE NUR DANN, WENN IHNEN AUF LÄNGERE ZEIT EIN ERWACHSENER PARTNER NICHT ZUR VERFÜGUNG STEHT (Z.B. NACH EINER SCHEIDUNG), ODER ES HANDELT SICH UM MENSCHEN, DIE NICHT IN DER LAGE SIND, EINEM ERWACHSENEN PARTNER GERECHT ZU WERDEN UND DAHER AUF KINDER ALS SEXUALOBJEKTE ANGEWIESEN SIND.«[50]

Konsequenterweise bagatellisiert der Experte für Sexualerziehung dann auch noch die Folgen der Pädophilie für deren Opfer und vertritt in seinem seit 1972 bis heute auflagenstarken Ratgeber »Eltern lernen Sexualerziehung« die These:

»UNSERE KINDER MÜSSEN IN IHREM LEBEN MIT SCHLIMMEREM FERTIGWERDEN ALS MIT SEXUELLEN VERFÜHRUNGSVERSUCHEN UND SEXUELLEN ANGRIFFEN. WENN UNSEREM KIND NICHT MEHR GESCHEHEN IST, ALS DASS

ES SEXUELL VERFÜHRT WURDE, WENN ES KÖRPERLICH UNVERLETZT IST UND KEINEN SEELISCHEN SCHOCK ERLITT, DANN BRAUCHEN WIR KEINE SORGE ZU HABEN, ES HÄTTE NICHT WIEDERGUTZUMACHENDE SCHÄDEN ERLITTEN.«[51]

Ebenso ignorant gegenüber dem emotionalen Erleben kindlicher Opfer äußert sich Kentlers Mitstreiter, der Begründer des Berliner Kinderschutzzentrums, Prof. Dr. REINHART WOLFF. Er vertritt die These, daß »BERÜHREN/STREICHELN DER BRÜSTE, DER VAGINA, DES PENIS, DES HINTERTEILS EINES/R MINDERJÄHRIGEN BZW. DAS VERLANGEN NACH BERÜHRUNGEN DER EIGENEN SEXUALORGANE (INTIME ZONE) DES ERWACHSENEN (MASTURBATION)« NUR EINE GERINGE TRAUMATISIERUNG ZUR FOLGE HABE.[52] Die Quelle seiner Erkenntnis nennt WOLFF nicht.

Die zitierten Aussagen stehen im krassen Gegensatz zu zahlreichen Forschungsergebnissen und Aussagen von Betroffenen, die immer wieder die Langzeitfolgen pädophiler Ausbeutung belegen.[53] Als Antwort auf die Fachdiskussion konstatiert dann selbst KENTLER, daß es sich in pädophilen Beziehungen zumindest in Einzelfällen doch um sexuellen Mißbrauch handelt. Auch hat er die Gruppe der Mißbraucher schon ausgemacht: Seiner Meinung nach handelt es sich um »PÄDERASTISCHE ANFÄNGER«, die einen Jungen durch Geschenke verwöhnten ODER DESSEN NOTLAGE AUSNUTZTEN, DOCH ZU PERSÖNLICHKEITSSCHÄDIGUNGEN SOLLEN DEREN GEWALTTATEN NICHT FÜHREN. Im Gegenteil: Der pädophilenfreundliche Wissenschaftler behauptet, DASS SICH IN DER ÜBERWIEGENDEN MEHRHEIT DER FÄLLE »PÄDERASTISCHE VERHÄLTNISSE SEHR POSITIV AUF DIE PERSÖNLICHKEITSENTWICKLUNG EINES JUNGEN AUSWIRKEN KÖNNEN, VOR ALLEM DANN, WENN DER PÄDERAST EIN REGELRECHTER MENTOR DES JUNGEN« SEI.[54] Auch durch »WEIBLICHE PÄDERASTEN« – sprich: Mißbraucherinnen – entstehen nach dieser Theorie KEINE SCHÄDIGUNGEN, HINGEGEN SOLL DER NUTZEN GROSS SEIN.[55] ES WIRKT SICH ANGEBLICH SEHR POSITIV AUS, WENN DIE SEXUELLE ENTWICKLUNG NICHT SOZIAL ISOLIERT, SONDERN IN EINER SOZIAL VERPFLICHTENDEN BEZIEHUNG GESCHIEHT.[56]

Diese These zieht sich wie ein roter Faden seit mehr als zwanzig Jahren durch die Publikationen des Hannoveraner Professors. Schon in seinem aus dem Jahre 1974 stammenden Vorwort zu dem bis heute weitverbreiteten Aufklärungsbuch »Zeig' mal!« nennt KENTLER die Quelle seiner »wissenschaftlichen« Erkenntnis. In Auswertung der Analysen von FRITS BERNARD und EDWARD BRONGERSMA, beides »BEKENNENDE PÄDO-PHILE«, zieht er die Schlußfolgerung: »WERDEN SOLCHE BEZIEHUNGEN VON DER UMWELT NICHT DISKRIMINIERT, DANN SIND UM SO EHER POSI-TIVE FOLGEN FÜR DIE PERSÖNLICHKEITSENTWICKLUNG ZU ERWARTEN, JE MEHR SICH DER ÄLTERE FÜR DEN JUNGEN VERANTWORTLICH FÜHLT.«[57] Erkenntnisse aus der Opferforschung und die Praxis der Beratungsarbeit mit Opfern der Pädophilie beweisen das Gegenteil: Sexuelle Ausbeutung ohne körperliche Gewaltanwendung kann sehr wohl schädlich sein, insbesondere wenn der Mißbrauch in einer – wie von vielen Pädophilen initiiert – langfristigen Beziehung stattfindet. Jungen und Mädchen leiden in der Regel um so mehr unter den Folgen des Mißbrauchs, je intensiver die Beziehung zum Täter/zur Täterin war. Insbesondere für vaterlose und sozial vernachlässigte Kinder und Jugendliche ist der Pädophile häufig eine Vaterfigur, nicht selten die einzige wichtige männliche Bezugsperson (Kapitel IV). Kein Wunder, daß die Folgen pädophilen Mißbrauchs häufig mit denen innerfamilialen Mißbrauchs vergleichbar sind. Der entschei-dende Grund für die zum Teil massiven Folgen liegt vor allem in dem vom Kind erlebten Vertrauensbruch begründet – im Verrat am Kind.[58]

Auch die Studie RÜDIGER LAUTMANNs beweist, daß nicht nur »BEKEN-NENDE PÄDOPHILE«, sondern ebenso Wissenschaftler den Gewaltanteil pädophiler Verbrechen leugnen bzw. bagatellisieren. Unter dem Titel »DIE LUST AM KIND – PORTRAIT DES PÄDOPHILEN« veröffentlichte der Univer-sitätsprofessor seine neuesten »Forschungsergebnisse«.[59] LAUTMANN in-terviewte »KNABENLIEBHABER« und »MÄDCHENFREUNDE«. Aufgrund der von ihm diagnostizierten angeblichen Offenheit der befragten pädo-philen Täter, wertet er deren Aussagen als bare Münze und gewinnt – nach eigenen Angaben – ohne die Befragung kindlicher Opfer Erkennt-nisse über die Gefühle der Kinder, eine Methode, deren Wissenschaftlich-keit sicherlich in Frage zu stellen ist. JUNGEN UND MÄDCHEN ERLEBEN – so schlußfolgert LAUTMANN aus seinen Interviews mit Pädophilen – die sexuelle Ausbeutung »ALS SINNLICHE FREUDE UND NARZISTISCHE BE-STÄTIGUNG«. Dabei befänden sich unter den betroffenen Jungen sogar einige »KLEINE JUNG-STIERE«.[60] ANGSTREAKTIONEN, DASS SICH KINDER ETWA »WIE DAS KANINCHEN VOR DER SCHLANGE PASSIV VERHALTEN«, SO etwas gibt es nach Lautmann in pädophilen Beziehungen nicht.[61] Allenfalls beendeten Kinder die Beziehungen, indem sie einfach wegblieben.

Obgleich der Wissenschaftler sehr wohl erkennt, daß die »sexuelle Kommunikation« vor dem Hintergrund eines »krassen Machtgefälles« vor allem am Anfang nur eindimensional vom Älteren aus verläuft und das Empfinden des Kindes gänzlich von dem abweicht, was der Erwachsene empfindet,[62] benutzen »BEKENNENDE PÄDOPHILE« – nach Ansicht LAUTMANNs – KINDER NIEMALS ALS OBJEKTE, SEHEN DIESE STETS ALS SUBJEKTE. Sie scheinen – glaubt man der Studie – mit übernatürlichen Fähigkeiten und einer göttlichen Moral ausgestattet, denn sie erspüren angeblich intuitiv die Wünsche der Kinder und stellen die eigenen sexuellen Bedürfnisse im Interesse der Jungen und Mädchen darauf ein. Doch manchmal müssen sie – folgt man den Ausführungen – etwas nachhelfen, um den »PÄDOPHILEN KONSENS« herzustellen. Der Hochschullehrer wirft z.B. die Frage auf, OB EIN »LIEBHABER« DAS ERSTE NEIN EINES KINDES ALS ENDGÜLTIGES NEIN ANSEHEN MUSS, ODER OB ER AUF EINEN MÖGLICHEN SINNESWANDEL SETZEN DARF.[63] Die Antwort findet der Wissenschaftler in der Aussage eines Pädophilen:

»ICH HABE IHN GEFRAGT, OB ICH AN SEINEM GESCHLECHTSTEIL LUTSCHEN DARF. ER HAT ES VERNEINT. DANN HABEN WIR ES DOCH GEMACHT. DER SEXUELLE KONTAKT LIEF ÜBER MEHRERE JAHRE. ER WAR SECHS ODER SIEBEN JAHRE ALT.«[64]

Der Bremer Universitätsprofessor kommentiert dieses Zitat eines Mißbrauchers mit den Worten: »DAS ERSTE NEIN KANN EINER GEWISSEN RATLOSIGKEIT ENTSPRUNGEN SEIN, DEM ZÖGERN VOR ETWAS UNBEKANNTEM, ZUMAL ANGESICHTS DESSEN, WAS MAN AN WIDERSPRÜCHLICHEM DARÜBER GEHÖRT HAT.«[65] Konsequenterweise kommt dann auch die – nach Angaben LAUTMANNs von der Deutschen Forschungsgesellschaft finanzierte – Studie über »Die Lust am Kind« zu dem Ergebnis, DASS PÄDOPHILIE AUS DEM OBJEKTIVEN BESTREBEN ERFOLGT, KINDHEIT ZU VERSCHÖNERN.[66]

Die Realität entspricht jedoch keineswegs dem von RÜDIGER LAUTMANN entworfenen romantisierenden Bild pädophiler Ausbeutung. Nicht zuletzt widerlegen die Berichte betroffener Männer und Frauen, die als Kind von Pädophilen sexuell ausgebeutet wurden, die Idealisierung dieser Form der Gewalt.

»Denn dieses Ekelgefühl war über die ganzen viereinhalb Jahre dabei. Ich hatte kein Lustgefühl. ... Es bleibt etwas Unangenehmes hinterher. Der akute Schmerz durch Verletzungen beim Analverkehr geht weg, aber der unangenehme Schmerz bleibt da. Der geht nicht weg. ... Ich mußte ihn auch oral befriedigen, was noch schwieriger für mich war als der Analverkehr.« (Ch., 26 Jahre)[67]

So kann dann selbst Lautmann die »PÄDOPHILEN BEZIEHUNGEN« immanente Gewaltstruktur nicht leugnen und spricht an anderer Stelle von einer »EINGESCHRÄNKTEN PÄDOPHILEN HANDLUNGSKOMPETENZ«.[68] Obgleich eine Vielzahl der von ihm zitierten Täteraussagen die subtile Gewalt der Pädophilen dokumentieren, hält der Wissenschaftler jedoch nach wie vor an der Schönfärberei sexueller Ausbeutung von Jungen fest und sieht lediglich den Gewaltanteil der »MÄDCHENFREUNDE«. Diesen stehe »ZU-VIEL TRADITIONELLES MÄNNERDENKEN« im Wege bzw. der Umgang zwischen den Geschlechtern sei »EINFACH RUPPIGER«.[69] Zudem würden Knaben früher zur Selbständigkeit ermuntert, deshalb könne der »MÄDCHENFREUND« weitaus seltener mit einer »FREIWILLIGEN TEILNAHME« des Kindes rechnen als der »KNABENLIEBHABER«.[70]

Diese Ignoranz gegenüber dem Leid betroffener Jungen zieht sich durch die gesamte pädophilenfreundliche Literatur. BERNARD registriert ernstere Formen sexueller Kriminalität gewöhnlich nur bei »ETWAS ÄLTEREN MÄDCHEN«.[71] GISELA BLEIBTREU-EHRENBERG geht davon aus, daß je jünger die Opfer, um so seltener treffe man auf Sexualtäter, die Gewalt ausübten. Von »GEWALTSAMEN, MÄSSIG BIS MASSIV SCHÄDIGENDEN KONTAKTEN« seien ausschließlich Mädchen und junge Frauen betroffen.[72] Mit einer solchen Einschätzung ignoriert die in Pädophilenkreisen geschätzte Ethnologin Erkenntnisse der eigenen Fachrichtung: Schon im antiken China bestand die Praxis, daß in Knabenbordellen Jungen entblößt auf Holzpflöcke verschiedener Größe gesetzt werden, um sie langsam an die Einführung des Penis eines Erwachsenen in ihren Anus zu gewöhnen.[73]

Die von Pädophilen und den ihnen wohlgesonnenen Wissenschaftlern betriebene skizzierte Idealisierung der sexuellen Ausbeutung von Jungen und Mädchen erstaunt um so mehr, als daß z.T. die gleichen Autoren an anderer Stelle die Struktur und Dynamik pädophiler Beziehungen realistisch einschätzen. EDWARD BRONGERSMA ist sich z.B. durchaus der Tatsache bewußt, »daß der Sexualakt, durch den der Mann die körperliche Entlohnung seiner Hingabe findet, eine einseitige Angelegenheit bleibt: Was für den Mann Lust ist, ist auf seiten des Jungen ein Opfer.«[74] Auch sieht der exponierte Vertreter der »KNABENLIEBHABER« und »MÄDCHENFREUNDE« die persönlichen Grenzen des einzelnen und weiß, daß es auch unter Pädophilen grausamste Sadisten gibt.[75] Ebenso bezeichnet MARIUS TILLMANNS es als »töricht«, die Behauptung aufzustellen, »pädophile Männer und Frauen wären der bessere Teil menschlicher Spezies. Das wäre naiv, absurd und gefährlich«![76]

Angesichts einer solch kritischen Auseinandersetzung mit der Dynamik pädophiler Ausbeutung überrascht die unerwartete prominente »Schützenhilfe«, die der renommierte Kinderschützer, Prof. Dr. REINHART WOLFF, den Pädophilen in der Zeitschrift »psychologie heute« zukommen läßt. Der Professor an der Berliner Fachhochschule für Sozialarbeit vertritt die These, über Pädophilie würde HIERZULANDE VIEL DUMMES ZEUG GEREDET. SICHER SEI: VON GEWALT KÖNNE BEI PÄDOPHILIE IN DER REGEL KEINE REDE SEIN. KLAUS PETER DAVID, Mitarbeiter des Kinderschutzzentrums Kiel, widerspricht WOLFF. Aus seiner Arbeit mit Opfern der Pädophilie weiß er über deren in der Regel gravierenden Folgeschäden zu berichten »und das besonders, wenn den Kindern weisgemacht wird, sie hätten es ja gewollt«.[77] Noch deutlicher wird DAVID, wenn er zu den nicht genannten Quellen der Wolffschen Theorie Stellung bezieht: »Wer sind denn diese Experten und was sagen sie denn? Wolff, nennen Sie doch bitte Namen und Ergebnisse. Auf diese Weise zu argumentieren, ist fachlich unredlich. Die Anführung von ungenannten, angeblich positiven (Einzel-)Fällen ist ein beliebter Stil pädophiler Publikationen.«[78] Der Familientherapeut des Kinderschutzzentrums Kiels schlägt vor, den Pädophilen, die ihren Taten entsprechende richtige Begrifflichkeit zukommen zu lassen und sie als »Kinderficker« zu bezeichnen.[79]

ZUR SELBSTDARSTELLUNG PÄDOPHILER TÄTER

Die Dritten gegenüber vorherrschende Selbstdarstellung von pädophilen Tätern als »PÄDAGOGEN UND FÖRDERER« hat sich seit der Antike nicht

verändert. Dementsprechend SEHEN »BEKENNENDE PÄDOPHILE« ZWI-
SCHEN SICH SELBST UND EINEM MISSBRAUCHER UNGEFÄHR SOVIEL
GEMEINSAMES WIE ZWISCHEN EINEM SEXUELL AKTIVEN MANN UND EINEM
VERGEWALTIGER; SIE BEWERTEN IHRE EROTISCH-SEXUELLE PRAXIS ALS
NÜTZLICH FÜR KINDER.[80] Parallel zur Argumentation inzestuöser Väter,
die die von ihnen verübte sexuelle Gewalt als »AUFKLÄRUNG« und
»EINFÜHRUNG IN DIE LIEBE« umdefinieren,[81] verkaufen auch Pädophile
sich Dritten gegenüber als »LEHRMEISTER IN SACHEN LIEBE«. So sollen
SCHON KLEINKINDER VON DER »SEXUELLEN FÖRDERUNG« PROFITIEREN
UND DURCH DIE MANIPULATION DURCH DEN ERWACHSENEN DIE ICH-
BEZOGENHEIT DES KINDLICHEN SEXUALSPIELS ÜBERWINDEN. EDWARD
BRONGERSMA stellt die These auf, daß JUNGEN DURCH SEX ZUR LIEBE
UND MÄDCHEN DURCH LIEBE ZUM SEX KOMMEN. Da jedoch »DIE JÜNGE-
REN, EBEN GEREIFTEN ANGEHÖRIGEN BEIDERLEI GESCHLECHTS« ALS
PARTNER FÜREINANDER WENIG GEEIGNET SEIEN, KÖNNE DER JUNGE DIE
SEXUELLE ERFAHRUNG, DIE ER UNBEDINGT BRAUCHE, MANCHMAL BESSER
BEIM EIGENEN GESCHLECHT ERWERBEN.[82] MIT EINEM ALTERSGENOSSEN
KÖNNE ER SICH AMÜSIEREN, DER ERWACHSENE ERFÜLLE JEDOCH EINE
EXISTENTIELLE LÜCKE, ER BÖTE Z.B. SICHERHEIT IN DER DURCH SCHNELLE
VERÄNDERUNG TYPISCHE VERUNSICHERUNG PUBERTIERENDER JUNGEN.[83]

Dementsprechend bewertet der niederländische »Experte« auch das
Wort »Verführung« als unpassend; er spricht von »EINWEIHUNG« (INITIA-
TION), AUF DIE DER JUNGE WARTE, »OFT SEHR SEHNLICH UND BEWUSST«.[84]
BRONGERSMA illustriert die von ihm gepriesene »SEXUELLE FÖRDERUNG«
mit einem Beispiel aus der Praxis:

»... WENN BEI SEINEM GROSSEN FREUND DAS GLIED ANSCHWILLT UND
ER SEINEN SAMEN IM ZUCKEN DER LEIDENSCHAFT ERGIESST. DANN WIRD
ES DEM JUNGEN LEICHT, SICH SELBST ALS ATTRAKTIV, LIEBENSWERT ZU
SEHEN.«[85]

Was der »Experte« schönschreibt, scheinen pädophile Täter im Alltag
realistischer zu beurteilen. Einer Reihe von ihnen steht KLAR VOR AUGEN,
DASS DEN KINDERN WEDER DER KÖRPER NOCH DIE GEILHEIT NOCH DER
ORGASMUS DES ÄLTEREN VIEL BEDEUTEN, MANCHMAL REGISTRIEREN DIE
»KINDERFREUNDE« SOGAR, DASS JUNGEN UND MÄDCHEN DAS EJAKULAT
ALS EKELIG EMPFINDEN.[86] Dennoch findet sich BRONGERSMA mit seiner
Bewertung der Pädophilie als »ENTWICKLUNGSHILFE IN SACHEN SEXUA-

Der Mistkerl

Aus: Zartbitter (Hg.): Ey Mann, bei mir ist es genauso. Köln 1992

LITÄT« in Übereinstimmung mit zahlreichen anderen »KNABENLIEBHA-BERN«.

»ES IST SCHÖN ZU ERLEBEN, WENN DU IHN MIT ZWÖLF KENNENLERNST, WIE ER HERANWÄCHST. WENN DU DEN ERSTEN ORGASMUS VON IHM ERLEBST, WENN DU SEINEN ERSTEN SAMENFLUSS VON IHM ERLEBST, WENN DU IHM DAS ALLES ERKLÄREN KANNST. DAS IST JA AUCH WAS NEUES, WAS AUF IHN ZUKOMMT. ES IST WUNDERSCHÖN.«[87]

»ICH MÖCHTE SEHEN, WIE ER SICH ENTWICKELT, BIS DER SAMENERGUSS KOMMT. – WENN ICH EINEN JUNGEN HABE, DER ZEHN, ELF IST, WÜNSCH ICH MIR IMMER, DASS ER JETZT ENDLICH SOWEIT KOMMT, DASS ICH DER ERSTE MENSCH BIN, DER SEINEN SAMEN SCHLUCKT.«[88]

Aus der Perspektive der Opfer sieht diese »EINFÜHRUNG IN DIE SEXUA-LITÄT« anders aus:

»Dabei hat er einfach angefangen, mich zu streicheln, und dann kam es eben soweit, daß er meinen Penis gestreichelt hat, und ich mußte seinen Penis streicheln. Er hat einfach meine Hand genommen und auf seinen Penis gelegt und gesagt, ich solle das machen. Ich kann mich noch verblüffend genau an die Gefühle erinnern, die ich hatte. Es war zum einen eine große Verwirrung, weil ich überhaupt nicht einordnen konnte, was passiert ist. Ich war damals nicht aufgeklärt, wurde auch später nicht aufgeklärt. Zum anderen hat es mich auch angeekelt und mir Angst gemacht. ... Ich mußte meinen Vater streicheln, bis er zum Orgasmus kam, und er hat es auch bei mir versucht. Aber es war eine Ejakulation, kein Orgasmus, sagen wir mal so. Ich hatte kein schönes Gefühl dabei, aber es ist halt ein Samenerguß gekommen.« (C., 22 Jahre)[89]

»Wenn er mich mißbraucht hat, habe ich das als sehr brutal empfun-den. Er hat zwar nicht mit mir geschlafen, ist also nicht hinten bei mir eingedrungen, sondern er hat von mir verlangt, daß ich ihn mit der Hand befriedige, und daß ich auch seinen Samenerguß trinke. Das war eigent-lich das Schlimmste. Ich habe hinterher Würgeanfälle gekriegt, es war ganz brutal. Dann hat er auch verlangt, daß ich Pornos dabei angucke, und er hat mich selbst auch berührt und befriedigt.« (A., 29 Jahre)[90]

Der in Pädophilenkreisen anerkannte Autor MARIUS TILLMANNS, selbst im pädagogischen Bereich tätig, versucht in seinem Buch »Sag mir, wo die Liebe ist« die Ausbeutung von Jungen und Mädchen mit der perfiden Argumentation zu legitimieren, daß Kinder mit pädophilen Erfahrungen – sprich: denen sexuelle Gewalt zugefügt wurde – sich in Zukunft angeblich besser schützen könnten.

»SICHERLICH HABEN KINDER, DIE EINE SOLCHE FREUNDSCHAFT GEPFLEGT HATTEN UND DADURCH DEN SENSIBLEN BEREICH DER UNBEKANNTEN ERWACHSENEN-EROTIK KENNENLERNTEN, IM WEITEREN LEBEN WESENTLICHE MÖGLICHKEITEN, ANDERE MENSCHEN (INSBESONDERE MÄNNER) RECHTZEITIG EINSCHÄTZEN ZU KÖNNEN; WAS ZUM SELBSTSCHUTZ DIESER KINDER, BESONDERS DER MÄDCHEN, BEITRAGEN MAG.«[91]

Zudem versucht TILLMANNS weizumachen, Frauen könnten aus sexuellen Beziehungen von Männern zu Kindern Vorteile ziehen: Der Mann könne seine Sensibilität gegenüber der weiblichen Sexualität stärken.

»UMGEKEHRT KANN EIN VON MACHTVERLUSTÄNGSTEN FREIER MANN AUFGRUND SEINES KENNENLERNENS DER ANDERS GEARTETEN SEXUALITÄT DES WEIBLICHEN KINDES FRAUEN UND MÄDCHEN ZUKÜNFTIG SICHERLICH WEIT SENSIBLER GEGENÜBERTRETEN. IN EINER MÄDCHENFREUNDSCHAFT IST DER MANN IN DIE LAGE VERSETZT, SEINE SENSIBILITÄT GEGENÜBER DER WEIBLICHEN SEXUALITÄT ZU STÄRKEN.«[92]

Auch EGLINTON weist AUF VERHEIRATETE JUNGENLIEBHABER HIN, DEREN GATTINNEN IM EHEBETT VON SEXUELLEN GEWANDTHEITEN PROFITIERTEN, DIE DEM MANN VON EINEM JUNGEN BEIGEBRACHT WURDEN.[93]

Nicht zuletzt preist Prof. Dr. ERNEST BORNEMAN die pädagogischen Möglichkeiten der Pädophilie. MÄNNER UND FRAUEN HÖCHSTER INTELLIGENZ UND ETHIK HÄTTEN »SICH ZU ALLEN ZEITEN NICHT NUR FÜR DIE PÄDOPHILIE AUSGESPROCHEN, SONDERN SIE ALS ERZIEHERISCHE PFLICHT, JA ALS EINZIGE WIRKLICH WIRKSAME METHODE DER ERZIEHUNG JUNGER MENSCHEN DEKLARIERT«.[94] Einen wissenschaftlichen Beleg liefert BORNEMAN für diese seine Behauptung nicht, statt dessen ignoriert er das Leiden der kindlichen und jugendlichen Opfer der Pädophilie und läßt sich zu der These hinreißen: »WENN WIR DEM KIND ... DEN ZUGANG ZU JUGENDLICHEN UND ERWACHSENEN PARTNERN VERBARRIKADIEREN, VERKÜMMERT SEIN LIEBESLEBEN UND ERZEUGT DANN SPÄTER JENEN LIEBLOSEN, VORZEI-

TIG VERGREISTEN ERWACHSENEN, AN DENEN UNSERE KULTUR SEIT JAHR-HUNDERTEN SCHEITERT. NICHT DER FRÜHE GESCHLECHTSVERKEHR, SON-DERN DER MANGEL AN FRÜHEM GESCHLECHTSVERKEHR ERZEUGT, MIT EINER ART ZEITZÜNDEREFFEKT, DEN TYPISCH LIEBESUNFÄHIGEN ERWACH-SENEN.«[95] Konsequenterweise nutzt BORNEMAN dann z.b. auch das ihm von FRANK HERRATH und UWE SIELERT in deren Buch »Jugendsexualität – zwischen Lust und Gewalt« zur Verfügung gestellte Forum und beklagt unter dem Titel »WENN DER VERSUCH DER VERHINDERUNG SCHADEN ERZEUGT« das Strafrecht, das das kindliche Recht auf Selbstbestimmung im Reich der Sexualität beschneide.[96] Nach Ansicht des 1995 verstorbe-nen Wissenschaftlers können Kinder ab dem 7. Lebensjahr sogar mit Erwachsenen ein ganz normales Geschlechtsleben führen.[97]

DIRK BANGE entgegnet der pädophilen Argumentation:
»*In unseren gesellschaftlichen Verhältnissen besteht zwischen Kindern und Erwachsenen immer ein strukturelles Machtgefälle: Die Pädophilen schreiben den Kindern den Status zu, gleichberechtigt zu sein. Sie verleug-nen dabei die Ungleichheit der psychischen, kognitiven und psychosexu-ellen Entwicklung und die fehlende Entscheidungsgewalt eines Kindes in allen wichtigen Lebensbereichen … Ein Kind, das auf den Schoß eines Mannes klettert und ihn dabei zärtlich umarmt, will deshalb nicht genital verführt werden. Von einigen Männern wird aber gerade ein solches kind-liches Verhalten als ein äußerer Anlaß für die sexuellen Kontakte angege-ben.*«[98]

Auch ANDREW VACHSS, New Yorker Rechtsanwalt, der Kinder vor Ge-richt vertritt, kommt aufgrund seiner breiten Berufserfahrung zu der Einschätzung, daß aller Pädophilenpropaganda zum Trotz, Kinder sich nicht sexuell selbstbestimmen können: »Ist das nicht ein krasser Fall von doppelter Moral, wenn in einem Land Kinder zwar nicht den Führer-schein machen, keine Verträge unterschreiben, keine Zigaretten und Schnaps kaufen und natürlich auch nicht wählen dürfen, wenn Kinder also per Gesetz total unmündig sind, aber sexuell sollen sie sich ›selbstbe-stimmen‹ können? Die gewohnheitsmäßigen Kinderschänder, die sich in Clubs, Vereinen und politischen Interessengruppen organisiert haben, reden immer von ›sexueller Selbstbestimmung‹ und bezeichnen die Schän-dung als ›schöne, auf Gegenseitigkeit beruhende Liebesbeziehung zwischen einem Mann und einem Kind‹. Das ist eine Lüge, eine verbrecherische Lüge.«[99]

Aus der Sicht der Opfer nimmt die Männergruppe von ZARTBITTER MÜNSTER zu pädophiler Gewalt Stellung. Die Betroffenen sehen keinen Unterschied zwischen inzestuöser und außerfamilialer sexueller Ausbeutung durch Pädophile, sie fragen, warum ein »KINDERBEGLÜCKER« mit seiner vermeintlichen »KINDERLIEBE« sich nicht auf eine erzieherische Tätigkeit beschränke, wenn es ihm nicht in erster Linie um seine Triebbefriedigung gehe. Die Selbsthilfegruppe betroffener Männer widerspricht der pädophilen Argumentation, Kinder seien gleichberechtigte Sexualpartner von Erwachsenen und könnten sich frei für sexuelle Kontakte entscheiden. Die Absurdität solcher Behauptungen würde deutlich, »wenn man sich einen 6jährigen vorstellt, der den Wunsch haben soll, den Nachbarn seiner Eltern manuell befriedigen zu wollen, oder einen 8jährigen, der gerne seinem Vater für eine orale Befriedigung zur Verfügung stehen will, oder den 10jährigen, der nichts lieber täte, als seinem Jugendgruppenleiter seinen Arsch anzubieten«.[100]

DEN ELTERN WIRD DIE SCHULD ZUGESCHOBEN

In einem Punkt sind sich sowohl alle selbsternannten »MÄDCHENFREUNDE« und »KNABENLIEBHABER« als auch pädophilenfreundliche Wissenschaftler einig: Die Folgen der von ihnen verübten sexuellen Gewalt haben angeblich nicht die Täter, sondern die Eltern der Kinder zu verantworten. Im Chor erklären sie: Pädophilie sei für die Kinder kein Problem. Sie sei ein Problem der Erwachsenen – vor allem der Eltern –, durch deren Reaktionen erst die Schäden entstehen sollen.[101] Nach BRUNO BENDIG GEHT DIE GEFÄHRDUNG DER KINDER VON ERWACHSENEN AUS, »DIE ... AUS ANGST UND ›BESITZDENKEN‹ IN DAS SYSTEM DER SELBSTSTEUERUNG EINGREIFEN UND DIE BEFRIEDIGUNG DER KINDLICHEN BEDÜRFNISSE IHREN EIGENEN INTERESSEN UNTERWERFEN«.[102]
UNTERDRÜCKTES INZESTUÖSES BEGEHREN VON SEITEN DER ELTERN sieht BRONGERSMA als eine Ursache für deren ablehnende Reaktionen auf Pädophilie. DIE EIGENEN VERABSCHEUTEN GEFÜHLE WÜRDEN NUN HASSERFÜLLT AUF PÄDOPHILE PROJIZIERT. ZUDEM SPÜRTEN DIE ELTERN

INSTINKTIV, DASS DER ERSTE RICHTIGE SEXUALVERKEHR DIE BEZIEHUNG DES KINDES ZU DEN ELTERN RADIKAL VERÄNDERE, DIE DIES ALS ANGRIFF AUF IHRE AUTORITÄT ERLEBTEN.[103]

Am meisten empören sich nach Ansicht des praktizierenden Pädophilen ELTERN, DIE KEIN RICHTIGES VERHÄLTNIS ZUM SOHN HABEN SOLLEN UND ANGEBLICH DESSEN BEZIEHUNG ZUM FREUND ALS ANKLAGE EMPFINDEN.[104] TILLMANNS SPEKULIERT, OB NICHT UNBEWUSSTE WEIBLICHE EIFERSUCHT EIN WEITERER GRUND DER ABLEHNUNG DER PÄDOPHILIE SEI.[105] Diese falsche Hypothese »belegt« er mit der richtigen Beobachtung, daß es Mütter gibt, die den Sohn oder die Tochter schützen und sich und ihre Kinder aus der Beziehung zu ihrem Partner zurückziehen, wenn sie bemerken, daß dem Mann das Kind mehr bedeutet als sie selbst,[106] dieser z.B. das Kind mit Geschenken überhäuft und den Kontakt sexualisiert.

Da die Pädophilen ihren unmittelbaren Konfrontationspunkt mit der Gesellschaft in den Eltern – vor allem den Müttern – ihrer Opfer sehen,[107] sieht MARIUS TILLMANNS konsequenterweise die »AUFGABE PÄDOPHIL EMPFINDENDER MENSCHEN, FÜR DIE ÄNGSTE UND PROBLEME DER MÜTTER ... VERSTÄNDNIS AUFZUBRINGEN«[108]. IM GESPRÄCH SOLLTE DEN FRAUEN DIE MÖGLICHKEIT GEGEBEN WERDEN, ÜBER IHR SCHLECHTES GEWISSEN ZU SPRECHEN, DAS ENTSTANDEN SEI, INDEM SIE EINEN FREUND DES KINDES VERGRAULTEN.[109] Selbst in Fällen der Kindstötung durch Pädophile haben nach ERNEST BORNEMAN fast stets die Eltern das Unglück des Kindes zu verantworten:

»MAN MUSS SEHR SORGFÄLTIG ZWISCHEN DEN PÄDOSADISTEN UND DEN PÄDOPHILEN MENSCHEN UNTERSCHEIDEN, DIE DEN KINDERN NICHT WEH TUN MÖCHTEN, DIE ABER MANCHMAL AUS ANGST VOR DER ENTDECKUNG DEN MUND DES KINDES ZUHALTEN, WOBEI DANN NUR ALLZUOFT ERSTICKUNGSTOD EINTRITT. ... DER PÄDOPHILE TÄTER, DESSEN LIBIDO AUF KINDER FIXIERT IST, WILL DEM KIND NICHT WEH TUN ... ABER WENN DAS KIND VON SEINEN ELTERN ANGEWIESEN WORDEN IST, IN SOLCHEN FÄLLEN UM HILFE ZU RUFEN, ODER WENN DIE ELTERN DEM KIND ANGST GEMACHT HABEN, SO DASS ES AUS OFT UNBEGRÜNDETER FURCHT ZU SCHREIEN BEGINNT, BEKOMMT DER TÄTER ANGST. UND STATT WEGZULAUFEN, VERSUCHT ER DIE SCHREIE DES KINDES MIT DER HAND

ODER EINEM KLEIDUNGSSTÜCK ZU ERSTICKEN. DABEI TRITT DANN EBEN ZUWEILEN DER UNBEABSICHTIGTE TOD DES KINDES EIN.

OBGLEICH ES DEN ELTERN KEIN TROST IST, VON DEM GERICHTSARZT ZU ERFAHREN, DASS DER TÄTER DAS KIND NICHT AUS LUST AM TÖTEN, SONDERN AUS ANGST VOR ENTDECKUNG UMGEBRACHT HAT, SO DARF DIESER UNTERSCHIED DOCH NICHT LEICHTFERTIG VERWISCHT WERDEN. ERST DER ANBLICK DES TOTEN KINDES BEWEGT DEN TÄTER DANN MANCH-MAL ZUM VERSUCH EINES KOITALAKTS. HÄTTEN DIE ELTERN DURCH IHRE EIGENE ANGST VOR DEM SEXUALVERKEHR DAS KIND NICHT IN PANIK VERSETZT, WÄRE ES NICHT GETÖTET WORDEN. UND WÄRE ES NICHT GETÖ-TET WORDEN, SO HÄTTE DER TÄTER KEINEN KOITALVERSUCH GEMACHT. TRAGISCHERWEISE SIND ES ALSO FAST STETS DIE ELTERN, DIE DEM KIND SEIN EIGENES SCHICKSAL EINBROCKEN.«[110]

Prof. Dr. ERNEST BORNEMAN steuert noch einen weiteren Beitrag zur Täter-ent-Schuld-ung bei: »ERST DIE PARADOXE SITTENLEHRE DER EL-TERN« – so der ehemalige Briefkastenonkel der »Neuen Revue« – FLÖSSE DEM KIND DEN GEDANKEN EIN, DASS GESCHLECHTSVERKEHR SCHÄDLICH ODER UNMORALISCH SEI. ERST WENN DAS KIND DIESEN UNSINN GLAUBE, BEGINNE »DER TEUFLISCHE MECHANISMUS DES SCHLECHTEN GEWISSENS UND DER SELBSTVORWÜRFE«, DIE DEN EIGENTLICHEN SCHADEN IN DER PSYCHE DES KINDES ANRICHTETEN UND MEIST IRREPARABEL SEIEN.[111] Auch zur Entstehung dieser von ihm »diagnostizierten« Dynamik ent-wickelt BORNEMAN eine wissenschaftlich in keinster Weise abgesicherte Alltagstheorie:

»WAS WIR IN DEM ›KINDERSCHÄNDER‹ ATTACKIEREN, IST TATSÄCHLICH UNSERE EIFERSUCHT AUF UNSERE EIGENE VERDRÄNGTE KINDLICHE SE-XUALFREUDE. ... WENN WIR NICHT MEHR DIE SEXUALFREUDEN DER KIND-HEIT GENIESSEN DÜRFEN, WIE SOLL ER DANN DAS UNGESTRAFTE PRIVILEG HABEN, SICH MIT KINDERN ZU VERGNÜGEN!«[112] TILLMANNS macht einen praktischen Vorschlag – ganz im Bornemanschen Sinne: »DAS PFLICHT-FACH LIEBE SOLLTE GANZ OBEN IN UNSEREM STUNDENPLAN DES LEBENS STEHEN. DANN BRÄUCHTEN WIR AUCH VOR BEKANNTEN ODER FREUNDEN, DIE PÄDOPHILE REGUNGEN SIGNALISIEREN, KEINE ANGST ZU HABEN.«[113]

Last but not least warnt der pädophilenfreundliche Sexualexperte HELMUT KENTLER vor »falschen Reaktionen« durch Eltern und Umwelt. Einmal mehr leugnet er das Gewaltpotential pädophiler Täter:

»IN DEN WEITAUS MEISTEN FÄLLEN IST NUR STRUKTURELLE GEWALT IM SPIEL, UND SCHÄDIGUNGEN ENTSTEHEN ALLENFALLS SEKUNDÄR: WEIL DAS KIND SEIN VERHÄLTNIS ZU DEM MANN VERBERGEN UND VERSCHWEIGEN MUSS, WEIL ES ANDEREN KINDERN ENTFREMDET WIRD, WEIL, WENN DAS VERHÄLTNIS ENTDECKT WIRD, DIE ELTERN, VERNEHMUNGSBEAMTEN, GUTACHTER UND RICHTER IN EINER WEISE REAGIEREN, DIE DAS KIND SCHÄDIGEN.«[114]

Als verkehrteste Reaktion bewertet KENTLER demzufolge die Erstattung einer Anzeige durch die Eltern:

»NEGATIVER ALS ALLES, WAS ZWISCHEN DEM ERWACHSENEN UND DEM KIND VORGEKOMMEN IST, KÖNNE SICH DAS VERHÖR DURCH EINEN UNGE-SCHULTEN KRIMINALBEAMTEN AUSWIRKEN. ... DAS SEXUELLE ERLEBNIS SELBST HÄTTEN SIE BALD VERGESSEN, WENN SIE NICHT VON IHREN ELTERN DARAUF GESTOSSEN WORDEN WÄREN, DASS SIE ETWAS SCHRECKLICHES, EKELHAFTES, BEDROHLICHES DURCHGEMACHT HABEN.«[115]

Diese Einschätzung des Hannoveraner Professors widerlegen die Ergeb-nisse einer Untersuchung von JACQUIE ROBERTS und CATHY TAYLOR. Die beiden Forscherinnen sprachen nicht über, sondern mit betroffenen Jungen und Mädchen und erfuhren, daß die meisten Opfer das Sprechen über die Gewalterlebnisse als Erleichterung empfanden.[116]

»Ich bin ganz froh, daß ich es gesagt habe. Wenn ich nichts gesagt hätte, hätte ich mich umgebracht. Bevor ich darüber gesprochen habe, habe ich geschnüffelt und Drogen genommen – ein Hilferuf – alles war danben. Als meine Mutter mir dann geglaubt hat, war alles gut.« (15 Jahre)[117]

»Die Richter und die Polizei waren sehr hilfreich, weil sie sie gejagt und gestoppt haben – sie haben sie eingelocht – und mich und andere geschützt haben.« (16 Jahre)[118]

»Erst hatte ich Angst, etwas zu sagen. Ich dachte, daß man mich ausschimpfen würde. Jetzt fühle ich mich viel besser, weil ich es gesagt habe. Ich bin alles losgeworden.« (12 Jahre)[119]

Obwohl einige Kinder die Reaktionen der Umwelt auf den Mißbrauch negativ bewerteten, sagten doch viele von sich aus, daß der Mißbrauch selbst mit Abstand das Schlimmste an der gesamten Erfahrung gewesen sei. Trotz der Tatsache, daß einige Kinder schwierige Gerichtsverhandlungen, unangenehme medizinische Untersuchungen und negative Reaktionen ihrer Kameradinnen und Kameraden durchstehen mußten, gab die überwältigende Mehrheit anderen Kindern den Rat, den Mißbrauch nicht zu verschweigen.[120]

»Versuche es in allen Einzelheiten zu besprechen. Schreib es auf, wenn Du nicht darüber sprechen kannst. So habe ich es gemacht.« (13 Jahre)[121]

»Erzähle sofort jemandem davon. Ich bedaure es, daß ich so lange gewartet habe, bis ich jemandem davon erzählt habe. Es macht alles nur noch schlimmer.« (14 Jahre)[122]

»Zieh dich nicht zurück. Ich weiß, daß du Probleme hast, aber letztlich wirst du, wenn du es niemandem erzählst, durch die Hölle gehen.« (15 Jahre)[123]

Eine Voraussetzung dafür, daß betroffene Jungen und Mädchen über ihre sexuellen Gewalterfahrungen sprechen können, ist, daß ihre Eltern ihnen glauben, sie schützen und für sie Partei ergreifen. Müttern und Vätern die Bagatellisierung und das Ignorieren des Mißbrauchs zu empfehlen, nützt Tätern (Täterinnen) und schadet den Opfern.

Literaturempfehlungen:
Enders, Ursula (1995): Gibt es einen Mißbrauch mit dem Mißbrauch? In: Enders (Hg): Zart war ich, bitter war´s. Überarbeitete und erweiterte Neuausgabe. Köln 1995
Glöer, Nele/Schmiedeskamp-Böhler, Irmgard (1990): Verlorene Kindheit. München 1990
Vachss, Andrew (1994): Andrew Vachss und Claus Leggewie im Gespräch über das Böse. Frankfurt am Main 1994

X

Ursula Enders

VERRATEN UND VERKAUFT
Das Geschäft mit der
Kinderpornographie

»WIR, 4 1/2, FAST 3, 13 WOCHEN UND 3 1/2 UND FAST 2, WOLLEN AN EINEM BESTIMMTEN TAG, 15.00 UHR, EINE PARTY FEIERN. SUCHEN ZWEI NETTE JUNGE VÄTER BIS 35, MIT KLEINEN KINDERN BIS 5 JAHRE, DIE, AUS WELCHEN GRÜNDEN AUCH IMMER, ALLEINE SIND. CHIFFRE ...«[1]

»BAUARBEITER MIT CA. SECHSJÄHRIGEM SOHN ZUR TÄTIGEN MITHILFE AM OBJEKT GESUCHT. VIDEOÜBERWACHUNG GEGEBEN. 15.000,— VB. CHIFFRE ...«[2]

So und ähnlich lauten die Anzeigen in seriösen Tageszeitungen, Magazinen, BTX-Mailboxen und Computerdatennetzen, mit denen »KINDLICHE UND ERWACHSENE DARSTELLER« – sprich: Opfer und Täter – für die Produktion von Pornographie gesucht werden. Ihre Ware bringen die Porno-Produzenten anschließend über einen äußerst straff organisierten

Vertriebsweg »AN DEN MANN UND DIE FRAU«. Konspiratives Vorgehen und geringes Risiko durch einen z.T. nach Strukturen des organisierten Verbrechens aufgebauten Vertrieb garantieren einen hohen Profit.[3] Während Drogendealer leichter enttarnt werden und zudem noch drastische Strafen befürchten müssen, werden Pornohändler nur in Ausnahmefällen überführt und brauchen nur eine vergleichsweise geringe Strafe zu befürchten. Das Strafmaß für den Vertrieb von Kinderpornographie entspricht auch im Jahre 1995 dem für »Schwarzfahren« in öffentlichen Verkehrsmitteln.[4] Etwas empfindlicher treffen die Produzenten und Händler der »heißen Ware« jedoch die Ermittlungen der Steuerfahndung – sie schmälern den finanziellen Profit.

PETER SCHNIEDERS, Leiter des Sittendezernats der Kriminalpolizei Köln, macht neben den skrupellosen, professionellen Geschäftemachern noch eine zweite Gruppe der Porno-Produzenten aus: die »kleinen« Produzenten »VON PRIVAT FÜR PRIVAT«.

»Die Kriminalpolizei Köln konnte im März 1995 bei einer Wohnungsdurchsuchung insgesamt 12.500 Negative sowie 80 Videofilme sicherstellen. Auf vielen der Negative und Fotos sowie Filme waren der 11jährige Sohn, der Beschuldigte und dessen Ehefrau bei zum Teil extremen sexuellen Praktiken abgelichtet. In vielen Situationen war deutlich erkennbar, wie ekelerregend das geschädigte Kind diese sexuellen Manipulationen empfunden haben muß. Dies hat jedoch den Täter nicht von seinem Tun abgehalten.«[5]

Für die »GARANTIERT ECHTEN PRIVATVIDEOS« gibt es – so SCHNIEDERS – einen großen Markt von Sammlern – auch »Collectors« genannt. In einem weitverzweigten Netz werden die Videos privat getauscht oder zu hohen Preisen verkauft bzw. verliehen. Für besondere »RARITÄTEN« (z.B. »ANALE LUSTERLEBNISSE MIT ZARTEM KNABEN« ODER »ENTJUNGFERUNG EINER ACHTJÄHRIGEN«) werden unter Umständen Preise bis zu mehreren Tausend Mark verlangt und auch gezahlt.[6]

Neben dem finanziellen wird in der Fachdiskussion noch ein weiteres Motiv der Täter genannt, den von ihnen verübten Mißbrauch im Bild festzuhalten: Die Ablichtung des Delikts stimuliert sie zusätzlich.[7]

Einige Männer verwenden die Hefte und Filme außerdem dazu, Kinder sexuell gefügig zu machen. Damit zeigen sie den Kindern, daß sexuelle

Handlungen mit Erwachsenen ganz normal sind und Spaß machen. Auch fotografieren einige Erwachsene Jungen und Mädchen in eindeutigen Posen, um ihre Opfer anschließend mit den Bildern zur Geheimhaltung zu zwingen. Die Täter (Täterinnen) drohen »redefreudigen« Kindern, die Fotos ihren Eltern, LehrerInnen oder FreundInnen zu zeigen.

In ihrer Skrupellosigkeit vergessen Porno-Produzenten nicht die eigene Sicherheit. Damit man sie über ihre Produkte nicht identifizieren kann, tragen die erwachsenen Akteure oftmals (Monster-, Teufels- oder Hexen-) Masken. Eine Methode ist es, die Gesichter bis zur Unkenntlichkeit zu schminken oder die Köpfe der Täter (Täterinnen) aus den Filmen heraus-zuschneiden. Zudem werden Drehort, Umgebung und Möblierung per-manent verändert.

Während Produktion und Vertrieb der Pornographie mit Mädchen und Jungen inzwischen teilweise mafiaähnlich organisiert sind, bleiben die Erfolge der Ermittlungsbehörden noch immer mehr oder weniger dem Zufall überlassen. So müssen die Strafverfolgungsbehörden mit einer vergleichsweise lächerlichen personellen und technischen Ausstattung gegen das große Ausmaß der Kinderporno-Produktion antreten. So verfü-gen die Ermittlungsbehörden noch nicht einmal über die notwendigen finanziellen Mittel für die dringend notwendige Überwachung des BTX-Systems. Bis heute nutzt die TELEKOM nicht die gegebenen Möglichkeiten, das BTX-System von den Angeboten der Porno-Produzenten freizuhalten. Auch sehen die Bundesländer als verantwortliche Kontrolleure des BTX-Systems noch keine Veranlassung, entsprechende Angebote zu sperren. Offensichtlich werden die lukrativen Einnahmen »höher bewertet als der Schutz von Kindern vor skrupellosen Geschäftemachern und hemmungs-losen Eltern«.[8]

Dennoch zeichnen sich erste Ansätze eines kritischeren Umgangs mit Kinderpornographie ab. Die Kriminalpolizei Köln beobachtet z.B. eine wachsende Bereitschaft der Bevölkerung, die Produktion von Pornogra-phie mit Kindern und Jugendlichen anzuzeigen. Auch wächst das Pro-blembewußtsein gegenüber der sexuellen Ausbeutung von Jungen. Zu-nehmend finden nicht nur weibliche, sondern auch männliche Opfer mit der Unterstützung ihrer Eltern oder Lehrer den Weg zur Polizei. PETER SCHNIEDERS berichtet aus seinem Berufsalltag: »*Auf der hiesigen Dienst-*

stelle erschien eine Frau zusammen mit ihrem minderjährigen 12jährigen Sohn, um einen sexuellen Mißbrauch anzuzeigen.

Dem Jungen war in der Schule nicht entgangen, daß ein Klassenkamerad über außergewöhnlich viel Bargeld und über aufwendige und teure Bekleidung verfügte. Dinge, die er sich aufgrund des schmalen Geldbeutels seiner Eltern nicht leisten konnte.

Die Neugier war geweckt und der Klassenkamerad angesprochen. Dieser erklärte dann bereitwillig, daß er eine gute Möglichkeit gefunden habe, auf leichte Art und Weise Geld zu verdienen, es ginge dabei lediglich um ein paar Fotos. Er bot dem 12jährigen an, ihn bei einem Treffen zu begleiten. Der 12jährige willigte ein, und man traf sich verabredungsgemäß im Stadtzentrum. Von dort aus gelangten sie in eine Wohnung, die sich in einer abgelegenen Seitenstraße befand. In der Wohnung hielten sich bereits mehrere Kinder und Jugendliche auf.

Es wurden Getränke gereicht – auch alkoholische – und es gab etwas zu essen.

Zur Einstimmung wurde den Anwesenden zunächst der Film ›...‹ gezeigt. Dieser Film handelt von einer Gruppe gewalttätiger Jugendlicher, die einen einzelnen Jugendlichen sexuell mißbraucht und zu außergewöhnlichen sexuellen Handlungen nötigt.

Der neu hinzugekommene 12jährige wurde sodann aufgefordert, sich ebenfalls auszuziehen und sexuelle Handlungen an sich vorzunehmen. Dabei wurden von ihm Aufnahmen gemacht. Ein Mann mittleren Alters ›entlohnte‹ ihn dann mit 25,– DM für diese Tätigkeit.

Danach wurde der Junge zu strengstem Stillschweigen verpflichtet. Sollte er doch etwas erzählen, dann werde man seine Eltern informieren bzw. in der Schule davon berichten.

Der 12jährige vertraute sich jedoch seiner Mutter an, weil das dort Erlebte ihn wochenlang traumatisch verfolgte.«[9]

Durch die intensive Diskussion über Kinderpornographie und die teilweise sehr detaillierten Beschreibungen der Vertriebswege der Porno-Produzenten in den (Fach-)Veröffentlichungen sind offenbar einige »schlafende Hunde« erst geweckt worden. So berichtet ein wegen Kinderpornographiehandels verurteilter Mann: »NACH DIESEM ARTIKEL HABEN BEI MIR DIE TELEFONE NICHT MEHR STILLGESTANDEN. ICH HABE MEINEN UMSATZ DANACH UM 300 BIS 400 PROZENT GESTEIGERT. VIELE LEUTE

WUSSTEN JA DAMALS GAR NICHT, WO ES SO WAS GIBT. VON DEM TAGE AN WUSSTEN SIE ES.«[10]

So wichtig eine politische und fachliche Diskussion über die Problematik der Kinderporno-Produktion ist, so wichtig ist es aber auch, darauf zu achten, daß die Berichterstattung keine Details beschreibt und nicht unbeabsichtigt zur Werbung für kinderpornographische Produkte wird.

XI

Ursula Enders

»WAS NICHT SEIN DARF, DAS NICHT SEIN KANN!«
Sexuelle Gewalt in Institutionen

Sexuelle Ausbeutungen von Jungen und Mädchen durch pädophile Jugendgruppenleiter, Erzieher, Pfarrer, Ärzte und Trainer war schon immer ein heiß diskutiertes Thema – allerdings nur »hinter vorgehaltener Hand«. Die zuständigen Institutionen fühlten sich in der Vergangenheit jedoch meist weniger dem Wohl der betroffenen Kinder verpflichtet, als daß sie versuchten, »die eigene Weste sauber zu halten«. Meist »wuschen« die zuständigen Vorgesetzten »ihre Hände in Unschuld« und zogen allenfalls den Täter »aus dem Verkehr« – sprich: versetzten ihn »aus Krankheitsgründen« in den vorzeitigen Ruhestand bzw. wiesen ihn ohne Rücksicht auf potentielle nächste Opfer einer anderen Dienststelle zu. Es galt vor allem, den Ruf der eigenen Institution zu wahren.

In den letzten Jahren wuchs das Problembewußtsein gegenüber der sexuellen Ausbeutung in pädagogischen, seelsorgerischen, therapeutischen und medizinischen Arbeitsfeldern. Sowohl betroffene Jungen und Mädchen als auch Eltern lassen sich nicht mehr so leicht mundtod machen. Als Antwort auf die hohe Zahl von Anzeigen stellte die Berliner Polizei z.B. einen Kommissar speziell für die Ermittlung in Fällen der sexuellen Gewalt durch Sporttrainer ab. Auch andere vorbildliche Reaktionen auf sexuelle Ausbeutung in Institutionen lassen hoffen, daß in ferner Zukunft vielleicht einmal nicht mehr die Institution einen besonders guten Ruf genießt, die sich »einer sauberen Weste« rühmt, sondern vor allem Einrichtungen, die konsequent sexuelle Übergriffe in den eigenen Reihen aufdecken und beenden, ohne den für die Opfer notwendigen Schutz zu mißachten. Doch bis dahin ist es noch ein weiter Weg, denn Institutionen lassen sich in der Regel nur durch die konsequente Herstellung von Öffentlichkeit bewegen.

Ursula Enders

DIE HÄNDE IN UNSCHULD WASCHEN!

Kirche und sexueller Mißbrauch – ein Fallbeispiel

Ein Junge, neun Jahre alt und Kommunionkind, wird vom Pfarrer sexuell mißbraucht. Der Geistliche steigert die von ihm angewandten Formen der sexuellen Gewalt systematisch. Zunächst zeigt er dem Opfer pornographische Aufnahmen, kurze Zeit später Kinderpornofilme. Zwar kann sich der Junge am Anfang noch gegen eine Beteiligung bei der Pornofilm-Produktion wehren, doch setzt der Pfarrer ihn zunehmend unter Druck: »Wenn du zu Hause was erzählst, wird deine Mutter sehr krank werden ...« »In deiner Familie wird dich keiner mehr lieb haben.« »Dein kleiner Bruder wird schwer krank werden und wahrscheinlich sterben.« Mit diesen und anderen Drohungen zwingt der Seelsorger das Kind zu pornographischen Aufnahmen in »besonderen Positionen«. Er vergewaltigt sein Opfer sowohl anal als auch oral. Dabei geht er skrupellos über Schmerzensäußerungen des Jungen hinweg. Er steigert die Gewalt bis hin zur Produktion eines Pornofilms, den er dem Kind nach dessen Angaben anschließend vorspielt. Die sexuelle Ausbeutung läuft über mehr als zwei Jahre. Dann findet der inzwischen elfjährige Junge den Mut, sich seiner Mutter anzuvertrauen und macht auf eigenen Wunsch eine Aussage bei der Polizei. Er will nicht, daß anderen Kindern so etwas auch passiert. Obgleich die Mutter zunächst besorgt ist, die polizeiliche Vernehmung könne ihren Sohn belasten, entspricht sie im Dezember 1992 dem Wunsch des Kindes und erstattet Strafanzeige. Die Bedenken der Mutter erweisen sich als unnötig: Der Kriminalbeamte befragt das Kind mit großem Einfühlungsvermögen. Der Junge kann mit ihm über seine Gewalterfahrungen sprechen. Nach dieser ersten Anzeige machen auch andere betroffene Kinder Aussagen bei der Polizei.

Gemeinsam mit einem weiteren – inzwischen erwachsenen – Opfer des Pfarrers bemüht sich die engagierte Mutter, die Kirchenleitung von der Notwendigkeit zu überzeugen, den Pfarrer von seinen Amtsgeschäften zu entbinden. Der Geistliche leugnet gegenüber dem Generalvikar die von ihm verübten Verbrechen. Zwar drängt die Kirchenleitung den Mißbraucher zur Aufgabe seiner Pfarrstelle, doch stellt sie sich deshalb noch lange nicht auf die Seite der Opfer. Mit der lapidaren Erklärung »die Staatsanwaltschaft ermittelt« zieht sie sich aus der »Affäre«. Sie setzt die betroffenen Kinder und ihre Angehörigen schutzlos der Gerüchteküche und den Diffamierungen der Gemeinde aus, die sich größtenteils auf die Seite des Pfarrers schlägt und die Opfer an den Pranger stellt. Während der Generalvikar für die Unterbringung des Täters in einem Kloster sorgt, gewährt die Kirche den wahren Opfern keinerlei Unterstützung.

Nach und nach bringen die Ermittlungen die langjährige Täterkarriere des Pfarrers ans Licht: Schon in den siebziger Jahren hat er – seinerzeit als Religionslehrer tätig – Jungen sexuell mißbraucht. Der Bistumsleitung gelang es damals, die Eltern von einer Strafanzeige abzuhalten, indem sie die Zusage machte, daß der Täter aus dem Schuldienst entfernt und als Militärpfarrer eingesetzt werde. Ein reines Verschleierungsmanöver, denn der Mißbraucher wurde damals neben seiner Tätigkeit als Militärpfarrer gleichzeitig mit der Betreuung einer neuen Gemeinde beauftragt. Die Kirchenvertreter, die doch eigentlich dem Beispiel Jesu folgen und die Schwachen und Hilfebedürftigen unterstützen sollten, verdrängten ihre

Verantwortung als Seelsorger und verhielten sich statt dessen wie skrupellose Manager: Sie vertuschten die Geschichte. »Du sollst jeden Skandal vermeiden – koste es, was es wolle!« schien das Gebot zu sein, das ihr Handeln bestimmte.

Von der Mutter des betroffenen Jungen mit ihrer Mittäterschaft und ihrer Gewissenlosigkeit gegenüber Kindern konfrontiert, »ent-schuld-ig-en« die Kirchenoberen sich mit der unglaublichen Ausrede: »Wir sind davon ausgegangen, daß er so was nicht mehr macht, und wir waren der Meinung: jedem die reelle zweite Chance.« Den kindlichen Opfern allerdings gibt die Kirche keine Chance ... im Gegenteil: Sie hat immer noch nicht dazu gelernt und wirft der engagierten Mutter vor, sie mache Front gegen die katholische Kirche.

Erschüttert zeigt sich der Generalvikar erst, als nicht mehr zu leugnende objektive Fakten auftauchen, die unabhängig von den Aussagen der Kinder das Verbrechen beweisen. Die Kriminalpolizei wird bei einer Durchsuchung des Pfarrhauses fündig und kann 700 Videofilme und ca. 40.000 Dias – überwiegend pornographischen Inhalts – sicherstellen. Auch in der geschützten Klosterzelle – dem »Zufluchtsort des Täters« – findet die Polizei Beweismaterial. Jetzt kann selbst die Kirchenleitung das Problem nicht mehr unter den Teppich kehren. Nun gilt es, den Ruf der eigenen Institution zu wahren!

In einem persönlichen Gespräch sagt der Generalvikar der Kindesmutter zu, sein möglichstes zu tun, um dem betroffenen Jungen eine Aussage vor Gericht zu ersparen: Er will den Täter zu einem Geständnis bewegen und führt ein Gespräch mit diesem. Sein Bemühen bleibt ohne Erfolg.

Jetzt endlich, ein Jahr nach Bekanntwerden der neuen Verbrechen und zwanzig Jahre nach der ersten Aufdeckung der pädophilen Neigung des Pfarrers, stellt sich der Generalvikar den Fragen der Gemeinde. Jetzt endlich gibt er zu, daß im Laufe der Zeit des öfteren Meldungen bei der Bistumsleitung eingegangen sind, er jedoch nichts habe tun können, denn der Täter habe immer geleugnet und seine Unschuld beteuert. Anstatt diesen in die Verantwortung zu nehmen oder zumindest an eine Stelle ohne Kontakt mit Kindern zu versetzen (z.B. Kirchenarchiv), machte sich die Bistumsleitung der Mittäterschaft schuldig: Sie versetzte den Pfarrer mehrfach in eine neue Gemeinde – »mit viel Geschick«, denn in der

Vergangenheit drangen die Fakten nie in die Öffentlichkeit. Dieses Mal funktioniert die Verschleierungstaktik der Kirchenoberen nicht mehr: Ein mutiger Junge, seine engagierte Mutter und weitere Opfer setzen dem Täter Grenzen. Am 24. März 1994 wird er zu einer Freiheitsstrafe von vier Jahren verurteilt.

Bleibt abzuwarten, in welchen Bereich die Bistumsleitung für den Täter nach dessen Haftentlassung wieder »Verwendung« findet. In einem Punkt gibt sie jedoch ihr wahres Gesicht bereits erneut zu erkennen: Der zwischenzeitlich bekundeten Sorge des Generalvikars um den kindlichen Zeugen lag kein wahres Interesse zugrunde. Auch Monate nach dem Prozeß hält es der Geistliche noch nicht einmal für nötig, sich nach dem Befinden des Opfers zu erkundigen.[1]

Ursula Enders / Stephan Simone / Dirk Bange

»DAS DARF DOCH NICHT WAHR SEIN!«

Sexuelle Gewalt an Jungen und Mädchen in einer Grundschule

Ein Schüler beschwert sich zu Hause: »Mich nimmt Herr B. nie auf den Schoß!« Die Aussage des Jungen bringt den Stein ins Rollen. Zwei weitere Schüler vertrauen sich ihren Eltern an: Der Rektor verdunkelt im Unterricht die Fenster – angeblich zwecks Filmvorführung. Während die Klasse ihre Konzentration auf die Leinwand richtet, nutzt der Rektor die Dunkelheit, um einzelne Kinder zu mißbrauchen. Die Opfer schweigen aus Scham; andere Kinder sind irritiert, fragen sich, was an ihnen nicht stimmt, denn sie nimmt Herr B. nicht auf den Schoß.

Einige mutige Mütter und Väter tauschen sich aus, lassen sich anwaltlich beraten und erstatten Anzeige. Sie gehen diskret mit der Angelegenheit um, denn sie möchten verhindern, daß ihre Kinder durch eine zu breite Öffentlichkeit nochmals »entblößt« werden.

Der Täter erfährt von den gegen ihn erhobenen Vorwürfen, läßt sich erst einmal krank schreiben und geht auf Anraten seines Anwaltes sofort in eine Therapie.

Nur ganz langsam »sickern die Gerüchte durch«. Die Eltern plagt vor allem die Sorge, das Kollegium könnte sich auf die Seite des Rektors stellen und – aus Rache für die Anzeige – die Kinder unter Druck setzen. Doch die PädagogInnen stellen sich ihrer Verantwortung. Obgleich sie sich den Rektor zunächst nicht als Täter vorstellen können, tragen sie für die Informationen der zuständigen Stellen der Schulaufsicht Sorge und entscheiden sich in Abstimmung mit der Schulrätin zu einem mutigen Schritt, zeigen Zivilcourage. Der Konrektor informiert im Rahmen der zu Schuljahresbeginn obligatorischen Elternpflegschaftsversammlung alle Mütter und Väter über die Anschuldigungen gegenüber dem Rektor. Er drückt das Verständnis des Kollegiums für die Ängste und Empörung der Eltern aus und bittet gleichzeitig um Solidarität mit den LehrerInnen, die von den Fakten ebenso überrascht wurden wie die Eltern und sich zudem mit zahlreichen Problemen im Schulalltag konfrontiert sehen.

Die Elternschaft fühlt sich durch das offene und sachliche Vorgehen des Kollegiums ernstgenommen. Im Gegensatz zu zahlreichen anderen Fällen, in denen versucht wird, ein solches Problem gegenüber betroffenen Müttern und Vätern »abzuwiegeln«, kommt es in diesem Fall zu keinen Zwistigkeiten unter den Erwachsenen. Alle behalten gemeinsam das Wohl der Kinder im Auge. Die Eltern beschließen z.B., der Presse keinerlei Interviews zu geben. So ist selbst für die Boulevardpresse der Fall uninteressant.

Durch die Aussagen mehrerer Opfer in die Ecke getrieben, legt der Täter ein Geständnis ab – ein manchmal zu beobachtendes Verhalten, denn Mißbraucher erhoffen sich dadurch ein geringeres Strafmaß.

In den folgenden Monaten stellen sich alle Ebenen der Verwaltungshierarchie ihrer Verantwortung. Der Regierungspräsident sagt als Arbeitgeber des Täters die Übernahme evtl. anfallender Therapiekosten zu. Ebenso nimmt die Schulrätin ihre Fürsorgepflicht gegenüber dem Kollegium wahr und lädt einen Mitarbeiter von ZARTBITTER KÖLN ein, der den LehrerInnen eine erste inhaltliche Unterstützung gibt.

In Kooperation mit der Elternpflegschaft und den PädagogInnen bietet ZARTBITTER KÖLN für alle Mütter und Väter einen Informationsabend an, auf dem viele Fragen der Eltern beantwortet werden: »Wo bekomme ich Hilfe für mein Kind? ... Welche Folgen hat der sexuelle Mißbrauch? ... Wie können die Eltern sich gegenseitig unterstützen? ... Welche rechtlichen Schritte sind notwendig? ...«

Kurze Zeit später entspricht die Verwaltung der Bitte des Kollegiums nach Finanzierung einer Supervision. Intensiv setzen sich die LehrerInnen sowohl mit dem persönlichen Vertrauensbruch durch den Rektor auseinander als auch mit ihren Möglichkeiten, den Opfern zu helfen: »Warum habe ich nichts gemerkt, Situationen evtl. falsch eingeschätzt? ... Wie hat der Täter unserer aller Wahrnehmung vernebelt? ... Auch unser Vertrauen wurde hintergangen; wie können wir in Zukunft wieder vertrauensvoll zusammenarbeiten? ... Wie können wir betroffenen Mädchen und Jungen bei der Bewältigung ihrer Erlebnisse helfen? ... Mit welchen Institutionen wollen und können wir kooperieren? ... Wann empfehle ich Eltern eine therapeutische Begleitung ihres Kindes? ... Spreche ich die sexuellen Übergriffe in meiner Klasse an? Wenn ja – wie? ... Welche räumlichen Umstrukturierungen müssen wir in unserer Schule durchführen, um den Kindern einen Neuanfang zu dokumentieren und die »Requisiten des Mißbrauchs« zu beseitigen?«

Die Auseinandersetzung mit diesen teilweise sehr existentiellen Fragen führen die LehrerInnen mit bewundernswerter Offenheit und großem pädagogischen Engagement. Sie nutzten die Krise für sich und ihre SchülerInnen.

Es folgt eine Zeit der trügerischen Ruhe. Eltern und LehrerInnen versuchen, wieder einen »normalen Schulalltag« herzustellen und durch gemeinsame Aktivitäten den negativen Erinnerungen der Mädchen und Jungen positive Gemeinschaftserlebnisse entgegenzusetzen. Ihr Engagement wird durch die positive Entwicklung der Kinder bestätigt; die Verhaltensauffälligkeiten vieler Mädchen und Jungen (z.B. Einnässen, massive Ängst, Autoaggressionen) nehmen langsam ab.

Durch einen Zufall erfährt die Lokalpresse von den Ermittlungen gegen den Grundschulrektor und berichtet darüber. Am nächsten Morgen bringen SchülerInnen der vierten Klasse den Artikel mit in die Schule und plötzlich »sprudeln die Kinder los«. Unabhängig voneinander sprechen die Mädchen und Jungen aus drei Klassen darüber, daß der Rektor in verdunkelten Räumen bei Kerzenschein über Folterungen von Hexen und grausame religiöse Rituale gesprochen und ihnen damit Angst gemacht habe. Die Kinder berichten auch von Gewaltvideos und Pornofilmen, die der Rektor im Unterricht gezeigt habe. Ein Film sei besonders furchtbar gewesen: Ein Baby sei darin auf der ausgestreckten Hand einer Statue verglüht worden. Die Kinder sind froh, endlich sprechen zu können, denn das hätten sie sich vorher nicht getraut. Der Rektor habe angedroht, daß die Eltern sterben, wenn jemand darüber rede.

Auch diese Krisensituation meistern Mütter, Väter und LehrerInnen in gegenseitiger Solidarität. Die Eltern erstatten Anzeige bezüglich der von den Kindern berichteten nahezu unvorstellbaren Formen sadistischer Gewalt. Die PädagogInnen fertigen Berichte über die Aussagen der Kinder an und sagen bei der Polizei aus. Gemeinsam überlegen die Erwachsenen, wie sie den Kindern in dieser Situation zur Seite stehen können.

Zu Recht empören sich die Eltern über die Rücksichtslosigkeit der örtlichen Pfarrgemeinde, die noch immer keine Veranlassung sieht, dem Rektor seine Nebentätigkeit als Leiter des Kirchenchors zu entziehen. Anscheinend hat der Pfarrer kein Einfühlungsvermögen für die emotionalen Belastungen der Opfer und deren Eltern, die sich nach wie vor beim sonntäglichen Kirchenbesuch mit dem »religiösen Engagement« des Täters konfrontiert sehen.

Die Mütter und Väter protestieren mit Erfolg gegen die weitere volle Entlohnung des krankgeschriebenen Täters. Der Regierungspräsident prüft die Angelegenheit und spricht die vorläufige Suspendierung des Rektors aus; das Gehalt des »Staatsdieners« wird um 50 Prozent gekürzt.

Einige Monate später kommt die sexuelle Ausbeutung der SchülerInnen zur Verhandlung vor der Jugendschutzkammer des Landgerichtes. Die Staatsanwältin klagt nur einen Teil der Vorfälle an. Weder die Aussagen der Kinder über die sadistischen Erzählungen des Pädagogen noch ihre Berichte über den erzwungenen Konsum von Gewaltvideos und Pornofilmen sind Gegenstand der Verhandlung. Für die Eltern bleibt die Frage offen, ob die Staatsanwältin die diesbezüglichen Aussagen der Kinder als Phantasieprodukte einstuft, nicht für nachweisbar hält oder aber in ihrer

Anklage mit Rücksicht auf die Kinder auf »Nummer Sicher« geht, um den Mädchen und Jungen die Zeugenaussagen vor Gericht zu ersparen.

Das Schöffengericht verurteilt den Rektor zu einer Haftstrafe von zweieinhalb Jahren und einem mehrjährigen Berufsverbot. Nicht die Höhe des Urteils, sondern die eindeutige Bewertung des Gerichtes ist es, die Eltern und Kinder als ein Stück Vergeltung erleben: Der Vorsitzende Richter benennt die Fakten und den tiefen Vertrauensbruch, den der Täter begangen hat. Obgleich dieser geständig ist, will er Presseberichten zufolge gegen das Urteil Revision einlegen. Unabhängig jedoch, ob das erstinstanzliche Urteil rechtskräftig wird oder nicht, haben die betroffenen Mädchen und Jungen noch einen langen Weg vor sich, ehe sie – mit therapeutischer Hilfe – die Erlebnisse verarbeitet haben werden. In einem Punkt jedoch hatten sie Glück im Unglück: Ihre Eltern reagierten besonnen, und ihre LehrerInnen wie auch die Schulverwaltung ergriffen für sie Partei – eigentlich eine Selbstverständlichkeit, die aber im Alltag leider oftmals noch die Ausnahme ist.

Ursula Enders

»DAS GLAUBST DU DOCH
SELBER NICHT!«
Sexuelle Gewalt in Kindertagesstätten

»Erzieher als Täter – das gibt es doch nicht! ... Vermutlich hat der doch nur mal das Kind gewickelt und wird jetzt zu unrecht verdächtigt! ... Ein typisches Beispiel für Männerhaß und Massenhysterie! ...«

Die Diskussion über sexuelle Ausbeutung von Mädchen und Jungen in Institutionen der Jugendhilfe schlägt hohe Wellen. Insbesondere die Benennung von Kindertagesstätten als mögliche Tatorte wird von zahlreichen (Presse-)Stimmen begleitet, die das Problem bagatellisieren. Die meisten reagieren nicht auf die Fakten der sexuellen Gewalt gegen Mädchen und Jungen in einzelnen Institutionen, sondern auf die Vorstellung, die mann/frau von Formen und Ausmaß sexuellen Mißbrauchs hat. Im öffentlichen Bewußtsein ist jedoch die Vorstellung des Täters (der

Täterin) als »Monster« nach wie vor viel fester verankert, als daß die Tatsache gesehen wird, daß diese in den allermeisten Fällen als rechtschaffene BürgerInnen gelten und oftmals die Maske des engagierten und sympathischen Pädagogen (der Pädagogin) wählen, um so leichter Zugang zu Kindern zu bekommen (Kapitel IV). Insbesondere Frauen wird die sexuelle Ausbeutung von Jungen und Mädchen nicht zugetraut – hält sich doch bis heute das Bild der Erzieherin/des Erziehers als »kinderliebes Unschuldslamm«, das allenfalls »Launen« hat. Die Brüchigkeit einer solch naiven Einschätzung zeigen bekanntgewordene Fälle sexueller Ausbeutung in Institutionen.[2]

Auch ZARTBITTER KÖLN war in den letzten Jahren wiederholt mit der sexuellen Ausbeutung von Jungen und Mädchen u.a. durch Lehrer, Ärzte, Trainer und Erzieher (Erzieherinnen) und Tageseltern konfrontiert. Allein in den letzten vier Jahren wurden von der Beratungsstelle drei Opfer (zwei Mädchen/ein Junge) langfristig betreut, die zwar nicht in einer offiziellen Einrichtung, jedoch von Tagesmüttern bzw. deren Partnern sexuell ausgebeutet wurden.

In sieben Fällen war der Tatort eine Kindertagesstätte. Betroffen waren in diesen Fällen zwischen 5 und 23 Mädchen und Jungen – soweit das reale Ausmaß der sexuellen Ausbeutung überhaupt bekannt wurde, denn die Täter (Täterinnen) waren z.T. schon seit Jahren in diesen oder anderen Einrichtungen tätig. ZARTBITTER KÖLN begleitete jedoch nur Opfer, die zum Zeitpunkt der Aufdeckung noch in der Einrichtung waren bzw. kurz zuvor die Einrichtung wechselten oder eingeschult wurden. Kindern, die einige Jahre zuvor die Kindertagesstätte besucht hatten, konnte aus Kapazitätsgründen keine Beratung angeboten werden.

Die amerikanischen WissenschaftlerInnen FINKELHOR, WILLIAMS und BRUNS untersuchten das Ausmaß der sexuellen Ausbeutung von Mädchen und Jungen in Vorschuleinrichtungen. Nach ihren Forschungsergebnissen ist das Risiko gering. Doch weisen die WissenschaftlerInnen auf einen anderen Zusammenhang hin: In 17% der erwiesenen Fälle gab es mehrere Täter und Täterinnen. In diesen Fällen stellten die Experten besonders harte Formen der sexuellen Gewalt, die meisten und jüngsten Opfer und die höchste Wahrscheinlichkeit der Porno-Produktion und ritualisiertem Mißbrauchs fest.[3]

Wie schwer es ist, sexuelle Ausbeutung durch PädagogInnen überhaupt für möglich zu halten, läßt sich an der Tatsache ablesen, daß nur in zwei der zehn von ZARTBITTER KÖLN begleiteten Fälle die sexuelle Ausbeutung durch die Hinweise bzw. Aussagen eines Kindes aufgedeckt wurde, dessen Eltern sich noch nicht intensiver mit der Problematik des sexuellen Mißbrauchs beschäftigt hatten.

Vier Elternpaare, die den Aussagen ihrer Kinder Glauben schenkten bzw. deren Verhaltensauffälligkeiten ernst nahmen, arbeiteten in pädagogischen oder therapeutischen Berufen bzw. als Jurist und Journalistin und hatten sich im Rahmen ihrer beruflichen Tätigkeit bereits intensiv mit der Thematik auseinandergesetzt. Nichtsdestotrotz wandten sich zwei von ihnen nicht wegen des Verdachts der sexuellen Ausbeutung durch Erwachsene an ZARTBITTER KÖLN, sondern problematisierten eine starke Sexualisierung innerhalb der Kindergruppe, die sie sich durch das Ausagieren der Gewalterfahrungen eines kindlichen Opfers (familialen Mißbrauchs) als verursacht vermuteten. In zwei Fällen baten die Eltern erst um Unterstützung, als ihre Kinder wiederholt mit offensichtlichen Rötungen bzw. Verletzungen im Genitalbereich aus dem Kindergarten nach Hause kamen. In beiden Fällen wurde ein Kind als Verursacher benannt. Die Möglichkeit des Mißbrauchs durch einen Pädagogen (eine Pädagogin) stand für die Eltern nicht im Raum.

Vier aufmerksam gewordene Mütter verbalisierten im Erstkontakt mit ZARTBITTER KÖLN eigene sexuelle Gewalterfahrungen in der Kindheit. Aufgrund ihrer eigenen Geschichte hatten sie die Hinweise und Aussagen ihrer Töchter nicht sofort als absurd eingestuft.

Ein Mädchen im Vorschulalter war bereits zuvor vom leiblichen getrenntlebenden Vater bei Besuchskontakten mißbraucht worden. Die positive Erfahrung, daß ihre Mutter ihr seinerzeit geglaubt und sie geschützt hatte, ermöglichte es ihr, dieser auch den von ihr miterlebten Mißbrauch an einem anderen Kind anzuvertrauen.

Von den vier Fällen, in denen sowohl Mädchen als auch Jungen betroffen waren (in einem Fall 23 Kinder), wurden drei von weiblichen Opfern aufgedeckt. Nur in einem Fall verstanden als erstes die Eltern eines Jungen die Hinweise auf den Mißbrauch. Der Dreijährige war bereits geraume Zeit vor der Aufdeckung von den Eltern aus der Kindertagesstätte herausgenommen worden. Die Mutter und der Vater des Kindes zogen die Konsequenz aus einer für alle drei unerträglichen Situation: Das Kleinkind weinte erbärmlich, wenn seine Eltern ihn morgens in den Kinderladen brachten.

Diese Praxisbeobachtungen von ZARTBITTER KÖLN entsprechen der in Fachkreisen diskutierten Hypothese, daß eine geschlechtsspezifische Erziehung es Jungen möglicherweise schon im Vorschulalter erschwert, Gewalterfahrungen aufzudecken. Zudem scheinen Hinweise männlicher Opfer (z.b. extrem aggressives und sexualisiertes Verhalten) von der Umwelt z.T. als »typisch Junge« bagatellisiert zu werden. Zeigen Jungen wie auch viele Mädchen ein eher zurückgenommenes Folgeverhalten, wird dieses ebenso wie bei ihren weiblichen Leidensgenossen »ganz einfach« übersehen. Anscheinend haben selbstbewußte kleine Mädchen die größte Chance, daß die Umwelt ihre Hinweise auf sexuelle Gewalterfahrungen ernst nimmt.

Im nachhinein fielen den meisten Müttern und Vätern der insgesamt mindestens 60 betroffenen Kindern aus vier Kindertagesstätten, in denen mehr oder weniger alle kleinen BesucherInnen einer Gruppe mißbraucht wurden, zahlreiche Verhaltensauffälligkeiten ihrer Söhne und Töchter ein, die sie seinerzeit falsch interpretiert hatten (z.B. massive Ängste, sexualisiertes Verhalten, starke Aggressionen gegen die Eltern, Babysprache, erneutes Einnässen, extremes Klammern an die Eltern, unerklärbare Rötungen und Verletzungen im Genitalbereich). Fast alle Mütter und Väter sahen zunächst die Ursache für die Auffälligkeiten ihrer Kinder in eigenen Unzulänglichkeiten begründet. Nur wenige stellten die pädagogische Konzeption der Kindertagesstätte in Frage.

DIE INTRIGEN DER TÄTER/TÄTERINNEN

Die Selbstzweifel der Eltern wurden von den mißbrauchenden Pädagogen/Pädagoginnen zusätzlich geschürt: Diese nutzten systematisch ihre Informationen über familiale Situationen, um durch Intrigen in der Elternschaft und kritische Anmerkungen zu dem Erziehungsverhalten der Mütter und Väter deren Selbstwertgefühl zu schwächen. Zudem verstrickten die Täter (Täterinnen) diese auf unterschiedliche Art und Weise in persönliche Abhängigkeiten: Ein Täter ging wiederholt sexuelle Beziehungen zu Müttern bzw. Kolleginnen ein; ein anderer bevorzugte einzelne

Kinder und bot sich bei personellen Engpässen als privater Babysitter an bzw. blieb schon mal eine Stunde länger, wenn Eltern ihre Töchter und Söhne nicht rechtzeitig zur normalen Schließungszeit der Einrichtung abholen konnten. Ein solches »Engagement« sicherte ihnen eine Lobby innerhalb der Elternschaft und ließ sie »über jeden Zweifel erhaben« erscheinen.

Auch im Fall des kleinen weinenden Jungen, der nicht im Kinderladen bleiben wollte, nutzten die mißbrauchenden MitarbeiterInnen der Einrichtung ihre Einflußmöglichkeiten und werteten die zu recht protestierende Mutter gegenüber den anderen Eltern ab. Angeblich weinte das Kind im Kinderladen, weil die Mutter »nicht loslassen konnte und ohnehin schwierig war«.

Systematisch schürten der Täter und die Täterinnen Intrigen unter den Eltern, lenkten so nicht nur von dem Mißbrauch, sondern auch von ihrer äußerst niedrigen Arbeitsmoral ab. Faulheit wurde als fachlich begründetes »Freispiel«, sexualisiertes Verhalten der Kinder als »offene Sexualerziehung« »verkauft«. Mit nahezu missionarischem Eifer vertrat der männliche Erzieher Schriften von »sexpeace« und pries »ZEGG – Zentrum für experimentelle Gesellschaftsgestaltung«, in dessen Camps auch Ernest Borneman als Gast verkehrte.[4] Nach dem Motto »Den kann man doch nicht ernst nehmen, aber er kann gut mit Kindern!« sprachen ein Teil der Eltern dem Erzieher »Narrenfreiheit« zu und gingen damit Konflikten aus dem Weg. Die Mutter und der Vater des kleinen Jungen äußerten wiederholt Zweifel an der Fachlichkeit und dem beruflichen Engagement des Mitarbeiters. Diese wurden jedoch von den anderen Eltern nicht in genügendem Maße ernstgenommen.

LEITUNGSSTRUKTUREN, DIE MISSBRAUCH BEGÜNSTIGEN

In Institutionen mit wenig strukturierten und verschwommenen Leitungen, die von einem Mangel an Grenzziehungen und Orientierung gekennzeichnet werden, laufen Jungen und Mädchen eher Gefahr, Opfer sexueller Ausbeutung zu werden,[5] als in Einrichtungen mit einem klaren, fachlich kompetenten und menschlich fairen Leitungsstil.

In vier der sieben Kindertagesstätten, in denen MitarbeiterInnen mißbrauchten, wurde die Leitungsfunktion nicht fachlich adäquat ausgefüllt.
Drei LeiterInnen leugneten aus »politischer Überzeugung« ihre Rolle als
Vorgesetzte bzw. nahmen sie im Alltag nicht wahr, obgleich sie andererseits die mit dieser Funktion verknüpfte höhere Vergütung erhielten. In
einem anderen Fall war die Leiterin ganz offensichtlich mit den an ihre
Position gekoppelten Verantwortlichkeiten (z.B. Personalführung) überfordert. In drei Fällen gewann ZARTBITTER KÖLN keinen unmittelbaren
Einblick in die institutionellen Strukturen am Tatort, da lediglich Kontakt
zu den betroffenen Kindern und ihren Eltern, nicht jedoch zu den MitarbeiterInnen der Tagesstätte bestand.

In allen vier Institutionen mit einer fachlich und organisatorisch unzurei-
chenden Leitung bestand ein angespanntes Verhältnis zur Elternschaft. In
den von uns begleiteten Kinderläden führten Unklarheiten über die
Arbeitgeberfunktion der Eltern zu massiven Konflikten mit den jeweiligen
Teams. Ursächlich für die strukturellen Probleme waren zum einen Unsicherheiten (jährlich) wechselnder Vorstände bezüglich der eigenen Rolle
als Vorgesetzte bei einer gleichzeitigen Abhängigkeit der Kinder von der
»jeweiligen Laune der ErzieherInnen«, zum anderen die Machtstellung
der MitarbeiterInnen, die z.T. schon seit Jahren in der Einrichtung arbeiteten und über wesentlich mehr Informationen als die Mütter und Väter
verfügten. Meist hatten die PädagogInnen »es sich gut eingerichtet«,
machten z.B. Vor- und Nachbereitungszeit außerhalb der Einrichtung als
Arbeitszeit geltend, ohne über die von ihnen in diesen Zeiten erledigten
Aufgaben Rechenschaft abzulegen. Gleichzeitig wurden den Eltern vom
Team Aufgaben »zugeschoben« (wie z.B. Einkauf, Reinigung des pädagogischen Spielzeugs, Vorbereitung von Festen), die eigentlich zum Aufga-
benbereich der MitarbeiterInnen gehörten. Meinungsverschiedenheiten
zwischen Team und Elternschaft wurden zum Teil in aller Heftigkeit
ausgetragen oder aber durch »persönliche Gespräche« der ErzieherInnen
mit einzelnen Müttern und Vätern – sprich: durch ein fein gewobenes
Netz der Intrigen – im Keime erstickt. »Notfalls half es«, dem Team
kritisch gegenüberstehende Eltern aus der Einrichtung »herauszuekeln«.

Auch in den Einrichtungen größerer Träger (z.B. Wohlfahrtsverbände und
Kommunen) registrierte ZARTBITTER KÖLN ein mit der sexuellen Ausbeu-

tung einhergehendes angespanntes Verhältnis zur Elternschaft. In einem Fall zeichnete sich die Leiterin z.b. durch »Tratscherei« aus. Als innerhalb von wenigen Jahren zum zweiten Mal der Verdacht des sexuellen Mißbrauchs durch MitarbeiterInnen aufkam, konnte sie sich zum einen durch »gezielte Gespräche« des Rückhalts eines Teils der Elternschaft sicher sein, zum anderen engagierte sich der Träger, um seine Angestellten vor einem »unberechtigten Verdacht« zu schützen. Den Interessen der Kinder schenkte er weniger Beachtung. Einige Eltern meldeten daraufhin ihre Söhne und Töchter von der Tagesstätte ab. Sie sahen keine Chance, den Mißbrauch aufzudecken. Obgleich mehrere Kinder gegenüber ihren Eltern und TherapeutInnen eindeutige Aussagen auf sexuelle Mißbrauchserfahrungen in der Einrichtung machten, wurden die Mütter der Mädchen und Jungen noch zwei Jahre später im Stadtteil als »leicht hysterisch« beschrieben und die Vorkommnisse als Beweis dafür gewertet, »daß da oft nichts dran ist«.

Die Praxisbeobachtungen von ZARTBITTER KÖLN lassen vermuten, daß Täter (Täterinnen) Elterninitiativen eher als Arbeitsplatz wählen als Einrichtungen großer Träger. Gleichzeitig sind die kleinen BesucherInnen der Initiativen nicht weniger geschützt als andere Kinder, denn in konkreten Fällen der sexuellen Ausbeutung haben ihre Mütter und Väter als ArbeitgeberInnen der ErzieherInnen mehr Möglichkeiten, für sie Partei zu ergreifen.

Auf keinen Fall darf aus den skizzierten Beobachtungen der Kurz-Schluß gezogen werden, Intrigen gegen Eltern und unklare Leitungsstrukturen seien immer ein Hinweis auf die sexuelle Ausbeutung von Jungen und Mädchen in Kindertagesstätten. Gleichwohl können derartige Strukturen nicht nur eine Folge der Machenschaften von Täter (Täterinnen) sein, sondern diese ebenso »anziehen«, denn eine gestörte Kommunikation zwischen pädagogischen MitarbeiterInnen und Elternschaft erschwert die Aufdeckung sexueller Übergriffe / sexuellen Mißbrauchs. Eine präventive Arbeit darf sich dementsprechend nicht nur auf die Stärkung und Information von Kindern beschränken. Sie darf ebensowenig die Bedeutung der institutionellen Strukturen aus dem Blick verlieren, denn transparente und klare Strukturen sind die Voraussetzungen für eine die persönlichen Grenzen des einzelnen achtende Kooperation zwischen Kindern, Eltern und PädagogInnen.

XII

Ursula Enders

VORBEUGEN IST BESSER
ALS HEILEN
Neue Ansätze in der Präventionsarbeit

Es ist noch nicht lange her, da wurden Jungen und Mädchen vor allem vorm »schwarzen Mann auf dem Spielplatz« gewarnt, »der mit vergifteten Süßigkeiten Kinder anlockt und tötet«. Dies machte nicht nur Angst und schwächte damit die Widerstandskraft, sie vermittelte Kindern auch Fehlinformationen, denn fast alle Täter (Täterinnen) kommen aus dem sozialen Umfeld der Opfer. Die Analyse der Täterstrategien auf der Opfersuche belegt, mit welcher Raffinesse sich diese in die Lebenswelt von Kindern und Jugendlichen einschleichen (Kapitel IV und IX). Jungen und Mädchen können dieses systematische Vorgehen aufgrund ihrer geringeren Lebenserfahrung kaum durchschauen. Sie müssen sich deshalb auf Erwachsene verlassen können, die die Verantwortung für ihren Schutz übernehmen, sie kind- und sachgerecht über sexuellen Mißbrauch informieren und sie stärken, damit sie sich gegen Übergriffe wehren bzw. ggfs. Hilfe holen können.

Diesem Anspruch können Erwachsene nur genügen, wenn sie sich intensiv mit der Problematik der sexuellen Gewalt auseinandersetzen. Nur dann entwickeln sie ein gesundes Mißtrauen gegenüber einem Täter, der z.B. als »Hausfreund der Familie« sich durch übermäßig große Geschenke das Vertrauen eines Kindes erkaufen will. Eltern sollten wachsam sein und der Tatsache ins Auge sehen, daß viele Täter (Täterinnen) mit viel Geschick ein Image als »Kinderfreund« aufbauen.

Sexueller Mißbrauch beginnt in der Regel schleichend, mit »leisen« Übergriffen. Jungen und Mädchen können ihre eigene Irritation über die Testrituale der Täter (Täterinnen) leichter äußern, wenn die für ihren Schutz verantwortlichen Erwachsenen aktiv für Kinder Partei ergreifen und sich z.B. einmischen, wenn »die lieben Verwandten die ach so süßen Kleinen« mit ekeligen Knutscheküssen belästigen oder in der Straßenbahn, im Supermarkt oder auf dem Spielplatz ein Erwachsener unfair mit einem Kind umgeht. Frauen und Männern, die im Alltag die Interessen von Schwächeren achten, bieten Kindern Schutz, denn Jungen und Mädchen können diese Menschen leichter um Hilfe bitten als solche, die stets des »lieben Friedens« und der »guten Manieren willen« Konflikten ausweichen.

Je traditioneller die Rollenverteilung zwischen den Geschlechtern, um so höher ist das Risiko der sexuellen Ausbeutung für Jungen und Mädchen. Werden Jungen nach dem Motto »Ein Junge weint doch nicht!« oder »Was hart macht, macht stark!« erzogen, so müssen sie eigene leidvolle Erfahrungen bagatellisieren und schaffen es in für sie bedrängenden Situationen kaum, um Hilfe zu bitten. Auch Mädchen leiden unter traditionellen Rollenerwartungen: Je »braver« sie sind, um so mehr sind sie der Willkür von Erwachsenen ausgeliefert, um so häufiger werden sie mißbraucht. Dementsprechend werden Töchter von Müttern, die ihre eigenen Interessen denen des Partners häufig unterordnen, häufiger Opfer sexueller Gewalt, als Mädchen, die schon im Elternhaus erleben, daß Frauen und Männer gleichberechtigt sind; z.B. ein gleiches Recht auf berufliche Selbstverwirklichung haben und sich gleichermaßen an der Kindererziehung beteiligen.

WISSEN IST MACHT!

Während einige Mütter und Väter nach wie vor ihre Söhne und Töchter nach dem Motto »Geh nie mit einem Fremden mit« in Angst und Schrecken versetzen und dadurch ihre Widerstandsfähigkeit gegenüber Tätern (Täterinnen) schwächen,[1] reden andere »um den heißen Brei herum«. Sie vermeiden das Gespräch über Formen der sexuellen Ausbeutung von Kindern und deuten allenfalls leise Übergriffe an (z.B. »Für einen Kuß gibt es niemals ein Muß!«). Die Stärkung von Jungen und Mädchen gegenüber den Grapschereien durch Oma, Tante, Onkel und Bekannte ist sinnvoll, doch eine Aufklärung über sexuellen Mißbrauch muß weitergehen. Sprechen Eltern und PädagogInnen das Thema nicht direkt an, so schaffen sie eine typische »Double-Bind-Situation«: Jungen und Mädchen sollen sich ihnen im Falle eines Übergriffs anvertrauen, gleichzeitig wird jedoch das Redetabu über Fakten aufrecht gehalten.[2]

Kinder brauchen möglichst klare und kindgerechte Beschreibungen, um mißbräuchliche Situationen überhaupt erkennen zu können. Dabei darf es nicht Anliegen sein, sie allzu drastisch über z.B. sadistische Formen sexueller Gewalt aufzuklären. Es reicht, ihnen Informationen über Einstiegshandlungen von Tätern (Täterinnen) zu geben.

Ein über sexuellen Mißbrauch aufgeklärtes Kind wird diesen schneller erkennen, leichter die eigene Sprachlosigkeit überwinden und sich Hilfe holen können – denn »Wissen ist Macht. Unwissenheit schwächt!«

WIE MÜTTER UND VÄTER IHRE SÖHNE UND TÖCHTER ÜBER SEXUELLE GEWALT INFORMIEREN KÖNNEN

Vielen Erwachsenen fällt es schwer, die richtigen Worte zu finden, um Jungen und Mädchen über sexuelle Gewalt und die Strategien der Täter (Täterinnen) zu informieren. Im folgenden werden beispielhaft einige kindgerechte Formulierungen genannt.

Es gibt Menschen, die manchmal nett und ein anderes Mal blöd sind. Die wollen dann z.B., daß Kinder ihren Penis angucken oder sie am Penis oder an der Scheide streicheln, obwohl das für Jungen und Mädchen doof ist.

Manche Männer sind einfach saublöd. Die stehen in der Nähe vom Schulhof, Schwimmbad ... und zeigen Kindern ihren Pimmel. Man nennt die auch Pimmelzeiger. So einen Pimmelzeiger darfst Du auslachen oder zusammen mit deinen Freundinnen und Freunden vertreiben. Wenn ihr das alleine nicht schafft, bittet Erwachsene um Hilfe.

Manchmal packen Erwachsene Kinder einfach an den Po oder in die Hose. Das finden die dann auch noch gut, obwohl das für Jungen und Mädchen oft komisch oder blöd ist. Das ist richtig gemein, besonders, wenn das Kind den Erwachsenen lieb hat. Darüber dürfen Kinder immer reden, auch wenn es ihnen am Anfang sogar ein bißchen gefallen hat oder der Erwachsene gesagt hat, der Junge/das Mädchen dürfe das nicht weitererzählen.

Dein Körper gehört dir! Du bestimmst, wer Dir nahekommen oder Dich anfassen darf und wer nicht! Niemand hat das Recht, Dich gegen deinen Willen zu berühren! Auch nicht Verwandte, Lehrer oder Bekannte! Ausnahme: Manchmal muß Dich jemand anpacken. Wenn Du Dich z.B. verletzt hast, dann muß Dich eine Ärztin oder ein Arzt untersuchen. Doch wenn Dir dabei nicht ganz wohl ist, dann kannst Du jemanden mitnehmen, der/die genau aufpaßt, daß die Ärztin/der Arzt Dich nur soviel anfaßt, wie unbedingt notwendig ist.

Wenn jemand Deine Gefühle verletzt, Dich z.B. beschimpft, Dir Angst macht oder Dir ein Geheimnis erzählt, das Dich traurig macht und Dir Sorgen macht, dann darfst Du das weitererzählen. Das ist kein Petzen!

Niemand hat das Recht, Dir mit Worten, Schlägen oder Gemeinheiten Angst zu machen. Erwachsene, die Mädchen und Jungen Angst machen, sind gemein!

Wenn Dir jemand etwas schenkt, dann darfst Du das ruhig annehmen, wenn Du das möchtest. Du darfst Geschenke aber auch ablehnen, wenn Du sie nicht haben möchtest. Für Geschenke braucht man nichts zu tun, denn für Geschenke braucht man nicht zu bezahlen. Verwandte oder Freunde, die Dir gerne etwas schenken, freuen sich mit Dir, wenn Dir das Geschenk gefällt. Hat Dir jemand nur etwas geschenkt, damit Du ihm einen Gefallen tun sollst, so ist das gemein. Wenn Du das Geschenk dann einfach behältst, hat er eben Pech gehabt!

Wenn jemand Dich unangenehm berührt, Dir unangenehme Sachen erzählt oder ekelige Bilder zeigt, dann darfst Du NEIN sagen, unfreundlich sein, verrückt spielen, ungehorsam sein, toben, herumschreien, spukken und weglaufen. Alles ist für Dich erlaubt, wenn Du glaubst, in Gefahr zu sein.

Du hast das Recht, Dich gegen beschämende Anrufe zu wehren. Wenn Dich jemand anruft und Dir ekelige Dinge erzählt, dann darfst Du einfach den Hörer aufknallen. Ruft die Person nochmals an, dann kannst Du mit einer Trillerpfeife in den Hörer blasen oder einen Kochtopf über den Hörer legen und mit dem Kochlöffel oben draufschlagen. Der andere ruft bestimmt nicht wieder an, denn der Lärm tut im Ohr richtig weh!

Kinder dürfen auch Erwachsenen gegenüber unhöflich sein! Spricht Dich ein Erwachsener z.B. auf der Straße an und fragt er Dich nach dem Weg, so mußt Du nicht antworten, wenn Du keine Lust dazu hast. Der Erwachsene kann ja jemand anderen fragen oder sich einen Stadtplan besorgen.

Du brauchst niemandem Deinen Namen und Deine Adresse erzählen, auch nicht Menschen, die Du kennst!

Wenn Du in Gefahr bist, dann rufe laut »Feuer«! Viele Menschen überhören Hilferufe, reagieren aber auf das Wort »Feuer«, denn sie sind neugierig oder haben Angst, ihr eigenes Haus würde brennen. Rufe das Wort »Feuer« aber nicht aus Spaß!

Manchmal ist es viel zu schwer, sich allein zu wehren! Auch wenn Du Dich nicht gewehrt hast; Du hast keine Schuld!

Überlege Dir, welche anderen Kinder und welche Erwachsene Dir helfen könnten. Nimm all Deinen Mut zusammen und bitte sie um Hilfe. Wenn Du am Anfang noch nicht den Mut hast, mit anderen zu sprechen, *gib nicht auf! Vielleicht schaffst Du es ja an einem anderen Tag. Merke Dir: Du hast keine Schuld!*

Erwachsene, die Jungen und Mädchen über sexuelle Gewalt informieren, dürfen auf keinen Fall unrealistische Erwartungen an Kinder formulieren, denn oftmals können sich Kinder nicht allein gegen sexuelle Ausbeutung wehren. Keinesfalls darf sich eine Aufklärung auf den Merksatz »Sag NEIN!« reduzieren, denn eine derartige »Präventionsarbeit« macht betroffenen Kindern zusätzliche Schuldgefühle. Sinnvolle Prävention können nur Erwachsene leisten, die mit der nötigen Zivilcourage für die Belange von Mädchen und Jungen eintreten. Solange Frauen und Männer diesen Mut nicht aufbringen, bleiben auch die ausgefeiltesten Präventionsprogramme wirkungslos.

XIII

ÜBER TRAUER, FREUDE, WUT UND ANGST
Jungenfreundliche Materialien gegen sexuelle Gewalt

Nelson, Mandy/Hessel, Jenny: Gut, daß ich es gesagt habe ... München 1993
(ab 5 Jahren)

Ein Junge (Ich-Erzähler) berichtet vom Zusammenleben mit Onkel Peter, seinem besonderen Freund. Der Onkel hat zwei Gesichter: Vieles mit ihm macht Spaß, doch eines Tages benimmt er sich sehr komisch. Er will dem Jungen seinen Pimmel zeigen, ein anderes Mal soll ihm der Junge in die Hose fassen. Zudem verlangt er von dem Kind das Versprechen, nichts zu verraten. Das Kind vertraut sich dennoch der Mutter an. Diese unterscheidet zwischen gewünschter und auch für Kinder lustvoller Zärtlichkeit und Sexualität von dem von Onkel Peter praktizierten sexuellen

Mißbrauch an ihrem Sohn. Sie findet das Verhalten des Mannes ganz und gar nicht in Ordnung, dramatisiert es aber gegenüber dem Jungen nicht. Ruhig und klar ergreift sie Partei für ihr Kind und verweist gemeinsam mit dem Vater den Täter des Hauses. Sie zeigt Verständnis für die ambivalenten Gefühle des Jungen und entlastet ihn zugleich von seiner »Verantwortung« für das Befinden des Mißbrauchers.

Die Stärke dieses Buches liegt nicht nur darin, daß es sexuellen Mißbrauch beim Namen nennt, sondern ebenso in den realistischen Illustrationen. Diese lassen sich ganz und gar auf die Perspektive des Kindes ein und akzeptieren dessen Angst als berechtigt. Gleichzeitig werden die kleinen LeserInnen behutsam bei der Bewältigung des Schreckens sowie der Scham- und Schuldgefühle begleitet.

Bestechend, wie die Handlung dieses Bilderbuches die Atmosphäre eines bürgerlichen Milieus pointiert und auch dessen Handlungsspielräume aufzeigt.

»Gut, daß ich es gesagt habe ...« gehört sicherlich nicht in die Bücherkiste einer Kindergartengruppe, doch bietet es Müttern, Vätern und TherapeutInnen eine hervorragende Hilfestellung im Gespräch mit Opfern sexueller Gewalt.

Marion Deplewski/Ursula Enders

Enders, Ursula/Wolters, Dorothee: Schön blöd. Weinheim 1995
(ab 3 Jahren)

Das Bilderbuch »Schön blöd« beschreibt mit viel Humor den Alltag von Kindern und Erwachsenen, und es bringt vor allem die widersprüchlichen Gefühle zum Ausdruck, die kleine Leute im Kontakt mit großen Menschen erleben. Das Zusammensein mit ein- und derselben Person kann einmal wunderschön sein und ein anderes Mal als saublöd empfunden werden. Omas eklige Knutschküsse sind z.B. einfach blöd, aber es ist wunderschön, wenn Oma Geschichten vorliest.

Die selbstbewußte, etwa fünfjährige Katharina ist ein starkes Mädchen. Sie sagt nein, wenn Till mit in ihrem Bett schlafen will und sie keine Lust dazu hat. Aber sie hat Till auch sehr lieb und hilft ihm, sich zu wehren, als ein großes Mädchen ihn in den Schwitzkasten genommen hat. Till ist ein ganz normaler kleiner Junge, der allerhand Blödsinn im Kopf hat, aber auch Angst und Schmerz kennt und weinen kann.

Jan, Katharina und Till leben mit ihrer Mutter zusammen. Jan wird am liebsten von Klaus gefüttert, dem Freund der Mutter. Für Katharina und Till spielt Klaus keine besondere Rolle. Die Mutter findet das in Ordnung. Damit unterstützt die Geschichte die Kinder alleinerziehender Mütter in ihrer Entscheidung, inwieweit sie den Freund ihrer Mutter auch als neuen Vater für sich akzeptieren wollen.

»Schön blöd« enthält eine Szene, die sexuellen Mißbrauch direkt beim Namen nennt. Ein Nachbar faßt Peter, Tills besten Freund an den Po und in die Hose. Diese Szene redet nicht »um den heißen Brei« herum, ist aber gleichzeitig so vorsichtig, daß sie Kindern keine Angst macht. Sie gibt allen, die mit Kindern leben und arbeiten, ein Beispiel, wie man sexuelle Gewalt im Kontakt mit Mädchen und Jungen ansprechen kann. Aber: Jedes betroffene Kind hat das Recht, selbst zu bestimmen, wann es sich jemandem anvertrauen will. Deshalb sollte niemand Kinder an dieser Stelle mit massiven Fragen bedrängen. In einem Punkt ist jedoch eindeutiges Handeln notwendig: Der Schutz der Opfer sexueller Gewalt muß von den Erwachsenen gewährleistet werden, so wie Tills Mutter in »Schön blöd« energisch für Peter Partei ergreift.

Vertrauen in das eigene Körpergefühl ist unabdingbar, um angenehme und unangenehme Berührungen zu unterscheiden. Dieses Vertrauen können Kinder aber nur entwickeln, wenn von klein auf ihre Schamgrenzen respektiert werden. In »Schön blöd« lieben Jan und Katharina die Badezimmerpartys mit Mama und Klaus. Till möchte lieber allein im Bad sein. Dieses Nein wird von den anderen akzeptiert. Andererseits liebt Till es, mit Mama im Bett zu kuscheln. Er bestimmt, was er mag und was er nicht mag.

Enders, Ursula/Sodermanns, Inge/Wolters, Dorothee: Auf Wieder-Wiedersehen, Kevelaer 1994
(ab 5 Jahren)

Eines Tages ist Felix ganz komisch. Er will nicht mehr mit seinen Freundinnen und Freunden spielen und knallt sogar sein Skateboard einfach in die Ecke. Serval, Pepe, Niki und Luzie wissen gar nicht, was los ist. Doch dann beobachten sie, wie ein Umzugswagen vorfährt und der Papa von

Felix auszieht. Jetzt können die Kinder besser verstehen, warum ihr Freund sich so komisch verhält.

Niki kann Felix am besten verstehen, denn auch ihr Papa ist vor ein paar Monaten ausgezogen. Aber der war am Schluß richtig doof und tobte, und Niki hatte keine Lust, ihn zu besuchen. Das braucht sie auch nicht, dabei hat ihr der Familienrichter geholfen und eine Frau, die extra für Kinder da ist.

Bei Felix ist alles ganz anders. Er ist traurig und vermißt seinen Papa. Ein Glück, daß Felix Freunde hat, die mit ihm zusammen überlegen, was er machen kann.

»Auf Wieder-Wiedersehen« ist ein Buch für alle Mädchen und Jungen. Es richtet sich nicht nur an betroffene Kinder, sondern auch an deren Freundinnen und Freunde. Es thematisiert nicht nur die Konflikte zwischen Kindern und Erwachsenen, es spricht auch sehr kindgerecht und liebevoll Konflikte in der Kindergruppe an und zeigt Möglichkeiten der Lösung.

In der Beratungsarbeit von ZARTBITTER KÖLN wurde deutlich, wie schwer Erwachsene sich tun, Kindern im Vor- und Grundschulalter die Funktion des Familiengerichtes zu erklären. Auch hier gibt »Auf Wieder-Wiedersehen« ein echtes Stück Lebenshilfe: Durch sachliche und kindgerechte Informationen ist es ein kleiner Rechtsratgeber für Kinder.

Wachter, Oralee: Heimlich ist mir unheimlich. Ruhnmark 1992 (ab 6 Jahren)

In vier Geschichten thematisiert Oralee Wachter Grenzverletzungen von Erwachsenen gegenüber Kindern. Diese vermitteln Mädchen und Jungen das Recht, sexuelle Grenzüberschreitungen zu benennen, sich dagegen zu wehren und sich bei Freundinnen, Freunden und Erwachsenen Hilfe zu holen.

Die erste Geschichte dieses Kinderbuches eignet sich z.B. ausgezeichnet für Elternabende in Kindergärten und Schulen. Beispielhaft gibt sie eine Anleitung, wie Mütter und Väter mit ihren Söhnen und Töchtern über die eigenen und die persönlichen (Scham-) Grenzen des anderen ins Gespräch kommen können und diese akzeptieren lernen.

Die Erzählungen dieses Vorlesebuches haben zum Teil stark aufdekkende Wirkung. Sie dürfen in der Kindergruppe nur vorgelesen werden, wenn die Pädagogin/ der Pädagoge darauf vorbereitet und bereit ist, betroffenen Mädchen und Jungen eine Begleitung anzubieten.

Marion Deplewski/Ursula Enders

Kühn, Frauke: Es fing ganz harmlos an. Freiburg 1990
(ab 13 Jahren)

Der zwölfjährige Christian lebt harmonisch mit seiner Mutter und seinem Großvater zusammen. Kurz vor den großen Ferien nistet sich der Weltenbummler und Motorradfreak Onkel Harry bei ihnen ein. Christian ist beeindruckt von Onkel Harry, der mit ihm in den Sommerferien einen Motorradausflug zur Nordsee macht. Dort aber wird Christian von seinem Onkel sexuell mißbraucht. Christian wird daraufhin von Schuldgefühlen, Scham, Verzweifelung, Ängsten und Wut geplagt. Aus seiner emotionalen Not heraus und um nicht als Opfer sexueller Gewalt erkannt zu werden, tritt Christian fortan aggressiv auf. Er wird selbst zum Täter. Von Schuldgefühlen über seine Tat getrieben, flüchtet er nach Hause, verbrennt Onkel Harrys Motorrad und will für immer weglaufen. Als sein geliebter Großvater einen Herzinfarkt erleidet, kehrt er noch am gleichen Tag zurück. Im Krankenhaus erzählt er schließlich seiner Mutter, was passiert ist.

Frauke Kühn gelingt es, die gravierenden Folgen sexuellen Mißbrauchs für Jungen einfühlsam und treffend zu beschreiben. Sehr schön arbeitet sie heraus, daß Christian die Hilfe anderer Menschen braucht, um den sexuellen Mißbrauch verarbeiten zu können. Ein für Jugendliche und Erwachsene empfehlenswertes Buch.

Dirk Bange

Talbert, Marc: Das Messer aus Papier. Kevelaer 1989
(ab 13 Jahren)

Jeremy ist ein zehnjähriger Junge. Nachdem seine Mutter von ihrem Lebensgefährten George geschlagen wurde, verläßt sie mit Jeremy das Haus. Sie flüchten zu Georges Eltern. Dort faßt Jeremy Vertrauen zu Harriet, einem Mädchen aus seiner Klasse und zu seinem Lehrer Mr.

Williams. Als Jeremy entdeckt, daß Papier schneiden kann, schreibt er zu seinem Schutz auf ein Messer aus Papier, daß George ihn sexuell mißbraucht hat. An Halloween gerät der Zettel in die Hände seiner Mutter. Fälschlicherweise fällt der erste Verdacht auf Mr. Williams ...

Ein spannendes Buch, das vor allem die Schamgefühle und die Verwirrung Jeremys anschaulich beschreibt. Sehr schön wird auch verdeutlicht, welche Kraft es sexuell mißbrauchten Jungen abverlangt, ihre Erfahrungen aufzudecken. Mut und Hoffnung gibt es, wie Jeremy von seiner Mutter, einer Psychologin, Mr. Williams und nicht zuletzt von seiner Freundin Harriet unterstützt wird. Ein Buch, das hilft, sexuell mißbrauchte Jungen besser zu verstehen.

Dirk Bange

Irwin, Hadley: Liebste Abby. Weinheim/Basel 1988
(von 13 – 99 Jahren)

Abby ist ein ganz besonderes Mädchen. Das jedenfalls findet der 13-jährige Chip, der sich in sie verliebt. Mit liebevollem Respekt begegnet er ihren Eigenarten und ihren bisweilen unerklärlichen Distanzierungen. Über mehrere Jahre entwickelt sich zwischen den beiden eine zarte Beziehung und schließlich vertraut sich Abby dem Freund an: Sie wird von ihrem Vater sexuell mißbraucht. Die Unterstützung von Chip und seiner Mutter helfen ihr, einen Weg zu finden, sich Schritt für Schritt aus der Mißbrauchssituation zu befreien.

Die Stärke dieses Buches liegt nicht zuletzt darin begründet, daß über die Identifikation mit Chips Rolle als Helfer Jungen leichter Zugang zu der Problematik sexueller Gewalt gegen Kinder und Jugendliche finden, als wenn sie ausschließlich mit dem Erleben der Opfer konfrontiert würden. Auch ist es keinesfalls ungewöhnlich, daß männliche Opfer von sexueller Gewalt zunächst über einen »Vorwand« Kontakt zu einer Beratungsstelle aufbauen: Sie suchen Material für ein Referat, wollen ein weibliches Opfer unterstützen ... und trauen sich erst zu einem späteren Zeitpunkt, eigene Gewalterlebnisse zuzulassen. »Liebste Abby« ist somit nicht nur für Mädchen, sondern ebenso für Jungen eine wertvolle Hilfe bei der Verarbeitung eigener Gewalterfahrungen.

Ursula Enders/Marion Deplewski

Neutzling, Rainer/Fritsche, Burkhard (Hg.: Zartbitter e.V.): Ey Mann, bei mir ist es genauso! – Cartoons für Jungen – hart an der Grenze vom Leben selbst gezeichnet. Köln 1992

Die »Helden« des Cartoons sind zwei 15- bis 16jährige Jungen namens Micha und Ali. Sie werden in acht unterschiedlichen Alltagssituationen gezeigt, in denen entweder ihre eigenen intimen Grenzen verletzt werden, oder in denen sie selbst die Grenzen anderer mißachten.

In »Alles easy« prahlen die beiden über ihre Glanztaten beim »ersten Mal«. In Wirklichkeit stecken sie voller Skrupel und Versagensängste. »Auf dem Bahnhofsklo« zeigt sie an einem der wenigen allgemein zugänglichen Orte, an dem sich sehr viele Jungen und Männer unmittelbar sexuell bedrängt und ungeschützt fühlen. Am Rande eines Familienfestes wird Micha von seinem Onkel auf kumpelhaft-unflätige Weise bedrängt. »Mamas Liebling« thematisiert das Verhältnis von Jungen zu ihrer Mutter. In »Die Obermemme« ziehen Micha und Ali über das »Klassenopfer« Ingo her, weil er nicht die rigiden Jungennormen erfüllt. »Ein richtiger Schwuler« handelt von der bei Jungen weitverbreiteten Angst vor der Homosexualität. In »Der Mistkerl« wird der sexuelle Mißbrauch an einem Jungen aus Michas und Alis Fußballmannschaft beschrieben. Es geht um das Ausgeliefertsein in einem Mißbrauchsverhältnis und die Notwendigkeit, sich Hilfe zu holen.

Diese schwierigen Themen werden in den Cartoons auf lockere Art und Weise dargestellt. Sie machen Spaß beim Lesen und die Pointen der Geschichten sind überraschend und lustig. So wird der Einstieg in die Arbeit mit Jungen erleichtert. Die Cartoons eröffnen die Möglichkeit, sich in der Auseinandersetzung mit den Jungen auf ihre Perspektive einzulassen und ihnen das Gefühl zu vermitteln, daß man gewillt ist, sich ihre ureigenen Probleme anzuhören und sich mit ihnen zu beschäftigen.

Die Cartoons allein sind aber kein »Sesam-Öffne-Dich-Schlüssel«. Sie sind ein Baustein unter vielen in der Jungenarbeit. Nicht nur im Hinblick auf die Cartoons, sondern ganz allgemein hängt der Zugang zu Jungen vor allem von der Einstellung und den Erfahrungen des/der JungenarbeiterIn im Umgang mit Jungen ab.

Wer mit den Cartoons arbeiten möchte, sollte sich vorher intensiv mit den angesprochenen Themen auseinandersetzen und den Comic mit anderen Erwachsenen ausprobieren, um genügend Sicherheit in seiner Anwendung zu haben. In dem jedem Cartoon vorangestellten Begleittext werden dafür eine Reihe wertvoller Anregungen gegeben. Auch enthält er viele kreative Vorschläge, wie der Cartoon eingesetzt werden kann.

Diese Cartoons sind die ersten deutschsprachigen Arbeitsmaterialien für die Präventionsarbeit mit männlichen Jugendlichen. Sie eignen sich hervorragend für die (sexual-)pädagogische Arbeit mit Jungen in der Schule, im Heim und in der offenen Jugendarbeit. Wir geben uns aber nicht der Illusion hin, daß heute schon alle Pädagogen damit arbeiten, da die Jungenarbeit noch in den Kinderschuhen steckt. Doch bestätigt die Praxis, daß diese Cartoons den Jungen im Mann berührt und so (Fach-) Männern Impulse für den Kontakt zu sich selbst und den Jungen gibt.

Dirk Bange

Schaffrin, Irmgard/Wolters, Dorothee: Auf den Spuren starker Mädchen – Cartoons für Mädchen. Köln 1993

Mit List und Tücke überwinden die starken Mädchen in den Cartoons die Grenzen patriarchalischer Rollenzuweisungen und vertreten frech und selbstbewußt ihre eigenen Interessen. Eine Jugendliche begießt einen Belästiger »rein zufällig« mit Cola, eine andere weist ihren Freund in seine Grenzen, eine Schülerin wehrt sich erfolgreich gegen Übergriffe des Lehrers, zwei Mädchen stehen stolz und selbstbewußt zu ihrer lesbischen Liebe. Mutig ignorieren die Hauptdarstellerinnen Redetabus und ringen immer wieder um Solidarität in der Mädchengruppe gegen Belästiger und VerräterInnen.

Die Arbeit mit den stark aufdeckenden Cartoons erfordert auch von selbsterfahrenen und politisch engagierten Fachfrauen eine intensive Vorbereitung durch eine Auseinandersetzung mit den einzelnen Geschichten im Gespräch mit anderen Frauen. Irmgard Schaffrin gibt in ihrem Begleittext Denkanstöße für diesen notwendigen Selbsterfahrungsprozeß und zahlreiche Anregungen für den pädagogischen Alltag.

Die Cartoons sind auch für die Arbeit mit männlichen Jugendlichen geeignet!

Ursula Enders

Mayer, Mercer: Da liegt ein Krokodil unter meinem Bett. Hamburg 1988
(3 – 8 Jahre)

Cohen, Peter/Landström, Olof: Gustav will ein großes Eis. Hamburg
1993
(ab 4 Jahren)

Bauer, Jutta/Boie, Kirsten: Kein Tag für Juli. Weinheim/Basel 1991
(von 4 – 99 Jahre)

Landström, Olof & Lena: Nisses neue Mütze. Hamburg 1991
(von 3 – 99 Jahren)

Landström, Olof & Lena: Nisse beim Friseur. Hamburg 1992
(von 4 – 99 Jahren)

Aliki: Gefühle sind wie Farben. Weinheim/Basel 1991
(von 6 – 99 Jahren)

Enders, Ursula/Wolters, Dorothee: LiLoLe Eigensinn. Ein Bilderbuch über
die eigenen Sinne und Gefühle. Kevelaer 1994
(von 4 – 99 Jahren)

JUNGENFREUNDLICHE KINDERBÜCHER

Jacobsson, Andreas/Olsson, Sören: Svante macht Sachen. Hamburg 1991
(ab 6 Jahren)

Jacobsson, Andreas/Olsson, Sören: Svante und der schwarze Mann.
Hamburg 1991
(ab 6 Jahren)

Fuchs, Ursula: Steine hüpfen übers Wasser. Kevelaer 1992
(8-12 Jahre)

Kuyper, Sjoerd: Das Taschenmesser. Kevelaer 1991
(ab 6 Jahren)

Meißner-Johannknecht, Doris: Leanders Traum. Kevelaer 1994
(ab 6 Jahren)

Boie, Kirsten: Ich ganz cool. Hamburg 1992

Edelfeldt, Inge: Jim Spiegel. Stuttgart 1988

Homes, A.M.: Jack. Würzburg 1993

Jacobsson, Anders/Olsson, Sören: Berts gesammelte Katastrophen. Hamburg 1990

Jacobsson, Anders/Olsson, Sören: Berts intime Katastrophen. Hamburg 1992

Ratgeber für sexuell missbrauchte Männer und Angehörige

Lew, Mike: Als Junge mißbraucht. Wie Männer sexuelle Ausbeutung in der Kindheit verarbeiten können. München 1993

Mit seinem Buch »Als Junge mißbraucht« legt Mike Lew eine ambitionierte Darstellung der Möglichkeiten und Wege vor, wie die Auswirkungen der sexuellen Gewalt gegen Jungen gelindert oder überwunden werden können. Nach einer kurzen einleitenden Beschreibung des allgemeinen Wissens über den sexuellen Kindesmißbrauch skizziert er die wichtigsten Eckpunkte der Jungensozialisation. Dabei arbeitet er sorgfältig heraus, daß die Gesellschaft Männern die Opferrolle nicht zubilligt. Vor diesem Hintergrund beleuchtet er dann einfühlsam die Folgen der sexuellen Gewalt für das Leben betroffener Jungen und Männer. Schließlich schildert er ausführlich, was sexuell mißbrauchten Männern hilft, ihre Traumatisierungen zu überwinden. Eindrucksvolle Fallbeispiele illustrieren die auf einer großen Beratungspraxis beruhenden Ausführungen des Autors. Ein sehr gutes Buch, von dem gleichermaßen betroffene Männer und Therapeuten profitieren können.

Dirk Bange

Davis, Laura: Verbündete. Ein Handbuch für Partnerinnen und Partner sexuell mißbrauchter Frauen und Männer. Berlin 1992

Laura Davis, Mitautorin von »Trotz allem – Wege zur Selbstheilung für sexuell mißbrauchte Frauen«, wendet sich mit ihrem Buch »Verbündete« an eine immer noch weitgehend übersehene Gruppe: die PartnerInnen von sexuell mißbrauchten Frauen und Männern. Im ersten Teil des Buches vermittelt sie Grundsätzliches zum sexuellen Mißbrauch und beantwortet umfassend die vielen drängenden Fragen, die sich aus dem Zusammenleben mit sexuell mißbrauchten Menschen ergeben können. Dabei zeigt sie auf einfühlsame Art und Weise Wege auf, wie PartnerInnen ihre sexuell mißbrauchten LebensgefährtInnen unterstützen können, ohne ihre eigenen Interessen und Bedürfnisse zu vernachlässigen. Die Belastungen, die aus einer solchen Beziehung entstehen können, werden dabei keinesfalls heruntergespielt. Im zweiten Teil des Buches beschreiben acht PartnerInnen ihre Ängste, Schwierigkeiten und Hoffnungen. Diese Lebensgeschichten runden das Buch ab. Ein wertvolles Buch, das man PartnerInnen betroffener Frauen und Männer empfehlen kann.

Dirk Bange

THEATERSTÜCKE GEGEN SEXUELLE GEWALT

»Heiß am Stiel«
Slap-Comedy mit Live-Musik über all das, was Jungen bewegt. Für Mädchen nicht verboten!
Eine Gemeinschaftsproduktion des Kölner Tourneetheaters COMIC ON und ZARTBITTER KÖLN e.V.
Kontaktadresse: COMIC ON, Tel. 0221/ 21 02 72-74

»Komm mit – Hau ab!«
Ein starkes Stück für Kids ab sechs. Eine Produktion von ZARTBITTER KÖLN e.V. in Kooperation mit dem Kölner Tourneetheater COMIC ON.
Kontaktadresse: COMIC ON, Tel.: 0221/ 21 02 72-74

XIV

ANHANG

Anmerkungen

Kapitel I:
Sexuelle Gewalt gegen Jungen hat es immer gegeben

1 Die Namen der betroffenen Jungen und Männer wurden verändert, um ihre Anonymität zu wahren.
2 deMause 1980, 71ff.
3 Licht 1969, 246
4 Reinsberg 1989, 164
5 deMause 1980, 72f.; Licht 1969, 247
6 deMause 1980, 75
7 ebd.
8 Duerr 1993, 259
9 Schwerhoff 1991, 398ff.
10 Schultz 1982, 22
11 Borneman 1978, 1145
12 Sieder 1987, 184
13 Brandes 1802
14 Moll 1909
15 Freud 1932, 118
16 Krüll 1979, 74f.; Masson 1984; Rijnaarts 1988, 122ff; Kupfersmid 1992; deVries 1993
17 Paul 1985; Knörzer 1988; Holland 1989; Eissler 1993
18 Mönkemöller 1930, 406
19 z.B. Schwab 1938, 268
20 Bock 1986, 394
21 Geisler 1959; Stockert 1965a, 1965b
22 Nau 1965, 33
23 Bernard 1979; Brongersma 1980
24 Glöer/Schmiedeskamp-Böhler 1990; Julius/Boehme 1994
25 Julius/Boehme 1994, 174ff.
26 Duerr 1993, 250f.; Reinsberg 1989, 177
27 Duerr 1993, 246
28 Die Bibel 1965, 632
29 Duerr 1993, 247
30 Brownmiller 1980, 180
31 Duerr 1993, 278
32 ebd., 277f.
33 ebd., 255
34 Der Spiegel 24/1992, 172
35 Focus 14/1993, 70
36 Duerr 1993, 251

Kapitel II:
Der steinige Weg

1 Zusammenfassung der »Berliner Position einer liberalen Erneuerung« 1994, 28
2 Hollstein 1992, 42
3 Mergener 1994, 31
4 Johanson 1978, 77ff.; Mühlbauer 1991, 194ff.; Rollka 1980, 105ff.
5 Hollstein 1992, 123
6 Hollstein 1991, 25ff.; Sielert 1993[2], 25
7 Hoffmann 1994, 67
8 Metz-Göckel/Müller 1986; Hollstein 1992
9 Friebel 1991, 69ff.; Hoffmann 1994, 34ff.
10 Hoffmann 1994, 146
11 Hollstein 1992, 170ff.
12 ebd., 196ff.
13 Hagemann-White 1984, 12 und 42ff.
14 Amendt 1992, 119ff.
15 Hollstein 1992, 40
16 Hoffmann 1994
17 Böhnisch/Winter 1994[2], 49
18 Schnack/Neutzling 1990, 101ff.
19 Azerrad 1994
20 Hömmen 1989, 38
21 Rohrmann 1994, 72
22 ebd., 71; Hollstein 1991, 123ff.
23 Schnack/Neutzling 1990, 112
24 Hagemann-White 1984, 26f.
25 Beauvoir 1968
26 Schnack/Neutzling 1990, 15; Badinter 1993, 84ff.
27 Scheu 1977, 70ff.
28 McLaughlin 1980, 171; Bettelheim 1983, 501f.
29 Scheu 1977, 30f.
30 Badinter 1993, 212

31 Friebel 1991, 77
32 Dornes 1993, 34ff.
33 Benjamin 1993, 17ff.
34 Lewis/Weinraub 1979, 146
35 Benjamin 1993, 75f.
36 ebd., 76
37 Schmauch 1987, 104f.
38 Hagemann-White 1984, 91f.; Olivier 1989, 129
39 Hagemann-White 1984, 91f.; Schmauch 1987, 109
40 Benjamin 1993, 78
41 Rohrmann 1994, 274
42 Badinter 1993, 204ff.
43 Hollstein 1992, 146f.
44 ebd., 147
45 Braun 1992, 26f.; Amendt 1993, 109
46 Schmauch 1987, 297
47 Langois/Downs 1980, 1241ff.; vgl. auch Weinraub 1984, 1501; Enders-Dragässer/Fuchs 1988, 58
48 Hollstein 1992, 170ff.
49 Olivier 1989, 156f.
50 Badinter 1993, 55
51 Dornes 1993, 204ff.; Schmauch 1987, 299; Hagemann-White 1984, 87
52 Amendt 1993, 66f.
53 ebd.
54 Sroufe/Ward 1980, 1223ff.
55 Schmauch 1987, 107; Badinter 1993, 82ff.
56 Campbell 1995, 55ff.; Schmauch 1987, 107
57 Scheu 1977, 64f.; Leyrer 1990, 66ff.; Rohrmann 1994, 221f.
58 Leyrer 1990, 71ff.
59 Hollstein 1991, 138
60 Rohrmann 1994, 221ff.
61 Friebel 1991, 79
62 Enders-Dragässer/Fuchs 1988, 21ff.
63 ebd., 29f.
64 Schnack/Neutzling 1990, 141ff.
65 Hoffmann 1994, 126
66 Schnack/Neutzling 1990, 144
67 Preuss-Lausitz 1992, 70ff.
68 Hagemann-White 1984, 71
69 Böhnisch/Winter 1994[2], 80ff.
70 Rohrmann 1994, 108; Enders-Dragässer/Fuchs 1988, 69f.

71 Bönisch/Winter 1994[2], 88
72 ebd.
73 Badinter 1993, 116; Hagemann-White 1984, 54
74 Rohrmann 1994, 113
75 Hollstein 1991, 136
76 Oerter 1982, 244ff.
77 Böhnisch/Winter 1994[2], 70f.
78 Rohrmann 1994, 140f.; Hollstein 1991, 161
79 Schnack/Neutzling 1993, 104ff.
80 Djian 1994, 148
81 Tremmel 1994, 49
82 ebd., 55
83 ICE T 1994, 91
84 Bange 1993b, 51ff.
85 Godenzi 1989, 92ff.
86 Fagot/Hagan 1985, 347f.; Fagot u.a. 1985, 1503; Enders-Dragässer/Fuchs 1988, 26ff.
87 Campbell 1995, 89
88 Maccoby/Jacklin 1980, 966ff.
89 Campbell 1985, 120f.
90 Rogers/Terry 1984, 94; McCormack u.a. 1986, 391
91 Bange 1994[2], 128f.; Küssell u.a. 1993, 280
92 Glöer/Schmiedeskamp-Böhler 1990, 82
93 Bange 1994[2], 129
94 Julius/Boehme 1996
95 Isay 1993, 42f.
96 Alexander/Hines 1994, 874ff.
97 Hagemann-White 1984, 28
98 Risin/Koss 1987, 321
99 Myers 1989, 210
100 Fegert 1995
101 Bange 1993c, 137
102 Julius/Boehme 1994, 233ff.; Friedrich u.a. 1986, 51ff. Friedrich 1988, 24ff.

Kapitel III:

Zahlen, Daten, Fakten

1 Heroard zit. n. Ariès 1975, 176
2 ebd., 175ff.
3 Bange 1994[2], 56
4 Herman 1994, 142
5 Bange 1994[2], 50ff.

6 ebd., 55
7 z.B. Borneman 1990b; Lautmann 1994, Kentler 1994
8 Kentler 1994, 149
9 Dannecker 1987, 84
10 Rust 1986, 14
11 Bange 1994², 54f.
12 ebd., 60ff.
13 ebd., 95ff.; Julius/Boehme 1994, 95ff.
14 Bange 1994², 96f.; Julius/Boehme 1994, 131ff.
15 Bange 1994², 101ff.; Julius/Boehme 1994, 110ff.
16 z.B. Lautmann 1980, 46f.
17 Krück 1989, 315f.
18 Julius/Boehme 1994, 107ff.
19 ebd., 105f.
20 Bange 1994², 110f.
21 ebd., 33f.
22 ebd., 140f.
23 Glöer/Schmiedeskamp-Böhler 1990, 51
24 Bange 1994², 111ff.
25 Abel/Rouleau 1990, 13
26 Bange 1994², 34f. und 114ff.
27 Berendzen/Palmer 1994
28 Stern 13/1993; Heyne 1994, Feministische Dokumente 1994
29 Grubman-Black 1990, 22
30 Bange 1994², 117ff.; Boehme/Julius 1994, 64f.

Kapitel IV:
Blick hinter die Maske

1 Enders 1995, 89
2 Abel/Rouleau 1990; Bange 1994²; Enders 1995
3 Brongersma 1991, 65 und 132
4 zit.n. Leopardi 1988, 138
5 Brongersma 1991, 250f.
6 zit.n. Leopardi 1988, 126f.
7 Wyre/Swift 1991, 74
8 zit.n. Leopardi 1988, 140
9 zit. n. Leopardi 1988, 138
10 Ziegler 1988, 226
11 Wyre/Swift 1991, 75
12 Elliott u.a. 1995, 579ff.
13 Kentler 1989, 55f.
14 Lautmann 1994, 18
15 ebd., 86
16 ebd., 87
17 ebd.
18 Brongersma 1991, 264
19 Finkelhor 1984
20 Enders 1995, 268ff.
21 Brongersma 1991, 264
22 ebd.
23 ebd.
24 ebd.
25 zit.n. Alice Vachss 1995, 293
26 Lautmann 1994, 73
27 zit.n. Brongersma 1991, 256
28 zit.n. Lautmann 1994, 73
29 zit.n. ebd., 69
30 zit.n. Alice Vachss 1995, 293
31 Conte u.a. 1989
32 Elliott u.a. 1995, 584
33 Lautmann 1994, 98f.
34 Brongersma 1991, 273
35 Lautmann 1994, 84f.
36 ebd., 80
37 zit.n. Lautmann 1994, 88
38 Mitteilungen betroffener Kinder
39 Mitteilung des männlichen Opfers
40 Andrew Vachss 1994, 38
41 Etschenberger 1995
42 zit. n. Lautmann 1994, 71
43 ebd., 70
44 Brongersma 1991, 237
45 ebd., 154
46 persönliche Mitteilung von Betroffenen
47 persönliche Mitteilung von Betroffenen
48 Harry, zit.n. Lew 1993, 248f.
49 zit.n. Bange 1990, 55
50 J., 29 Jahre, zit.n. Glöer/Schmiedeskamp-Böhler 1990, 43
51 zit.n. Alice Vachss 1995, 293
52 A., 29 Jahre, zit.n. Glöer/Schmiedeskamp-Böhler 1990, 135f.
53 zit.n. Lautmann 1994, 84
54 persönliche Mitteilung früherer MitarbeiterInnen der Beratungsstelle
55 zit.n. Burkett/Bruni 1995, 87
56 ebd., 68
57 Conte u.a. 1989
58 zit.n. Ziegler 1988, 152f.

59 Brongersma 1991, 265
60 Lautmann 1994
61 ebd., 93
62 ebd.
63 ebd., 88f.
64 Brongersma 1991, 265
65 zit.n. Ziegler 1988, 153f.
66 zit.n. Brongersma 1991, 266
67 Enders 1995, 98ff.
68 zit.n. Lautmann 1994, 97f.
69 Ziegler 1988, 158f.
70 Judith Herman 1994
71 Ziegler 1988, 158f.
72 Enders 1995, 93ff. und 308ff.

Kapitel V:
Vergiftete Kindheit

1 Ein Teilnehmer der Selbsthilfegruppe »HORUS« c/o ZARTBITTER KÖLN
2 Schaffrin 1993a, 44ff.
3 American Humane Association Study 1981, zit.n. Heyne 1994, 271
4 National Center of Child Abuse and Neglect (NCCAN) 1981, zit.n. Heyne 1994, 271
5 Faller, zit.n. Heyne 1994, 271
6 Finkelhor/Russel 1984, zit.n. Heyne 1994, 271
7 ebd., 273
8 z.B. Bange 1990b; Conen 1995; Enders 1990c, 1994f, 1995; LAG Autonomer Mädchenhäuser NRW 1994
9 Schaffrin 1993a, 47
10 ebd.
11 Faller 1994
12 Heyne 1994, 278
13 ebd., 279
14 Jäckel 1993, 207f.
15 Enders 1995, 66f.
16 persönliche Mitteilung des betroffenen Jungen
17 persönliche Mitteilung eines betroffenen Mädchens
18 zit.n. Glöer/Schmiedeskamp-Böhler 1990, 91f.
19 Frauenkalender Tag für Tag 1989, 155
20 persönliche Mitteilung betroffener Kinder
21 persönliche Mitteilung der Täterin
22 Conen 1995, 139
23 persönliche Mitteilung von Zeugen
24 persönliche Mitteilung eines betroffenen Kindes
25 Sodermanns/Enders 1995, 236
26 zit.n. Bossi 1994

Kapitel VI:
Die Narben der sexuellen Gewalt

1 Bange 1994^2, 38ff.; Watkins/Bentovim 1992, 215ff.
2 Friedrich u.a. 1986, 25f.; Friedrich 1988, 181f.; Bange 1994^2, 47ff.
3 Fegert 1993, 40f.
4 Julius/Boehme 1996, Bange 1994^2, 147ff.
5 Fegert 1993, 43f.; Bange 1994^2, 138ff.; Julius/Boehme 1994, 285ff.
6 Einige Studien kommen zu dem Ergebnis, daß jüngere Kinder stärker traumatisiert werden, andere fanden überhaupt keinen Zusammenhang zwischen den beiden Variablen »Alter« und »Ausmaß des Traumas«, wieder andere stellten fest, daß Jugendliche ein größeres Trauma entwickeln (Fegert 1993, 43f.; Bange 1994^2, 140f.).
7 Finkelhor 1979, 102f.; Baker/ Duncan 1985, 462
8 Friedrich 1988, 186f.; Gomes-Schwartz u.a. 1990, 99
9 Bentovim u.a. 1987, 1454ff.; Gomes-Schwartz u.a. 1990, 160f.
10 Bentovim u.a. 1987, 1454ff.
11 Die Unterbringung von Kindern in Pflegefamilien oder Heimen ist umstritten. Bei einer Studie zeigten sich bei fremduntergebrachten Kindern mehr Verhaltensauffälligkeiten. Allerdings ist unklar, ob dies daraus resultiert, daß die am schwersten geschädigten Kinder am häufigsten aus der Familie genommen wurden (Gomes-Schwartz u.a. 1990, 100). Eine andere Studie

kommt dagegen zu dem Ergebnis, daß Fremdunterbringung auf einige Kinder stützend und auf andere beeinträchtigend wirkt (Runyan u.a. 1988, 651ff.).

12 Kirchhoff 1994; Fastie 1994; Geisel 1995, 24ff.
13 Bange 1994[2], 145f.
14 Lison/Poston 1991, 25ff.
15 McCormack u.a. 1986, 390
16 Bruckner/Johnson 1987, 83; Watkins/Bentovim 1992, 225
17 Janus u.a. 1984, 135ff.
18 Weisberg 1985, 48
19 Kohan u.a. 1987, 261
20 Sansonnet-Haydan u. a. 1987, 754
21 Jacobson/Herald 1990, 156
22 Brannon u.a. 1989, 163ff.
23 Krieger/Fath 1995, 77ff.
24 Enders 1995, 85; Gellert/Dufree, 1989
25 Carballo-Dieguez/Dolezal, 1995; Bartholow, u.a. 1994; Hirozawa, u.a. 1993
26 Carballo-Dieguez/Dolezal, 1995, 602

Kapitel VII:
Auch Indianer kennen Schmerz

1 Die im Rahmen der Arbeit von ZARTBITTER KÖLN geführten Gespräche mit den betroffenen Männern sind nicht wissenschaftlich erfaßt worden. Den sexuell mißbrauchten Männern beispielsweise gleich mit einem »Erfassungsbogen« entgegenzutreten, hätte sie zu Objekten gemacht, was den Verarbeitungsprozeß extrem erschweren kann. Denn es ist ein grundlegender Faktor sexueller Ausbeutung, daß die Täter ihre Opfer zu Objekten ihrer Bedürfnisse degradieren. Die Männer in der Beratung als Objekte der Wissenschaft zu betrachten, würde sie einmal mehr zur Ware machen (Pfäffli 1993, 259)
2 Die Übertragbarkeit der Erörterungen ist zudem aufgrund der Speziali-

sierung von ZARTBITTER KÖLN auf das Thema »Sexueller Mißbrauch« eingeschränkt. Männer, die zunächst nicht wissen, daß ihre Beschwerden von sexuellem Mißbrauch herrühren, wenden sich nur sehr selten an ZARTBITTER KÖLN. Außerdem erreicht man mit offenen Beratungs- und Therapieangeboten eher Angehörige der Mittelschicht. Jugendliche und Männer aus den unteren Gesellschaftsschichten stehen Beratung und Therapie vielfach reserviert gegenüber bzw. sie wissen nichts von solchen Angeboten.

3 Wirtz 1989; Bass/Davis 1990
4 Brockhaus/Kolshorn 1993, 141 Kloiber 1994, 499; Bagley u.a. 1994, 689
5 Enders 1995, 44ff.
6 Bagley u.a. 1994, 689
7 Grubman-Black 1990, 9
8 Herman 1994, 247ff.
9 Garbe 1991, 50
10 Hirsch 1994, 153f.
11 Grubman-Black 1990, 99
12 Holzkamp 1994, 144ff.
13 ebd., 147
14 Enders 1995, 55ff.
15 Holzkamp 1994, 146f.
16 Becker 1989, 49
17 Ferenczi 1933, 321
18 Ramin 1993, 140
19 Hirsch 1994, 150
20 Ramin 1993, 140
21 Lew 1993, 171
22 Broek 1993, 88
23 Pfäffli 1993, 263
24 Garbe 1991, 23
25 Broek 1993, 93
26 Lew 1993, 121
27 ebd.
28 Wurmser 1990, 150
29 Herman 1994, 80
30 Hirsch 1994, 165
31 Herman 1994, 99
32 Dazu eignet sich der auf Seite 96f. abgedruckte Text von John Conte.
33 Broek 1993, 61
34 Sandford 1992, 137

35 Berendzen/Palmer 1994, 36
36 Die Bücher »Männliche Sexualität« von Bernie Zilbergeld und »Die Prinzenrolle« von Dieter Schnack und Rainer Neutzling eignen sich dafür und können auch den Klienten als Lektüre empfohlen werden.
37 Garbe 1991, 75
38 Berendzen/Palmer 1994, 34
39 Herman 1994, 142ff.
40 Lew 1993, 98
41 Grubman-Black 1990, 126ff.; Herman 1994, 266ff.
42 Enders 1995, 108f.
43 In den Büchern von Mike Lew und Ellen Bass und Laura Davis finden sich zahlreiche Hinweise, die helfen, eine Konfrontation vorzubereiten.
44 Williams/Finkelhor 1990, 236
45 Outsem 1993, 73f.
46 Küssel u.a. 1993, 281ff.; Broek 1993, 55
47 Lew 1993, 71f.
48 BMFuS 1993, 66
49 Lew 1993, 67ff.
50 Berendzen/Palmer 1994, 95
51 Freud/Breuer 1895, 10
52 Lew 1993, 83 und 258
53 ebd., 73f.; Herman 1994, 303ff.
54 Lew 1993, 278
55 Olio/Cornell 1993, 518; Garbe 1991, 36
56 Herman 1994, 185
57 ebd., 225
58 Spoden 1995
59 Grubman-Black 1990, 29f.; Bange 1994², 125ff.; Julius/Boehme 1994, 119ff.; Bagley u.a. 1994, 688f.
60 Rogers/Terry 1984, 99
61 Haaken/Schlaps 1991, 39
62 Levold 1994, 28
63 Lew 1993, 225f.
64 Myers 1989, 213f.
65 Hirsch 1994, 153f.; Herman 1994, 196f.
66 Hirsch 1994, 155ff.
67 Herman 1994, 209ff.

Kapitel VIII:
Ängste, Vorurteile und Mißverständnisse

1 Groth/Birnbaum 1978, 180f.; Abel/Rouleau 1990, 16
2 Bochow 1993a
3 Badinter 1993, 190; Isay 1993, 21f.
4 Rauchfleisch 1994, 217ff.
5 Isay 1993, 14
6 Freud 1960, 495f.
7 Badinter 1993, 143ff.
8 Frankfurter Rundschau vom 24.03.95, 1; Bochow 1993b, 76ff.
9 WDR 2, 19.6.1992
10 Grossmann 1991, 99
11 Vachss 1994, 27ff.
12 Badinter 1993, 146
13 Rauchfleisch 1994, 225f.
14 Michael u.a. 1994, 227
15 Kinsey u.a. 1970, 603
16 Hite 1982, 85
17 Kinsey 1970, 602
18 Grossmann 1991, 92f.; Schmidt 1988, 117ff.
19 Schmidt 1988, 123
20 Dannecker/Reiche 1974, 158ff; vgl. auch Bochow 1993b, 18f.
21 Lautmann 1977, 16
22 Grossmann 1991, 100
23 Isay 1993, 20; Grossmann 1988, 47
24 Michael Dericks mündliche Mitteilung 1995; Grossmann 1991, 106
25 Lemke 1994, 153
26 Grossmann 1991, 102
27 Grossmann 1988, 37
28 Isay 1993, 15
29 Ähnliche Erfahrungen werden auch von amerikanischen und britischen Therapeuten berichtet. So litten beispielsweise 9 der 14 Klienten Myers (1989, 210) unter einer Verunsicherung hinsichtlich ihrer sexuellen Identität (vgl. auch Lew 1993, 87; Maltz 1993, 167ff.; Watkins/Bentovim 1992, 216f.
30 Bartholow u.a. 1994, 755f.
31 Maltz 1993, 171f.
32 Broek 1993, 123
33 Bell u.a. 1981, 116
34 Bartholow u.a. 1994, 751ff.

35 Martin/Hetrick 1988, 171
36 Isay 1993, 32ff.
37 Groth/Birnbaum 1978, 180
38 Grossmann 1991, 172ff.
39 Frankfurter Rundschau vom
    16.02.95

Kapitel IX:
Der Verrat am Kind

 1 z.B. Brongersma 1991 und Laut-
    mann 1994
 2 z.B. Brongersma 1991, Lautmann
    1994
 3 Brongersma 1991, 93
 4 ebd., 332
 5 ebd., 126
 6 Fall aus der Beratungsarbeit von
    ZARTBITTER KÖLN
 7 Fall aus der Beratungsarbeit von
    ZARTBITTER KÖLN
 8 Freud zit. n. Bornemann 1984, 387
 9 Bernard 1988, 95
10 Lautmann 1994, 34
11 zit.n. ebd., 35
12 ebd., 34
13 zit.n. ebd.
14 Groth/Birnbaum 1978, 180f; Abel /
    Rouleau 1990, 16
15 Lautmann 194, 121
16 Bernard 1988, 95; Brongersma
    1991, 109ff; Lautmann 1994, 40ff;
    Tillmanns o.J.
17 zit.n. Lautmann 1994, 41
18 Brongersma 1991, 110
19 ebd., 109
20 Lautmann 1994, 16
21 ebd., 38
22 Wyre/Swift 1991, 85
23 ebd., 84
24 ebd., 1991, 67
25 Brongersma 1991, 280
26 ebd., 280f. und 76
27 Studie von Abel. zit.n. O´Grady
    1992, 76
28 zit.n. Leopardi 1988, 127
29 Kentler 1994, 151
30 ebd.
31 zit.n. Brongersma 1991, 219
32 Ziegler 1988, 162f.

33 ebd., 163
34 O´Grady 1992
35 ebd., 82f.
36 ebd., 83
37 ebd.
38 ebd., 87f.
39 ebd.
40 Brongersma 1988, 48f.
41 ebd.
42 Borneman 1984, 286
43 Bernard 1988, 98
44 Lautmann 1994
45 Bendig 1988; Kentler 1994; Leo-
    pardi 1988
46 Kentler 1994, 149
47 ebd., 151
48 ebd., 149
49 ebd., 146
50 ebd., 146ff.
51 Kentler 1972, 104
52 Wolff 1994, 93
53 Bange 1994²; Glöer/Schmiedes-
    kamp-Böhler 1990; Julius/Boehme
    1994
54 Kentler 1994, 149
55 ebd., 150
56 ebd.
57 Kentler 1990, 9f.
58 Bange 1990c, 1994²
59 Lautmann 1994
60 ebd., 75
61 ebd., 75f.
62 ebd., 48 u. 53
63 ebd., 94
64 zit.n. ebd.
65 ebd.
66 ebd., 134
67 zit.n. Glöer/Schmiedeskamp-Böhler
    1990, 132
68 Lautmann 1994, 95f.
69 ebd., 98 und 114
70 ebd., 66
71 Bernard 1988, 96
72 Bleibtreu-Ehrenberg o.J., 17
73 Borneman 1984, 291
74 Brongersma 1991, 96
75 ebd., 130
76 Tillmanns o.J., 159
77 David 1994
78 ebd.
79 ebd.

80 Lautmann 1994, 10
81 Enders 1995, 94ff.
82 Brongersma 1991, 219
83 ebd., 248
84 ebd., 260
85 ebd., 248
86 Lautmann 1994, 90
87 zit.n. ebd., 24
88 ebd., 25
89 zit.n. Glöer/Schmiedeskamp-Böhler 1990, 112
90 zit.n. ebd., 136
91 Tillmanns o.J., 194
92 ebd., 194
93 zit.n. Brongersma 1991, 224
94 Borneman 1984, 388
95 Borneman 1992, 24
96 Borneman 1990a
97 Borneman 1992, 19
98 Bange 1990c, 55
99 Vachss 1994, 21f.
100 Zartbitter Münster Männergruppe 1990/91, 12
101 z.B. Bernard 1988, 97; Tillmanns o.J., 74
102 Bendig 1988, 29
103 Brongersma 1991, 243
104 ebd., 246
105 Tillmanns o.J., 150
106 ebd., 174
107 Walter 1988, 270
108 Tillmanns o.J., 111
109 ebd., 94
110 Borneman 1984, 392
111 ebd., 390
112 ebd., 391
113 Tillmanns o.J., 214
114 Kentler 1994, 151
115 Kentler 1992, 103f.
116 Roberts/Taylor 1994
117 ebd., 39
118 ebd.
119 ebd.
120 ebd., 40ff.
121 ebd., 41
122 ebd.
123 ebd.

Kapitel X:
Verraten und verkauft

1 aus einer Kölner Tageszeitung
2 aus einer Kölner Tageszeitung
3 Schnieders 1995
4 ebd.
5 ebd.
6 ebd.
7 Lanning 1984, 86
8 Schnieders 1995
9 ebd.
10 Pressedokumentation Kinderpornographie 1990-1992, 65

Kapitel XI:
»Was nicht sein darf, das nicht sein kann!«

1 Diese Fallskizze wurde in enger Anlehnung an einen Bericht der Mutter formuliert. Initiative 1995, 27-33
2 Conen 1995; Enders 1995
3 Finkelhor u.a. 1988
4 Enders 1995, 313
5 Conen 1995, 134f.

Kapitel XII:
Vorbeugen ist besser als heilen

1 Braun/Enders 1995
2 Bange 1993a

Literaturverzeichnis

Abel, Gene G./Rouleau, Joanne-L. (1990): The Nature and Extent of Sexual Assault. In: Marshall, W.L. u.a. (Hg.): Handbook of Sexual Assault: Issues, Theories and Treatment of the Offender. New York und London 1990, 9-21

Alcoff/Haug/Holzkamp u.a. (1994): Sexueller Mißbrauch. Widersprüche eines öffentlichen Skandals. Forum Kritische Psychologie Bd. 33/1994.

Alexander, Gerianne M./Hines, Melissa (1994): Gender Labels and Play Styles: Their Relative Contribution to Children´s Selection of Playmates. In: Child Development Vol. 65/1994, 869-879

Amendt, Günter (1982): Nur die Sau rauslassen? Zur Pädophilie-Diskussion. In: Sigusch, Volkmar (Hg.): Die sexuelle Frage. Hamburg 1982, 141-167

Amendt, Gerhard (1992): Das Leben unerwünschter Kinder. Frankfurt am Main 1992

Amendt, Gerhard (1993): Wie Mütter ihre Söhne sehen. Bremen 1993

American Human Association (1981): National Study on neglect and abuse. Denver 1981

Arbeitsgemeinschaft Humane Sexualität (AHS) (1988): Sexualität zwischen Kindern und Erwachsenen. Berlin 1988.

Aries, Philippe (1975): Geschichte der Kindheit. München 1975

Awad, George A./Saunders, Elisabeth B. (1989): Adolescent Child Molestors: Clinical Oberservations. In: Child Psychiatry and Human Development Vol. 19/1989, 195-206

Azzerad, Michael (1994): Nirvana. Come as you are. St. Andrä-Wörden 1994

Backe, Lone u.a. (1986): Sexueller Mißbrauch von Kindern in Familien. Köln 1986

Bader, Birgit/Lang, Ellinor (Hg.) (1991): Stricher-Leben. Hamburg 1991

Badinter, Elisabeth (1993): XY. Die Identität des Mannes. München 1993

Bagley, Christopher (1989): Prevalence and Correlates of Unwanted Sexual Acts in Childhood in a National Canadian Sample. In: Canadian Journal of Public Health Vol. 80/1989, 295-296

Bagley, Christopher u.a. (1994): Victim to Abuser: Mental Health and Behavioral Sequels of Child. In: Abuse & Neglect 18/1994, 683-697

Bain, Ouainé/Sanders, Maureen (1992): Wege aus dem Labyrinth. Fragen von Jugendlichen zu sexuellem Mißbrauch. Ruhnmark 1992

Baker, Anthony/Duncan, Sylvia (1985): Childhood Sexual Abuse: A Study of Prevalence in Great Britain. In: Child Abuse & Neglect Vol. 9/1985, 457-467

Bange, Dirk (1989): »Es hätte mir ja sowieso keiner geglaubt«. Sexuell mißbrauchte Jungen – Kinder ohne Lobby. In: päd. extra & demokratische erziehung 10/1989, 36-39

Bange, Dirk/Geisel, Kerstin (1990a): Kinderpornographie – Eine der Ursachen sexueller Ausbeutung von Kindern. In: päd. extra & demokratische erziehung 6/1990, 20-24

Bange, Dirk (1990b): Wenig beachtet und doch eine Tatsache: Auch Frauen mißbrauchen Kinder. In: pro familia magazin. Sexualpädagogik und Familienplanung 3/1990, 29-31

Bange, Dirk (1990c): Jungen werden nicht mißbraucht – oder? In: Psychologie heute 1/1990, 54-61

Bange, Dirk (1990d): Jungenprostitution. In: päd. extra & demokratische erziehung 11/1990, 33-38

Bange, Dirk (1991): Sexuell mißbrauchte Jungen. In: Bader, Birgit/Lang, Ellinor (Hg.): Stricher-Leben. Hamburg 1991, 140-152

Bange, Dirk (1992 u. 1994²): Die dunkle Seite der Kindheit. Sexueller Mißbrauch an Mädchen und Jungen. Ausmaß – Hintergründe – Folgen. Köln 1992, 1994

Bange, Dirk (1993a): Nein zu sexuellen Übergriffen – Ja zu selbstbestimmter Sexualität In: Zartbitter Köln (Hg.): Nein ist Nein. Neue Ansätze in der Präventionsarbeit. Köln 1993, 7-38

Bange, Dirk (1993b): Sexueller Mißbrauch an Mädchen und Jungen – Hintergründe und Motive der Täter. In: psychosozial Vol. 16/1993, 49-65

Bange, Dirk (1993c): Sexueller Mißbrauch an Jungen. In: Winter, Reinhard (Hg.): Stehversuche. Sexuelle Jungensozialisation und männliche Lebensbewältigung durch Sexualität. Männermaterial Band 3. Schwäbisch Gmünd und Tübingen 1993, 119-148

Bange, Dirk (1995a): Sexueller Mißbrauch an Kindern. In: Bienemann, Georg u.a. (Hg.): Handbuch für den Kinder- und Jugendschutz. Münster 1995, 234-237

Bange, Dirk (1995b): Kinderpornographie. In: Bienemann, Georg u.a. (Hg.): Handbuch für den Kinder- und Jugendschutz. Münster 1995, 328-332

Bartholow, Bradford N. u.a. (1994): Emotional, Behavior, and HIV Risk Associated with Sexual Abuse Among Adult Heterosexual and Bisexual Men. In: Child Abuse & Neglect Vol. 18/1994, 747-761

Bass, Ellen/Davis, Laura (1990): Trotz allem. Wege zur Selbstheilung für sexuell mißbrauchte Frauen. Berlin 1990

Bass, Ellen (1992): Verbündete. Hilfen für Partnerinnen und Partner von Opfern sexueller Gewalt. Berlin 1992

Beauvoir, Simone de (1968): Das andere Geschlecht. Reinbek 1968

Becker, David (1989): Psychoanalytische Sozialarbeit mit Gefolterten in Chile. In. Psychosozial Vol. 12/1989, 43-52

Becker, Judith V. (1988): The Effects of Child Sexual Abuse on Adolescent Sexual Offenders. In: Wyatt, Gail E./Powell, G. (Hg.): Lasting Effects of Child Sexual Abuse. Newbury Park 1988, 193-207

Bell, Alan P. u.a. (1981): Der Kinsey Institut Report über sexuelle Orientierung und Partnerwahl. München 1981

Belloc, Denis (1989): Neon. Freiburg 1989

Bendig, Bruno (1988): Gewaltfrei und einvernehmlich. Zur sexuellen Selbstbestimmung von Kindern und Jugendlichen. In: Leopardi, Angelo (Hg.): Der pädosexuelle Komplex, Frankfurt am Main 1988, 28-34

Benjamin, Jessica (1993): Die Fesseln der Liebe. Frankfurt am Main 1993

Bentovim, Arnon u.a. (1987): Child Sexual Abuse – Children and Families Referred to a Treatment Project and the Effects of Intervention. In: British Medical Journal Vol. 295/1987, 1453-1457

Berendzen, Richard/Palmer, Laura (1994): Sie rief mich immer zu sich. Die Geschichte eines mißbrauchten Sohnes. München 1994

Bernard, Frits (1979): Pädophilie. In: Albrecht-Desirat, Karin/Pacharzina, Klaus (Hg.): Sexualität und Gewalt. Bernsheim 1979, 77-86

Bernard, Frits (1982): Kinderschänder? Frankfurt am Main 1982

Bernard, Frits (1988): Aus »Verführten« wurden Väter. In: Leopardi, Angelo (Hg.): Der pädosexuelle Komplex. Frankfurt am Main 1988, 89-98

Bernd W. Tori (1988): Selbstbestimmung – ja bitte! Vom Recht des Kindes auf Sexualität. In: Leopardi, Angelo (Hg.): Der pädosexuelle Komplex. Frankfurt am Main 1988, 51-61

Bettelheim, Bruno (1983): Die Geburt des Selbst. Frankfurt am Main 1983

Bieler, Manfred (1989): Still wie die Nacht. Hamburg 1989

Bleibtreu-Ehrenberg, Gisela (o.J.): Vorwort. In: Tillmanns, Marius: Sag´ mir, wo die Liebe ist. Gewalt gegen Kinder und eine Liebe ohne Recht. Hamburg o.J., 2. Auflage, 14-20

Bochow, Michael (1993a): Einstellungen und Werthaltungen zu homosexuellen Männern in Ost- und Westdeutschland. AIDS – eine Forschungsbilanz. Berlin 1993

Bochow, Michael (1993b): Die Reaktionen homosexueller Männer auf AIDS in Ost- und in Westdeutschland. Berlin 1993

Böhnisch, Lothar (1987): Jungenarbeit. In: Böhnisch, Lothar/Münchmeier, Richard: Wozu Jugendarbeit? Orientierungen für Ausbildung, Fortbildung und Praxis. Weinheim und München 1987, 137-141

Böhnisch, Lothar/Winter, Reinhard (1994): Männliche Sozialisation. Weinheim und München 1994[2]

Borkin, Joyce/Frank, Lesley: Sexual Abuse for Preschoolers: A Pilot Program. In: Child Welfare Vol. 65, 75-82

Borneman, Ernest (1978): Lexikon der Liebe. Band 3. Frankfurt am Main 1978

Borneman, Ernest (1984): Lexikon der Sexualität. Hersching 1984

Borneman, Ernest (1990a): Wenn der Versuch der Verhinderung Schaden erzeugt. In: Herrath, Frank/Sielert, Uwe (Hg.): Jugendsexualität zwischen Lust und Gewalt. Wuppertal 1990, 81-90

Borneman, Ernest (1990b): Therapie für Pädophile. Ein Kommentar. In: Psychologie heute Vol. 1/1990, 59

Borneman, Ernest (1992): Der Mißbrauch des Mißbrauchs – Die Kinder und ihre Helfer. In: Dokumentation Mißbrauch mit dem Mißbrauch bei Verfahren um das Sorgerecht. ISUV/VDU Schriftenreihe Band 2. Nürnberg 1992, 17-25

Bossi, Jeanette (1994): Empirische Untersuchungen, Psychodynamik und Folgeschäden. In: Bachmann/Böcher (Hg.) (1994): Sexueller Mißbrauch in Psychotherapie und Psychiatrie. Bern 1994, 45-72

Brandes, Johann Christian (1802): Meine Lebensgeschichte. Berlin 1802

Brannon, James M. u.a. (1989): The Extent and Origins of Sexual Molestation and Abuse Among Incarcerated Adolescent Males. In: International Journal of Offender Therapy and Comparation Criminology Vol. 33/1989, 161-171

Braun, Gisela (1992): Gegen sexuellen Mißbrauch an Mädchen und Jungen. Ein Ratgeber für Mütter und Väter.

Herausgegeben von der Arbeitsgemeinschaft Kinder und Jugendschutz NRW. Köln 1992

Braun, Gisela (1995): Der Alltag ist sexueller Gewalt zuträglich – Prävention als Antwort auf »alltägliche« Gefährdungen von Kindern. In: AJS NRW e.V. (Hg.) Köln 1995

Brenner, Gerd/Grubauer, Franz (Hg.) (1991): Typisch Mädchen? Typisch Junge? Persönlichkeitsentwicklung und Wandel der Geschlechterrollen. München 1991

Briere, John u.a. (1988): Symptomatology in Men Who Were Molested as Children: A Comparison Study. In: American Journal of Orthopsychiatry Vol. 58/1988, 457-461

Brockhaus, Ulrike/Kolshorn, Maren (1993): Sexuelle Gewalt gegen Mädchen und Jungen. Frankfurt am Main 1993

Broek, Jos van den (1993): Verschwiegene Not: Sexueller Mißbrauch an Jungen. Zürich 1993

Brongersma, Edward (1980): Die Rechtsposition des Pädophilen. In: Monatsschrift für Kriminologie und Strafrechtsreform Vol. 63/1980, 97-107

Brongersma, Edward (1988): Geschenk, nicht Bezahlung – zum Problem sexueller Ausbeutung Jugendlicher. In: Leopardi, Angelo (Hg.): Der pädosexuelle Komplex. Frankfurt am Main 1988, 43-50

Brongersma, Edward (1991): Loving boys. Frankfurt am Main 1991

Brownmiller, Susan (1980): Gegen unseren Willen – Vergewaltigung und Männerherrschaft. Frankfurt am Main 1980

Bruckner, Debra F./Johnson, Peter E. (1987): Treatment for Adult Male Victims of Childhood Sexual Abuse. In: Journal of Contemporary Social Work Vol 2/1987, 81-87

Bruinsma, Frits (1991): Interview. In: Beratung bei Inzest. Lehrgang für Fachleute. Eine Serie von 5 Videoprogrammen. Herausgegeben vom Zentrum für Pädagogik. Basel 1991

Bundesministerium für Familien und Senioren (BMFuS) (Hg.) (1993): Sexueller Mißbrauch von Kindern und Jugendlichen. Intervention und Prävention. Stuttgart 1993

Burkett, Elinor/Bruni, Frank (1995): Das Buch der Schande. Kinder und sexueller Mißbrauch in der katholischen Kirche. Wien u. München 1995

Campbell, Anne (1995): Zornige Frauen, wütende Männer. Frankfurt am Main 1995

Carballo-Dieguez, Alex/Dolezal, Curtis (1995): Association Between History of Childhood Sexual Abuse and Adult HIV-Risk Sexual Behavior in Puerto Rican Men Who Have Sex With Men. In: Child Abuse & Neglect Vol. 19/1995, 595-605

Conen, Marie-Luise (1995): Sexueller Mißbrauch durch Mitarbeiter in stationären Einrichtungen für Kinder und Jugendliche. In: Praxis der Kinderpsychologie und Kinderpsychiatrie. Vol. 44/1995, 134-140

Conte, John R. u.a. (1985): An Evaluation of a Program to Prevent the Sexual Victimization of Young Children. In: Child Abuse and Neglect. Vol. 9/1985, 319-328

Cosmopolitan (1990): Tabu. Wenn Frauen ihre Kinder mißbrauchen. In: Cosmopolitan 8/1990, 56-61

Dannecker, Martin/Reiche, Reimut. (1974): Der gewöhnliche Homosexuelle. Frankfurt am Main 1974

Dannecker, Martin (1987): Zur strafrechtlichen Behandlung der Pädosexualität. In: Dannecker, Martin (Hg.): Das Drama der Sexualität. Frankfurt am Main 1987, 72-89

David, Klaus Peter (1994): Versachlichung statt Polemik ist geboten. Sexueller Kindesmißbrauch. In: Thema Jugend. November 1994, 16-18

Davis, Laura (1992): Verbündete. Handbuch für Partnerinnen und Partner sexuell mißbrauchter Frauen und Männer. Berlin 1992

De Jong, Allan, R. u.a. (1982): Epidemiological Factors in Sexual Abuse of Boys. In: American Journal of Disease of Children. Vol. 136/1982, 990-993

de Mause, Lloyd (1980): Evolution der Kindheit. In: de Mause, Lloyd (Hg.): Hört ihr die Kinder weinen. Frankfurt am Main 1980, 12-111

de Vries, Pety E. (1993): A Draft of Lethe: A Neglected Statement from the Works of Sigmund Freud. In: Psychotherapy Vol. 30/1993, 524-530

Die Bibel (1965): Die heilige Schrift des alten und neuen Bundes. Vollständige deutsche Ausgabe. Freiburg im Breisgau 1965

Dirks, Liane (1986): Die liebe Angst. Reinbek 1986

Dixon, Katharine u.a. (1978): Father-Son Incest: Underreported Psychiatric Problem? In: American Journal of Psychiatry Vol. 135/1978, 835-838

Djian, Philippe: (1994): Pas de Deux. Zürich 1994

Doll, Lynda S. u.a. (1992): Self-Reported Childhood and Adolescent Sexual Abuse Among Adult Homosexual and Bisexual Men. In: Child Abuse and Neglect Vol. 16/1992, 855-864

Dornes, Martin (1993): Der kompetente Säugling. Die präverbale Entwicklung des Menschen. Frankfurt am Main 1993

Duerr, Hans Peter (1993): Obszönität und Gewalt. Der Mythos vom Zivilisationsprozeß. Band 3. Frankfurt am Main 1993

Eckert, Bernhard (1991): Sexuelle Gewalt gegen Jungen. Das doppelte Tabu. In: ajs-informationen 4/1991, 5-6

Eissler, Kurt R. (1993): Bemerkungen über falsche Interpretationen von Freuds Verführungstheorie. In: Psyche 10/1993, 855-865

Ellerstein, Norman S./Canavan, William J. (1980): Sexual Abuse of Boys. In: American Journal of Psychiatry Vol. 137/1980, 221-223

Elliott, Michelle u.a. (1995): Child Abuse Prevention: What offenders tell us. In: Child Abuse and Neglect. Vol. 19/1995, 579-594.

Ellis, Philip L. u.a. (1990): Interrupting the Reenactment Cycle: Psychotherapy of a Sexually Traumatized Boy. In: American Journal of Psychotherapy Vol. 44/1990, 525-535

Enders, Ursula (1987a): Sexueller Mißbrauch an Kindern. In: Frauengleichstellungsstelle der Stadt Düsseldorf: »Gewalt gegen Frauen – eine Dokumentation« 1987

Enders, Ursula (1987b): Nicht nur zuhause. In: Sozial extra 9/87, 4-6

Enders, Ursula (1987c): Die Therapie gibt es nicht. Ein Interview zur Therapie und Selbsthilfe betroffener Frauen. In: Psychologie heute 10/87, 68ff.

Enders, Ursula (1987d): Sexueller Kindesmißbrauch und Jugendhilfe. Expertise im Auftrage des Ministers für Arbeit, Gesundheit und Soziales des Landes Nordrhein-Westfalen. Köln 10/87

Enders, Ursula (1988a): Keine zu frühe Konfrontation. In: Demokratische Gesundheitslehre 9/88, 15f.

Enders, Ursula (1988b): Aufklären, Stärken, Verhindern. Prävention in der Schule. In: Päd. extra 11/88, 6-9

Enders, Ursula/Meisel, Bettina (1988c): Möglichkeiten und Grenzen der Beraterin in der Arbeit mit sexuell mißbrauchten Mädchen und Frauen. Bericht einer Arbeitsgruppe auf der Fachtagung »Sexueller Mißbrauch an Mädchen und Jungen«. November 1987 in Köln. In: Verein zur Weiterbildung für Frauen 1988

Enders, Ursula (1989a): Sexueller Mißbrauch oder Kindesmißhandlung? Plädoyer für einen sicheren Opferschutz. In: Thema Jugend, 1/1989, 8f.

Enders, Ursula (1989b): Ein Indianer kennt keinen Schmerz. Das Ausmaß der sexuellen Gewalt gegen Jungen wird immer noch tabuisiert. In: Enfant Nr. 3, Januar 1989

Enders, Ursula (1989c): Sexueller Mißbrauch an Mädchen und Jungen. In: AJS u.a. (Hg.): Jugend und Gewalt. Jugendschutzforum '88. Köln 1989

Enders, Ursula/Fey, Elisabeth (1990a): Der, von dem ich Geborgenheit erhoffte … In: Herrath, Frank/Sielert, Uwe (Hg.): Jugendsexualität zwischen Lust und Gewalt. Wuppertal 1990, 69-80

Enders, Ursula (1990b): Herr Steubmann und Mehmet. Über die (stille) Solidarität von Männern mit sexuellen Gewalttätern. In: Päd. Extra 8/1990

Enders, Ursula (Hg.) (1990c): Zart war ich, bitter war´s. Sexueller Mißbrauch an Mädchen und Jungen. Erkennen – schützen – beraten. Köln 1990

Enders, Ursula (1991): Vorwort zu Wyre/Swift: Und bist Du nicht willig … Die Täter. Köln 1991, 7-10

Enders, Ursula (1992): Sexuelle Gewalt in Institutionen: Sichere Orte nirgendwo? Vortrag auf einer Podiumsveranstaltung des Frauenministeriums Niedersachsen. Herbst 1992

Enders, Ursula (1993a): »Die Not des Kindes« In: EMMA 5/93, 52-54

Enders, Ursula (1993b): »Im Namen des Staates …« – sexuelle Gewalt gegen Mädchen und Jungen. Vortrag auf der Fachtagung der Friedrich-Ebert-Stiftung. 11.03.1993

Enders, Ursula (1993c): Schöne und blöde Gefühle – oder: Wie Schön & Blöd entstand. In: Zartbitter Köln (Hg.): Nein ist Nein. Neue Ansätze in der Präventionsarbeit. Zartbitter Schriftenreihe gegen sexuellen Mißbrauch an Mädchen und Jungen. Köln 1993, 59-64

Enders, Ursula (1993d): Der »siebte« Sinn ist Eigen-Sinn! oder: Wie LiLoLe Eigensinn entstand. In: Zartbitter Köln (Hg.): Nein ist Nein. Neue Ansätze in der Präventionsarbeit. Zartbitter Schriftenreihe gegen sexuellen Mißbrauch an Mädchen und Jungen. Köln 1993, 65-70

Enders, Ursula (1993e): Alte Hüte neu verpackt?! Präventionsmaterialien im Praxistest. In: Zartbitter Köln (Hg.): Nein ist Nein. Neue Ansätze in der Präventionsarbeit. Zartbitter Schriftenreihe gegen sexuellen Mißbrauch an Mädchen und Jungen. Köln 1993, 71-75

Enders, Ursula (1993f): Gewalt gegen Kinder – Was ist zu tun? Vortrag auf dem Kongreß des Bundesministeriums für Frauen und Jugend »Keine Gewalt gegen Kinder«, Bonn 03.12.1992

Enders, Ursula/Wolters, Dorothee (1994a): Schön blöd. Ein Bilderbuch über schöne und blöde Gefühle. Kevelaer 1994

Enders, Ursula/Wolters, Dorothee (1994b): LiLoLe Eigensinn. Ein Bilderbuch über die eigenen Sinne und Gefühle. Kevelaer 1994

Enders, Ursula/Wolters, Dorothee (1994c): Auf Wieder-Wiedersehen. Ein Bilderbuch über Trennung und Wiedersehen. Kevelaer 1994

Enders, Ursula (1994d): Täter auf der Opfersuche. Strategien der Beschaffungskriminalität. In: Gegenfurtner, Margirt/Bartsch, Bernhard (HG.): Sexueller Mißbrauch von Kindern und Jugendlichen. Hilfe für das Kind und den Täter. Magdeburg 1994, 95-117

Enders, Ursula (1994e): Anforderungen an die Täterarbeit aus der Sicht einer Beratungsstelle für Opfer sexueller Gewalt. Vortrag auf einer Veranstaltung des Lore-Agnes-Hauses in Essen, 20.04.1994

Enders, Ursula (1994f): Ritualisierter Kindesmißbrauch findet auch in Deutschland statt. In: Smith, Margaret: Gewalt und sexueller Mißbrauch in Sekten. Zürich 1994, 9-25

Enders, Ursula (1994g): Sexuelle Gewalt in Institutionen. In: Kathechetische Blätter 7-8/94

Enders, Ursula (Hg.) (1995): Zart war ich, bitter war´s. Handbuch gegen sexuelle Gewalt an Mädchen und Jungen. Überarbeitete und erweiterte Neuausgabe. Köln 1995

Enders, Ursula/Stumpf, Johanna (1996): Mein Kind wurde sexuell mißbraucht. Mütter und Väter melden sich zu Wort. Köln, 1996

Enders-Dragässer, Uta/Fuchs, Claudia (1988): Jungensozialisation in der Schule. Frankfurt und Darmstadt 1988

Etschenberg, Karla: »Sexualfeindliche Aufklärungsbücher für Kinder. In: Arbeitsgemeinschaft Jugendschutz (AJS) (Hg.): Sexueller Mißbrauch an Mädchen und Jungen. Unveröffentlichtes Manuskript Köln 1995.

Fagot, Beverly I./Hagan, Richard (1985a): Aggression in Toddlers: Responses to the Assertive Acts of Boys and Girls. In: Sex Roles Vol. 12/1985, 341-351

Fagot, Beverly I. u.a. (1985b): Differential Reactions to Assertive and Communicative Acts of Toddler Boys and Girls. In: Child Development Vol. 56/1985, 1499-1505

Faller, Kathleen C. (1987): Women Who Sexually Abuse Children. In: Violence and Victims Vol. 2/1987, 263-276

Faller, Kathleen C. (1991): Possible explanations for child abuse allegations in divorce. American Journal of Orthopsychiatry 61/1991, 86-91

Faller, Kathleen C. (1994): Frauen als Täterinnen. Vortrag auf einer Fachtagung. Münster, September 1994

Farber, Edward u.a. (1984): The Sexual Abuse of Children. A Comparison of Male and Female Victims. In: Journal of Clinical Child Psychology, Vol. 13, 294-297, 1984

Fastie, Friesa (1994): Zeuginnen der Anklage. Die Situation sexuell mißbrauchter Mädchen und Frauen vor Gericht. Berlin 1994

Fatke, Reinhard (1991): Pädophilie – Beleuchtung eines Dunkelfeldes. In: Schuh, J./Killias, M.: Sexualdelinquenz. Zürich 1991, 149-168

Fegert, Jörg M. (1993): Sexuell mißbrauchte Kinder und das Recht. Band 2. Ein Handbuch zu Fragen der kinder- und jugendpsychiatrischen und psychologischen Untersuchung und Begutachtung. Köln 1993

Fegert, Jörg M. (1995): Institutioneller Umgang mit sexuellem Mißbrauch. Vortrag gehalten am 05.04.1995 in der VHS-Köln

Fehrenbach, Peter A. u.a. (1986): Adolescent Sexual Offenders: Offender and Offense Characteristics. In: American

Journal of Orthopsychiatry Vol. 56/1986, 225-233

Feministische Dokumente Band 1 (1994): Dokumentation der Tagung »Täterinnen – Frauen, die Mädchen und Jungen sexuell mißbrauchen.« Herausgeberin: Landesarbeitsgemeinschaft Autonome Mädchenhäuser NRW. Köln 1994

Ferenczi, Sandor (1982): Sprachverwirrung zwischen dem Erwachsenen und dem Kind (1993). In: Ferenczi, Sandor: Schriften zur Psychoanalyse. Band 2. Frankfurt am Main 1982

Filter, Cornelia (1993): Falsche Kinderfreunde. In: EMMA 5/93

Finkelhor, David (1979): Sexually Victimzed Children. New York 1979

Finkelhor, David (1984a): Child Sexual Abuse: New Theory and Research. New York 1984

Finkelhor, David/Russel, Diana (1984b): Women as Perpetators: Review of the Evidence. In: Finkelhor, David: Child Sexual Abuse: New Theory and Research. New York 1984, 171-185

Finkelhor, David/Baron, Larry (1986): High-Risk Children. In: Finkelhor, David u.a. (Hg.): A Sourcebook on Child Sexual Abuse. Beverly Hills 1986, 60-88

Finkelhor, David u.a. (1990): Sexual Abuse in a National Survey of Adult Men and Women: Prevalence, Characteristics, and Risk Factors. In: Child Abuse & Neglect Vol. 14/1990, 19-28

Focus (1993): »Du sollst keine Kinder mehr zeugen«. In: Focus 14/1993, 64

Frankfurter Rundschau (1995a): »Jugendliche geben sich beim Thema Homosexualität tolerant«. 16.02.1995

Frankfurter Rundschau (1995b): »Jeder dritte Schwule wird mindestens einmal überfallen«. 24.03.1995

Freud, Sigmund (1960): Briefe 1873-1939. Frankfurt am Main 1960

Freud, Sigmund (1968a): Zur Ätiologie der Hysterie (1896). Frankfurt am Main 1968, 423-459

Freud, Sigmund (1968b): Neue Folge der Vorlesungen zur Einführung in die Psychoanalyse (1932). Frankfurt am Main 1968

Freud, Sigmund/Breuer, Josef (1970): Studien über Hysterie (1895). Frankfurt am Main 1970

Friebel, Harry (1991): Die Gewalt, die Männer macht. Reinbek 1991

Friedrich, William N. u.a. (1986): Behavior Problems in Sexually Abused Young Children. In: Journal of Pediatric Psychology Vol. 11/1986, 47-57

Friedrich William N. u.a. (1988): Behavior Problems in Young Sexually Abused Boys. In: Journal of Interpersonal Violence Vol. 3/1988, 21-28

Fritz, Gregory S. (1981): Comparison of Males and Females Who Were Sexually Molested as Children. In: Journal of Sex and Marital Therapy Vol. 7/1981, 54-59

Fürniss, Tilman (1990): Group Therapy for Boys. In: Hollows, Anne/ Armstrong, Helen (Hg.): Working with Sexually Abused Boys. An Introduction for Practitioners. London 1990, 49-60.

Garbe, Elke (1991): Martha. Psychotherapie eines Mädchens nach sexuellem Mißbrauch. Münster 1991

Gegenfurtner, Margit/Bartsch, Bernhard (Hg.) (1994): Sexueller Mißbrauch von Kindern und Jugendlichen. Hilfe für Kind und Täter. Magdeburg 1994

Geisel, Kerstin (1995): Die Schöne und das Biest. Die Berichterstattung der Tagespresse über Vergewaltigung. Münster 1995

Geisler, Erika (1959): Das sexuell mißbrauchte Kind. Göttingen 1959

Gellert, George A./Dufree, Michael J. (1989): HIV Infection and Child Abuse. In: The New England Journal of Medicine. Vol. 321/1989, 685

Gil, Eliana (1993): Die heilende Kraft des Spiels. Spieltherapie mit mißbrauchten Kindern. Mainz 1993

Glöer, Nele/Schmiedeskamp-Böhler, Irmgard (1990a): Verlorene Kindheit – Jungen als Opfer sexueller Gewalt. München 1990

Glöer, Nele/Schmiedeskamp-Böhler, Irmgard (1990b): Das glaubt mir doch keiner – Sexuelle Gewalt gegen Jungen. Begleitheft für Jugendliche und ErzieherInnen zu Franke Kühn: Es fing ganz harmlos an. Freiburg i.Br. 1990

Godenzi, Alberto (1989): Bieder, brutal. Frauen und Männer sprechen über sexuelle Gewalt. Zürich 1989

Godenzi, Alberto (1994): Gewalt im sozialen Nahraum. Zürich 1994

Gomes-Schwartz, Beverly u.a. (1990): Child Sexual Abuse: The Initial Effects. Newbury Park 1990

Grossmann, Thomas (1991): Schwul – na und? Reinbek 1991

Grossmann, Thomas (1988): Eine Liebe wie jede andere auch. Reinbek 1988

Groth, Nicholas A./Birnbaum, Jean H. (1978): Adult Sexual Orientation and Attraction to Underage Persons. In: Archives of Sexual Behavior Vol. 7/1978, 175-181

Grubman-Black, Stephan D. (1990): Broken Boys/Mending Men. Recovery from Childhood Sexual Abuse. New York 1990

Grüne/al Frauengruppe Kreuzberg (1994): Pädos bei den Grünen. In: Stachelige Argumente 10/1994

Haaken, Janice/Schlaps, Astrid (1991): Incest Resolution Therapy and the Objectification of Sexual Abuse. In: Psychotherapy Vol. 28/1991, 39-47

Hagemann-White, Carol (1984): Sozialisation: weiblich – männlich? Opladen 1984

Hagemann-White, Carol (1992): Strategien gegen Gewalt im Geschlechterverhältnis: Pfaffenweiler 1992

Halpern, Judith (1987): Family Therapy in Father-Son Incest: A case Study. In: Social Casework Vol. 6/1987, 88-93

Hanks, Helga G.I./Saradjian, Jacqui (1994): Frauen, die Kinder sexuell mißbrauchen. In: Schubbe, O. (Hg.) (1994): Therapeutische Hilfen gegen sexuellen Mißbrauch an Kindern. Göttingen/Zürich 1994, 198-216

Haug, Frigga (1994): Zur Einführung: Versuch einer Rekonstruktion der gesellschaftlichen Dimensionen der Mißbrauchsdebatte. In: Forum Kritische Psychologie 33/1994, 6-20

Hebditch, David/Anning, Nick (1989): Porn Gold. Die Geschäfte mit der Pornographie. Wien 1989

Heigl-Evers, Annelise/Kruse, Johannes (1991): Frühkindliche gewalttätige und sexuelle Traumatisierungen. Praxis der Kinderpsychologie und Kinderpsychiatrie, Vol. 40/1991, 122-128

Hentschel, Gitta (1993): Die neue Form der Täterentlastung. In: taz 24.09.1993

Herman, Judith Lewis (1994): Die Narben der Gewalt. Traumatische Erfahrungen verstehen und überwinden. München 1994

Heyne, Claudia (1993): Täterinnen. Stuttgart 1993

Hirozawa, A.M. u.a. (1993): Prevalence of HIV-1 among young gay bisexual men in San Francisco and Berkely, CA: The second young men's survey. Poster presentation at the IX International Conference on AIDS. Berlin 1993

Hirsch, Matthias (1987): Realer Inzest. Psychodynamik des sexuellen Mißbrauchs in der Familie. Berlin 1987

Hirsch, Matthias (1994): Psychoanalytische Therapie. In: Schubbe, Oliver (Hg.): Therapeutische Hilfen gegen sexuellen Mißbrauch an Kindern. Göttingen/Zürich 1994, 148-169

Hite, Shere (1982): Hite Report. Band 1. Das sexuelle Erleben des Mannes. München 1982

Hömmen, Christa (1989): Mal sehen, ob ihr mich vermißt. Reinbek 1989

Hoffmann, Berno (1994): Geschlechterpädagogik. Münster 1994

Hohmann, J.S. (1989): Pädophilie heute. Berichte, Meinungen und Interviews. Frankfurt/Berlin 1989

Holland, Norman N. (1989): Massonic Wrongs. In: American Imago Vol. 46/1989, 329-352

Hollstein, Walter (1991): Nicht Herrscher, aber kräftig. Die Zukunft der Männer. Reinbek 1991

Hollstein, Walter (1992): Die Männer. Vorwärts oder zurück. München 1992

Holzkamp, Klaus (1994): Zur Debatte über sexuellen Mißbrauch: Diskurse und Fakten. In: Forum Kritische Psychologie 33, 1994, 136-157

ICE T mit Heidi Siegmund (1995): Who gives a fuck? München 1995

Initiative gegen Gewalt und Mißbrauch an Mädchen und Jungen (1995): Katholische Amtskirche und sexueller Mißbrauch an Kindern. In: Initiative ... (Hg.): Die Rettung der Menschheit besteht gerade darin, daß alle alles angeht! Siersham 1995, 27-33

Isay, Richard A. (1993): Schwul sein. Die psychologische Entwicklung des Homosexuellen. München 1993

Jacobson, Andrea/Herald, Charaine (1990): The Relevance of Childhood Sexual Abuse to Adult Psychiatric Inpatient Care. In: Hospital and Community Research Vol. 41/1990, 154

Jäckel, Karin (Hg.): Monika B. Ich bin nicht mehr eure Tochter. Bern 1993.

Janus, Mark-David u.a. (1984): Youth Prostitution. In: Burgess, Ann W. (Hg.): Child Pornography and Sex Rings. Lexington 1984, 127-146

Johanson, Erna M. (1978): Betrogene Kindheit. Eine Sozialgeschichte der Kindheit. Frankfurt am Main 1978

Johnson, Robert L./Shrier, Diane K. (1985): Sexual Victimization of Boys. Experience at an Adolescent Medicine Clinical Journal of Adolescent Health Care, Vol. 6/1985, 372-376

Johnson, Toni C. (1988): Child Perpetrators – Children who molest other Children: Preliminary Findings. In: Child Abuse & Neglect Vol. 12/1988, 219

Julius, Henri/Boehme, Ulfert (1994): Sexueller Mißbrauch an Jungen. Oldenburg 1994

Julius, Henri/Boehme, Ulfert (1996): Sexuelle Gewalt gegen Jungen. Hogrefe 1994

Karthaus, René (1988): Endlich Straffreiheit für Pädophile? In: Leopardi, Angelo (Hg.): Der pädosexuelle Komplex. Frankfurt am Main 1988.

Katzenbach, Markus (1992): Jungenarbeit in der Praxis. Dokumentation von zwei Seminaren mit Jungen zum Thema »Angst«. Frankfurt am Main 1992

Kentler, Helmut (1975): Eltern lernen Sexualerziehung. Reinbek 1975

Kentler, Helmut (1989): Leihväter. Reinbek 1989

Kentler, Helmut (1990): Kindersexualität. In: Mc Bride, Will: Zeig Mal! Wuppertal 1990, 4-11

Kentler, Helmut (1991): Sexualität und Entwicklung. Die Bedeutung der Sexualität im Jugendalter. In: Rotthaus, Wilhelm (Hg.): Sexuell deviantes Verhalten Jugendlicher. Dortmund 1991

Kentler, Helmut (1994): Täterinnen und Täter beim sexuellen Mißbrauch von Jungen. In: Rutschky, Katharina/Wolff, Reinhart (Hg.): Handbuch sexueller Mißbrauch. Hamburg 1994, 143-156

Kinsey, Alfred C. u.a. (1970): Das sexuelle Verhalten des Mannes. Frankfurt am Main 1970

Kirchhoff, Sabine (1994): Sexueller Mißbrauch vor Gericht. Opladen 1994

Kloiber, Andreas (1994): Sexuelle Gewalt an Jungen. Eine retrospektive Befragung erwachsener Männer. In: Verhaltenstherapie und psychosoziale Praxis 4/1994, 489-502

Knörzer, Winfried (1988): Einige Anmerkungen zu Freuds Aufgabe der Verführungstheorie. In: Psyche 2/1988, 97-131

Knorr-Anders, Esther (1991): Geschenke sind immer Liebe, oder? Sexueller Mißbrauch an Jungen. In: Die Zeit 25/1991, 69

Kohan, Margaret J. u.a. (1987): Hospitalized Children with History of Sexual Abuse: Incidence and Care Issues. In: American Journal of Orthopsychiatry Vol. 57/1987, 258-264

Krieger, Wolfgang/Fath, Elfriede (1995): Sexueller Mißbrauch und Heimerziehung. Zur Situation sexuell mißbrauchter Kinder und Jugendlicher im Heim. Berlin 1995

Krück, Ursula (1989): Psychische Schädigung minderjähriger Opfer von gewaltlosen Sexualdelikten auf verschiedenen Altersstufen. In: Monatsschrift für

Kriminologie und Strafrechtsreform Vol. 72/1989, 313-325

Krüll, Marianne (1979): Freud und sein Vater. München 1979

Küssel, Monika u.a. (1993): »Ich hab´ auch nie etwas gesagt!« Eine retrospektiv-biographische Untersuchung zum sexuellen Mißbrauch an Jungen. In: Praxis der Kinderpsychologie und Kinderpsychiatrie Vol. 7/1993, 278

Kupfersmid, Joel (1992): The »Defense« of Sigmund Freud. In: Psychotherapy Vol. 29/1992, 297-309

Landesarbeitsgemeinschaft Autonome Mächenhäuser NRW e.V. (1994): Täterinnen. Frauen, die Mädchen und Jungen sexuell mißbrauchen. Köln 1994

Langois, Judith H./Downs, A. Chris (1980): Mothers, Fathers and Peer Socialization Agents of Sex-Typed Play Behaviors in Young Children. In: Child Development Vol. 51/1980, 1237-1247

Lanning, Kenneth V. (1984): Collectors. In: Burgess, Ann W. (Hg.). Child Pornography and Sex Rings. Lexington 1984, 83-92

Laschet, Rainer (1991): Kinderpornographie. Eine aktuelle Bestandsaufnahme aus kriminalpolizeilicher Sicht. In: AJS-Forum 3+4/1991, 13-14

Lautmann, Rüdiger (1977): Seminar: Gesellschaft und Homosexualität. Frankfurt am Main 1977

Lautmann, Rüdiger (1980): Sexualdelikte – Straftaten ohne Opfer? In: Zeitschrift für Rechtspolitik 2/1980, 44-49

Lautmann, Rüdiger (1994): Die Lust am Kind. Portrait des Pädophilen. Hamburg 1994

Lechmann, Claus (1991): Sexueller Mißbrauch an Jungen – ein Überblick. In: Praxis der Klinischen Verhaltensmedizin und Rehabilitation 14/1991, 91-96

Leith, Alex/Handforth, Steve (1988): Groupwork with Sexually Abused Boys. Practice Vol. 2/1988, 166-175

Lemke, Jürgen (1994): Verloren am anderen Ufer. Schwule und lesbische Jugendliche und ihre Eltern. Berlin 1994

Lenz, Hans-Joachim (1993): Täter sind Männer und auch Frauen – Psycho-

sexuelle Gewalt gegenüber Jungen und ihre späten Folgen. In: Kartepe, Haydar/Stahl, Christian (Hg.): Männer-Sexualität. Reinbek 1993, 183-196

Leopardi, Angelo (Hg.) (1988): Der pädosexuelle Komplex. Frankfurt am Main 1988

Levold, Tom (1994): Die Betonierung der Opferrolle. In: System Familie 7/1994, 19-32

Lew, Mike (1993): Als Junge mißbraucht. Wie Männer sexuelle Ausbeutung in der Kindheit verarbeiten können. München 1993

Lewis, Michael/Weinraub, Marsha (1979): The Origins of Early Sex-Role Development. In: Sex Roles Vol. 5/1979, 135-153

Leyrer, Katya (1990): Hilfe! Mein Sohn wird ein Macker. Frankfurt am Main 1990

Licht, Hans (1969): Sittengeschichte Griechenlands. Reinbek 1969

Lison, Karen/Poston, Carol (1991): Weiterleben nach dem Inzest. Frankfurt am Main 1991

Maccoby, Eleanor E./Jacklin, Carol Nagy (1980): Sex Difference in Aggression. A Rejoinder and Reprise. In: Child Development Vol. 51/1980, 964-980

Mahler, Margaret u.a. (1978): Die psychische Geburt des Menschen. Frankfurt am Main 1978

Maltz, Wendy (1993): Healing. Ein sexuelles Trauma überwinden. Reinbek 1993

Marquardt, Claudia (1993): Sexuell mißbrauchte Kinder und das Recht. Band I. Juristische Möglichkeiten zum Schutz sexuell mißbrauchter Mädchen und Jungen. Köln 1993

Marquit, Carl (1986): Der Täter, Persönlichkeitsstruktur und Behandlung In: Backe, L. (Hg.): Sexueller Mißbrauch von Kindern in Familien. Köln 1986

Martin, A. Damein/Hetrick, Emery S. (1988): The Stigmatization of the Gay and Lesbian Adolescent. In: Journal of Homosexuality Vol. 16/1988, 163-183

Masson, Jeffrey, M. (1984): Was hat man Dir, Du armes Kind, getan? Sigmund

Freuds Unterdrückung der Verführungstheorie. Reinbek bei Hamburg 1984

McCormack, Arlene u.a. (1986): Runaway Youth and Sexual Victimization: Gender Differences in an Adolescent Runaway Population. In: Child Abuse & Neglect Vol. 10/1986, 387-395

McGhee, Charles L. (1984): Kindesmißhandlung und Kinderschutz. In: Jahrbuch der Kindheit Band 1: Kinderleben in Geschichte und Gegenwart. Weinheim und Basel 1984, 237-273

McLaughlin, Mary Martin (1980): Überlebende und Stellvertreter: Kinder und Eltern zwischen dem neunten und dem dreizehnten Jahrhundert. In: deMause, Lloyd (Hg.): Hört ihr die Kinder weinen. Frankfurt am Main 1980, 147

Mergener, Gottfried (1994): Mütter erziehen Söhne. Der Verlust der »Männlichkeit«. In: Diekmann, Alexander u.a. (Hg.): Gewohnheitstäter. Männer und Gewalt. Köln 1994, 26-40

Metz-Göckel, Sigrid/Müller, Ursula (1986): Der Mann. Die Brigitte-Studie. Weinheim 1986

Michael, Robert T. u.a. (1994): Sexwende. Liebe in den 90ern. München 1994

Moll, Albert (1909): Das Geschlechtsleben des Kindes. Berlin 1909

Mönkemöller, Otto (1930): Psychologie und Psychopathologie der Aussage. Heidelberg 1930

Mühlbauer, Karl R. (1991): Zur Lage des Arbeiterkindes im 19. Jahrhundert. Köln 1991.

Müller-Münch, Ingrid (1992): Janosch mit dem Plastikschwert und ein Kinderladen in Verdacht. In: FR 08.07.1992

Myers, Michael F. (1989): Men Sexually Assaulted as Adults and Sexually Abused as Boys. In: Archives of Sexual Behavior Vol. 18/1989, 203-215

Nagel-Diekmann, Hartmut (1992): Arbeit mit Mißhandlern und Hilfsangebote. In: Sexuelle Mißhandlung an Jungen (Fachtagung) 7.-9.06.91. VHS Münster 1992, 7-19

National Center of Child Abuse and Neglect (NCCAN) (1981): Study findings: National study of incidence and severety of child abuse and neglect (National Incidence Study). Washington DC 1981

Nau, Elisabeth (1965): Die Persönlichkeit des jugendlichen Zeugen. In: Stockert, Franz Günter von (Hg.): Das sexuell gefährdete Kind. Stuttgart 1965a, 27

Neutzling, Rainer/Fritsche, Burkhard (1992): Ey Mann, bei mir ist es genauso! Cartoons für Jungen. Zartbitter Köln (Hg.), Köln 1992

Neutzling, Rainer/Schnack, Dieter (1992): Geschlechtsspezifische Sozialisation von Jungen. In: Sexuelle Mißhandlung an Jungen (Fachtagung) 7.-9.06.91. VHS Münster 1992, 28-33

N.N. (1988): Unsere kleinen Freunde sind uns lieb. In: Leopardi, Angelo (Hg:): Der pädosexuelle Komplex. Frankfurt am Main 1988, 138-148

N.N. (1988): Glasnost auch für Pädophile? Die Diskussion in der Deutschen Demokratischen Republik gerät in Bewegung. In: Leopardi, Angelo (Hg.): Der pädosexuelle Komplex. Frankfurt am Main 1988, 221-238

N.N. (1988): Wir sind keine Kinderschänder. Pädophile berichten über ihren Alltag. In: Leopardi, Angelo (Hg.): Der pädosexuelle Komplex. Frankfurt am Main 1988, 124-129

N.N. (1988): Ein Leben voll Angst. Pädophile berichten über sich. In: Leopardi, Angelo (Hg.): Der pädosexuelle Komplex. Frankfurt am Main 1988, 99

NRW SPD (1994): Mißbrauch des Mißbrauchs – Rückschlag auf allen Ebenen? Dokumentation einer Veranstaltung der ASF NRW am 07.05.1994 in Bielefeld. Düsseldorf 1994, 6-19

Oerter, Rolf (1982): Jugendalter. In: Oerter, Rolf/Montada, Leo u.a. (Hg.): Entwicklungspsychologie. München 1982, 242-313

O´Grady, Ron (1992): Gebrochene Rosen. Kinderprostitution und Tourismus in Asien. Unkel/Rhein und Bad Honnef 1992

Olio, Karen A./Cornell, William F. (1993): The Therapeutic Relationship as the

Foundation for Treatment with Adult Survivors of Sexual Abuse. In: Psychotherapy Vol. 30/1993, 512-523

Olivier, Christiane (1989): Jokastes Kinder. München 1989

Outsem, Ron van (1993): Sexueller Mißbrauch an Jungen. Ruhnmark 1993

Paul, Robert A. (1985): Freud and the Seduction Theory: A Critical Examination of Masson´ The Assault on Truth. In: Journal of Psychoanalytic Anthropology Vol. 8/1985, 161-187

Peake, Anne (1990): Planning Group Work for Boys. In: Hollows, Anne/ Armstrong, Helen (Hg.): Working with Sexually Abused Boys: An Introduction for Pracitioners. London 1990, 41-48

Pfäffli, Ueli (1993). Der mutuelle Therapieprozeß bei sexueller Ausbeutung. In: Ramin, Gabriele (Hg.): Inzest und sexueller Mißbrauch – Beratung und Therapie. Paderborn 1993, 259-286

Porter, Eugene (1986): Treating the Young Male Victim of Sexual Assault: Issues & Intervention Strategies. New York 1986

Pressedokumentation Kinderpornographie 1990-1992 (1993): Herausgegeben vom Archiv für Sozialpolitik e.V. Frankfurt am Main 1993

Preuss-Lausitz, Ulf (1992): Mädchen an den Rand gedrängt? Soziale Beziehungen in Grundschulklassen. In: Zeitschrift für Sozialisationsforschung und Erziehungssoziologie 1/1992, 66-79

Rader, Klaus (1992): Sexueller Mißbrauch von Jungen. In: Gegenfurtner, Margit/ Keukens, Wilfried (Hg.): Sexueller Mißbrauch von Kindern und Jugendlichen. Diagnostik – Krisenintervention – Therapie. Sozialpädagogik und Psychologie, Band 4. Essen 1992, 139-166

Ramin, Gabriele (1993): Konzepte der Integrativen Therapie im Umgang mit Opfern von Inzest und sexuellem Mißbrauch. In: Ramin, Gabriele (Hg.): Inzest und sexueller Mißbrauch – Beratung und Therapie. Paderborn 1993, 129-156

Rauchfleisch, Udo (1994): Die Diskriminierung homosexueller Menschen durch die Psychoanalyse. In: Zeitschrift für Sexualforschung Vol. 7/1994, 217-230

Raupp, U./Eggers, Christian (1993): Sexueller Mißbrauch von Kindern. Eine regionale Studie über Prävalenz und Charakteristik. In: Monatsschrift Kinderheilkunde Vol. 141/1993, 316-322

Reiff, F. (1991): Sexueller Mißbrauch als Thema in einem Heim für männliche Jugendliche. Unveröffentlichter Vortrag zur Jubiläumsfeier des »Haus Thomas« am 14.06.1991 in Frankfurt am Main

Reiner, Joachim (1991): Bedarf ist da und wird befriedigt. Hinter der Fassade der Wohlanständigkeit: Das Geschäft mit der Kinderpornographie. Die Zeit Nr. 35. August 1991

Reinhart, Michael A. (1987): Sexually abused boys. In: Child Abuse & Neglect, Vol. 11/1987, 229-235

Reinsberg, Carola (1989): Ehe, Hetärentum und Knabenliebe im antiken Griechenland. München 1989

Rijnaarts, Josephine (1988): Lots Töchter. Über den Vater-Tochter-Inzest. Köln 1988

Risin, Leslie I./Koss, Mary P. (1987): The Sexual Abuse of Boys. Prevalence and Descriptive Characteristics of Childhood Victimizations. In: Journal of Interpersonal Violence Vol. 2/1987, 309-323

Roberts, Jacquie/Taylor, Cathy (1994): Sexuell mißbrauchte Kinder und Jugendliche berichten. In: Schubbe, Oliver (Hg.): Therapeutische Hilfen gegen sexuellen Mißbrauch an Kindern. Göttingen/Zürich 1994, 15-47

Roger, Carl M./Terry, Tremaine (1984): Clinical Intervention with Boy Victims of Sexual Abuse. In: Stuart, J.R./ Greer, J.G. (Hg.): Victims of Sexual Aggression: Treatment of Children, Women and Men. New York 1984, 91-104

Rohrmann, Tim (1994): Junge, Junge – Mann, o Mann. Die Entwicklung zur Männlichkeit. Reinbek 1994

Rollka, B. (1980): Kinderarbeit. In: Neue Gesellschaft Für Bildende Kunst/Staatliche Kunsthalle Berlin (Hg.): Die gesellschaftliche Wirklichkeit der Kinder in der Bildenden Kunst. Berlin 1980, 105-117

Runyan, Desmond K. u.a. (1988): Impact of Legal Intervention on Sexually Abused Children. In: Journal of Pediatrics Vol. 113/1988, 647-653

Rush, Florence (1982): Das bestgehütete Geheimnis: Sexueller Kindesmißbrauch. Berlin 1982

Russell, Diana E.H. (1986): The Secret Trauma. Incest in the Lives of Girls and Women. New York 1986

Rust, Gisela (1986): Sexueller Mißbrauch – ein Dunkelfeld in der Bundesrepublik Deutschland. Aufklärung, Beratung und Forschung tun not. In: Backe, Lone u.a. (Hg.): Sexueller Mißbrauch von Kindern in Familien. Köln 1986, 7-20

Rutschky, Katharina/Wolff, Reinhart (Hg.) (1994): Handbuch sexueller Mißbrauch. Hamburg 1994

Sandford, Linda T. (1992): Das mißbrauchte Kind. Die Überwindung traumatischer Verletzungen. München 1992

Sandfort, Theo (1986): Pädophile Erlebnisse. Braunschweig 1986

Sansonnet-Hayden, Huguette u.a. (1987): Sexual Abuse and Psychopathology in Hospitalized Adolescents. In: Journal of the American Academy of Child and Adolescent Psychiatry Vol. 26/1987, 753-757

Schacht, Anita J. u.a. (1990): Group Therapy with Sexually Abused Boys: Leadership, Projektive Identification, and Countertransference Issues. In: International Journal of Group Psychotherapy Vol. 40/1990, 401-417

Schaffrin, Irmgard (1993a): Auf den Spuren starker Mädchen. Cartoons für Mädchen. Zartbitter Köln (Hg.). Köln 1993

Schaffrin, Irmgard (1993b): Ein Mädchen sagt nein ... und dann? Selbstbestimmung, Sexualität und sexuelle Gewalt. In: Lappe, Konrad u.a. (Hg.): Prävention von sexuellem Mißbrauch. Maasbühl 1993, 122-148

Scheu, Ursula (1977): Wir werden nicht als Mädchen geboren – wir werden dazu gemacht. Frankfurt am Main 1977

Schickendanz, Hans-Jürgen (1979): Homosexuelle Prostitution. Frankfurt am Main 1979

Schmauch, Ulrike (1987): Anatomie und Schicksal – Zur Psychoanalyse der frühen Geschlechtersozialisation. Frankfurt am Main 1987

Schmidt, Gunter (1988): Das große Die Der Das. Über das Sexuelle. Reinbek 1988

Schmidt-Relenberg, Norbert u.a. (1975): Strichjungen-Gespräche. Zur Soziologie der Homosexuellen-Prostitution. Neuwied 1975

Schnack, Dieter/Neutzling, Rainer (1990): Kleine Helden in Not. Jungen auf der Suche nach Männlichkeit. Reinbek 1990

Schnack, Dieter/Neutzling, Rainer (1993): Die Prinzenrolle. Über die männliche Sexualität. Reinbek 1993

Schneewind, Udi-Jutta (1994): Grundzüge der Kindertherapie mit sexuell mißbrauchten Mädchen und Jungen. In: Gegenfurtner, Margit/Bartsch, Bernhard (Hg): Sexueller Mißbrauch von Kindern und Jugendlichen. Hilfe für Kind und Täter. Magdeburg 1994, 38-76

Schnieders, Peter (1995): Kinderpornographie. Vortrag im Kölner Arbeitskreis »Das mißhandelte Kind« am 13. 7.1995

Schubbe, Oliver (Hg.) (1994): Therapeutische Hilfen gegen sexuellen Mißbrauch an Kindern. Göttingen/Zürich 1994

Schultz, LeRoy G. (1982): Child Sexual Abuse in Historical Perspective. In: Conte, John/Shore, D.A. (Hg.): Social Work and Child Sexual Abuse. New York 1982, 21-35

Schwab, Georg (1938): Zur Biologie des Inzests. In: Monatsschrift für Kriminologie und Strafrechtsreform Vol. 29/1938, 257-267

Schwerhoff, Gerd (1991): Köln im Kreuzverhör. Kriminalität, Herrschaft und Gesellschaft in einer frühneuzeitlichen Stadt. Bonn 1991

Sieder, Reinhard (1987): Sozialgeschichte der Familie. Frankfurt am Main 1987

Sielert, Uwe (1993): Jungenarbeit. Praxishandbuch für die Jugendarbeit. Teil 2. Weinheim und München 1993²

Siewering, Michael (1991): Sexualität von Jungen. In: Sexuelle Mißhandlung an Jungen (Fachtagung) 7.-9.6.1991. VHS Münster 1992, 34-41

Sigusch, Volkmar (Hg.) (1980): Therapie sexueller Störungen. Stuttgart 1980

Simone, Stephan (1993): Zwei vor, eins zurück – Präventionsarbeit in der Grundschule. In: Zartbitter (Hg.): Nein ist Nein – Neue Ansätze in der Präventionsarbeit. Zartbitter Schriftenreihe gegen sexuellen Mißbrauch an Mädchen und Jungen. Köln 1993, 39-50

Singer, Kenneth I. (1990): Group Work with Men who Experienced Incest in Childhood. In: American Journal of Orthopsychiatry Vol. 40/1990, 468-472

Singer, Kenneth I. (1991): Männliche Opfer: Beurteilung und Behandlung. In: 5. Internationale Konferenz über Inzest und damit zusammenhängende Probleme. Biel-Biene, Schweiz 1991, 240-248

Smith, Margaret (1994): Gewalt und sexueller Mißbrauch in Sekten. Zürich 1994

Sodermanns, Inge (1993): Die faule Tomate an Katharina Rutschky. In: Zartbitter (Hg.): Nein ist Nein – Neue Ansätze in der Präventionsarbeit. Zartbitter Schriftenreihe gegen sexuellen Mißbrauch an Mädchen und Jungen. Köln 1993, 136f.

Sodermanns, Inge/Enders, Ursula (1995): Ausbeutung statt Heilung. Sexuelle Gewalt in der Therapie. In: Enders, Ursula (Hg.): Zart war ich, bitter war's. Handbuch gegen sexuelle Gewalt an Mädchen und Jungen. Überarbeitete und erweiterte Neuausgabe. Köln 1995, 230-237

Der Spiegel (1977): Gefallene Engel, gestürzte Kinder. In: Der Spiegel 22/1977, 174-189

Der Spiegel (1991): Er war der perfekte Geliebte. In: Der Spiegel 33/1991, 68-74

Der Spiegel (1992): »In den Sand getreten«. In: Der Spiegel 24/1992, 168-172

Der Spiegel (1993): Verbotene Bilder. In: Der Spiegel 43/1993, 239-240

Spoden, Christian (1989): Wenn man nur die Augen öffnet ... Bericht über die Arbeit mit sexuell mißbrauchten Jungen. In: Enfant Nr. 3, Januar 1989

Spoden, Christian (1991): Mißbrauchte Jungen. Prozeßbegleitung von Jungen. In: Sozialmagazin 5/1991, 24-29

Spoden, Christian (1995): Hilfen für sexuell mißbrauchte Jungen in der Praxis. Unveröffentlichter Vortrag, gehalten auf der Fachtagung »Sexuelle Gewalt gegen Jungen«, 18.-19.06.1995, Bremen

Sroufe, L. Alan/Ward, Mary J. (1980): Seductive Behavior of Mothers of Toddlers: Occurence, Correlates and Family Origins. In: Child Development Vol. 51/1980, 1222-1229

Steinhage, Rosemarie (1989): Sexueller Mißbrauch an Mädchen. Ein Handbuch für Beratung und Therapie. Reinbek 1989

Stern (1993): »Wenn Mütter Ihre Söhne Verführen«. 13/1993, 86-91

Stockert, Franz Günter von (Hg.) (1965a): Das sexuell gefährdete Kind. Stuttgart 1965

Stockert, Franz Günter von (Hg.) (1965b): Die Pädophilie und ihre strafrechtliche Problematik. Stuttgart 1965

Thönissen, Ann/Meyer-Andersen, Klaus (1990): Dunkelziffer. Das geheime Geschäft mit der schmutzigen Pornographie. München 1990

Till, T. (1990): Solange Gefühle schweigen. Gewalt gegen Kinder und das Tabu Phädophilie. Hamburg 1990

Tillmanns, Marius: Sag' mir, wo die Liebe ist. Gewalt gegen Kinder und eine Liebe ohne Recht. Hamburg o.J.

Tremmel, Jörg (1994): Sweet Little Sexteen. Jugend und neue Sexualmoral. Frankfurt am Main 1994

Tube-Becker, Elisabeth (1987): Gewalt gegen das Kind. Vernachlässigung, Mißhandlung, sexueller Mißbrauch und Tötung von Kindern. Heidelberg 1987

Vachss, Alice (1995): »Merkt euch ihre Namen!« Eine Staatsanwältin im Kampf gegen Vergewaltiger, Pädophile und ihre Lobby. Frankfurt am Main 1995

Vachss, Andrew (1993): Shella. Frankfurt am Main 1993

Vachss, Andrew (1994): Andrew Vachss und Claus Leggewie im Gespräch über das Böse. Frankfurt am Main 1994

Vogel, W. (1984): Verbotene Liebe. Pädophilie und strafende Gesellschaft. Regensburg 1984

Wachter, Oralee (1992): Heimlich ist mir unheimlich. Ruhnmark 1992

Walter, Peter F. (1988): Für eine neue Gesellschaft. Möglichkeiten und Ziele pädophilen Lebens. In: Leopardi, Angelo (Hg.): Der pädosexuelle Komplex. Frankfurt am Main 1988, 270-277

Watkins, Bill/Bentovin, Arnon (1992): The Sexual Abuse of Male Children and Adolescents: An Review of Current Research. In: Journal of Child Psychology and Psychiatry Vol. 33/1992, 197f

Weinraub, Marsha u.a. (1984): The Development of Sex Role Stereotypes in the Third Year: Relationships to Gender, Labeling, Gender Identity, Sex-typed Toy Preference, and Family Characteristics. In: Child Development Vol. 55/1984, 1493-1503

Weisberg, Kelly (1985): Children of the Night. Lexington 1985

Wetzels, Peter (1994): Sexueller Mißbrauch: Neue Zahlen. In: Psychologie heute 7/1994, 66

Willems, Horst/Winter, Reinhard (Hg.) (1990): »... damit du groß und stark wirst«. Beiträge zur männlichen Sozia-lisation. Männer Material Band 1. Schwäbisch Gmünd und Tübingen 1990

Willems, Horst/Winter, Reinhard (Hg.) (1991): Was fehlt, sind Männer! Ansätze praktischer Jungen- und Männerarbeit. Männer Material Band 2. Schwäbisch Gmünd und Tübingen 1991

Williams, Linda M./Finkelhor, David: The Characteristics of Incestuous Fathers. In: Marshall, W.L. u.a. (Hg.): Handbook of Sexual Assault: Issues, Theories, and Treatment of the Offender. New York/Kondon 1990, 231-255

Williams, Miriam (1988): Rekonstruktion einer frühen Verführung. In: Psyche 11/1988, 945-960

Winter, Reinhard (1992): Angst, Scham, Wut. Über den sexuellen Mißbrauch von Jungen in Jugendverbänden. In: Entwürfe 1/1992, 14-16

Wirtz, Ursula (1989): Seelenmord – Inzest und Therapie. Zürich 1989

Wirtz, Ursula (1991): Sexuelle Ausbeutung von Kindern in der Familie. Ein Blick auf die Täter. In: Schuh, J./Killias, M. (Hg.): Sexualdeliquenz. Zürich 1991, 137-148

Wolff, Reinhart (1994): Der Einbruch der Sexualmoral. In: Rutschky/Wolff 1994, 77-94

Wurmser, Leon (1990): Die Maske der Scham. Berlin 1990

Wyre, Ray/Swift, Anthony (1991): »Und bist du nicht willig ... die Täter«. Köln 1991

Zartbitter Köln (1990): Sag NEIN, geh' weg und sprich darüber. Plakate gegen sexuelle Gewalt. Köln 1991

Zartbitter Köln (Hg.) (1992): Ey Mann, bei mir ist es genauso! Cartoons für Jungen. Köln 1992

Zartbitter Köln (Hg.) (1993a): Auf den Spuren starker Mädchen. Cartoons für Mädchen. Köln 1993

Zartbitter Köln (1993b): Nein ist Nein. Neue Ansätze in der Präventionsarbeit. Zartbitter Schriftenreihe gegen sexuellen Mißbrauch an Mädchen und Jungen. Köln 1993

Zartbitter Münster (1990): Das kalte Kotzen. Reaktion der Zartbitter e.V. Männergruppe Münster auf den Pädophilenbericht in der Rosafahne April/ Mai 1990. In: Rosafahne. Münster 1990

Ziegler, Alexander (1988): Träumt solange ihr träumen könnt ... In: Leopardi, Angelo (Hg.): Der pädosexuelle Komplex. Frankfurt am Main 1988, 149-166

Zilbergeld, Bernie (1983): Männliche Sexualität. Tübingen 1983

Zusammenfassung der »Berliner Positionen einer liberalen Erneuerung«. In: Die liberale depesche Nr. 11-12/1994, 27-28

Hilfreiche Adressen

Es gibt bisher in Deutschland nur wenige Beratungsstellen, die spezielle Angebote für sexuell mißbrauchte Jungen und Männer anbieten. Folgende Stellen sind über Angebote in der jeweiligen Region informiert:

Gesundheitsladen Berlin e.V.
Mehringhof
Gneisenaustraße 2
10961 Berlin
✆ 030/693 80 07

Männer gegen Männergewalt
Mühlendamm 66
22086 Hamburg
✆ 040/220 12 77

Männerzentrum Kassel
Friedrich-Ebert-Straße 175
34119 Kassel
✆ 05 61/71 16 33

Zartbitter Münster e.V.
Schaumburgstraße 3
48159 Münster
✆ 02 51/66 65 35

Zartbitter Köln e.V.
Stadtwaldgürtel 89
50935 Köln
✆ 02 21/40 57 80

Pro Familia Witten
Holzkampstr. 7
58453 Witten
✆ 0 23 02/69 89 35

Männer-Zentrum
Sandweg 49
60316 Frankfurt
✆ 069/495 04 46

Sollten sich diese Einrichtungen nicht in der Nähe Ihres Wohnortes befinden, können Ihnen die folgenden Stellen möglicherweise Hilfsangebote nennen:

– Ärztliche Anlaufstelle (Beratungsstelle/Kontaktstelle)
– Beratungsstelle für Eltern, Jugendliche und Kinder
– Beratungsstelle Gewalt in Familien
– Deutscher Kinderschutzbund
– Deutscher Paritätischer Wohlfahrtsverband (DPWV)
– Erziehungsberatungsstelle
– Evangelische Beratungsstelle
– Frauen helfen Frauen
– Frauenberatungsstelle
– Katholische Beratungsstelle
– Pro Familia
– Psychologische Beratungsstelle
– Stadtverwaltung: Jugendamt, Frauengleichstellungsstelle
– Wildwasser

Danksagung

Dieses Buch wurde von vielen Jungen, Männern und Frauen geschrieben – nicht nur von den AutorInnen. Es verdankt seine Existenz vor allem betroffenen Jungen und Männern, die den Mut und die Stärke hatten, über ihre Gewalterfahrungen zu sprechen.

Auch gilt unser Dank unseren KollegInnen und der Männergruppe bei Zartbitter Köln – vor allem: Johannes Broil, Kerstin Geisel, Bernhard Heese, Jakob Klütsch, Hanni Neidhardt, Ingrid Schoth, Stephan Simone und Inge Sodermanns. In zahlreichen Gesprächen gaben sie uns wesentliche Impulse für die inhaltliche Strukturierung des Buches. Hanni Neidhardt und Ingrid Schoth übernahmen zudem die mühevollen Schreibarbeiten.

Rainer Osnowski begleitete als Lektor die Planung und Verwirklichung dieses Buches. Wir schätzten seine Offenheit für die Problematik, seine Fachkompetenz als Lektor und die menschliche Rückendeckung.

Köln, im Oktober 1995

Dirk Bange
Ursula Enders

ZARTBITTER KÖLN, Kontakt- und Informationsstelle gegen sexuellen Mißbrauch an Mädchen und Jungen, ist in ihrer Arbeit auf Spenden angewiesen.
Spendenkonto: Stadtsparkasse Köln,
                        BLZ 370 501 98,
                        Kontonummer 11 372 091

Register

Personen, Gruppen, Vereine, Institutionen

Stichworte

Ursula Enders (Hrsg.)
Zart war ich, bitter war's
Handbuch gegen sexuelle Gewalt an Mädchen und Jungen

KiWi 368
Aktualisierte und erweiterte Neuausgabe

Immer noch bleiben sexuell mißbrauchte Mädchen und Jungen in ihrer Not allein. Auch Mütter, Väter, PädagogInnen, ÄrztInnen und JuristInnen spüren bei der Konfrontation mit sexueller Gewalt ihre Sprachlosigkeit und Ohnmacht.
»Zart war ich, bitter war's« ist seit Jahren *das* Handbuch gegen sexuelle Gewalt an Mädchen und Jungen. Es beschreibt nicht nur Ursachen, Ausmaß und Folgen des sexuellen Mißbrauchs an Mädchen und Jungen, es vermittelt vor allem konkrete Anleitungen für die praktische Arbeit mit Betroffenen.

Aus dem Inhalt: Was tun, wenn ich sexuellen Mißbrauch vermute? · Hilfen für betroffene Mädchen und Jungen · Beratung und Therapie · Interventionsschritte des Jugendamtes · Strafanzeige: Ja oder Nein? · Diagnosemöglichkeiten des Kinderarztes · Ideen für den Erziehungsalltag.

Zur aktuellen Diskussion: Täter und Täterinnen · Kinderpornographie und ritualisierter Mißbrauch · Gibt es einen Mißbrauch mit dem Mißbrauch? · Mißbrauch in der Therapie · Mißbrauch in Institutionen · Neue Ansätze in der Präventionsarbeit.

KiWi Paperbackreihe bei Kiepenheuer & Witsch